Manuel Menrath

«*Exotische Soldaten und ehrbare Töchter*»

Meinen Eltern, die in Frankreich und in der Schweiz eine Heimat gefunden haben

Manuel Menrath

«Exotische Soldaten und ehrbare Töchter»

Triengen 1940 – Afrikanische Spahis in der Schweiz

Mit einem Vorwort von Aram Mattioli

orell füssli Verlag AG

Autor und Verlag danken folgenden Institutionen und Personen für die grosszügige Unterstützung der Publikation:

Gemeinde Triengen; Dominique Vanthier, délégué pour la Suisse du «Burnous» – Association amicale des Spahis, Paris; VBS, Bibliothek am Guisanplatz, Bern; Dr. Josef Schmid-Stiftung, Luzern; TRISA AG, Triengen; Georg Dubach, Triengen; Dr. Pius Berger, Triengen; Dr. Eilo Sanharib, Triengen; Nichten und Neffen von Margrit Thürig, Triengen; Franz Kost, Triengen

© 2010 Orell Füssli AG, Zürich
www.ofv.ch
Alle Rechte vorbehalten

Dieses Werk ist urheberrechtlich geschützt. Dadurch begründete Rechte, insbesondere der Übersetzung, des Nachdrucks, des Vortrags, der Entnahme von Abbildungen, der Funksendung, der Mikroverfilmung oder der Vervielfältigung auf anderen Wegen und der Speicherung in Datenverarbeitungsanlagen, bleiben, auch bei nur auszugsweiser Verwertung vorbehalten. Vervielfältigungen des Werkes oder von Teilen des Werkes sind auch im Einzelfall nur in den Grenzen der gesetzlichen Bestimmungen des Urheberrechtsgesetzes in der jeweils geltenden Fassung zulässig. Sie sind grundsätzlich vergütungspflichtig.

Lektorat: Tarek Münch, Zürich
Übersetzungen aus dem Französischen: Werner Renggli, Luzern
Umschlaggestaltung: Andreas Zollinger, Zürich
Umschlagabbildung: Ernst Lüscher
Druck: fgb · freiburger graphische Betriebe, Freiburg

ISBN 978-3-280-06120-6

Bibliografische Information der Deutschen Nationalbibliothek:
Die Deutsche Nationalbibliothek verzeichnet diese Publikation in der Deutschen National-bibliografie; detaillierte bibliografische Daten sind im Internet über http://dnb.d-nb.de abrufbar.

Mix
Produktgruppe aus vorbildlich
bewirtschafteten Wäldern, kontrollierten
Herkünften und Recyclingholz oder -fasern
www.fsc.org Zert.-Nr. SGS-COC-003993
© 1996 Forest Stewardship Council
FSC

Inhalt

Vorwort von Aram Mattioli   9

Einleitung
Globale Mikrogeschichte   14
Forschungsstand und Erkenntnisinteresse   20
Quellenlage   24
Dank   27

Geschichte der Spahis
Die «Sipahis»   32
Die ersten «Sipahis» in Algerien   33
Die Spahis in der französischen Armee   36

Internierungen in der Schweiz von 1871 bis 1941
Internierung und Völkerrecht   50
Die Internierung der Bourbaki-Armee 1871   53
Internierungen während des Ersten Weltkriegs   58
Die Internierung von Zivilflüchtlingen 1940–1945   61
Die Internierung des 45. Französischen Armeekorps   65

Die Spahis im Gefecht
Ein weisser Spahi   76
Beginn des deutschen Westfeldzugs   81
Schlacht um La Horgne   84
Odyssee in Richtung Schweiz   90

Die Spahis im Dorf
Triengen im Jahr 1940   102
Ankunft der Spahis   106
Spassen und Spaziergänge verboten   110
Ziviler Ungehorsam   117

Fremde Freunde
«Warum ist der eine König schwarz?»   124
Faszination des Fremden   129
Disziplinarische Massnahmen   132
Protest des Gemeinderats   136

Alltag, Abschied, Andenken
Lange Tage   146
«La Suisse telle qu'ils l'ont vue»   153
«Blanchet» als Postkarte   159
Die Sehnsucht des Ali Sassi   164

Schlussbetrachtung   175

Anmerkungen   185

Anhang
Abkürzungen   248
Bibliografie   249
Bildnachweis   267

In der Hektik unserer Tage achten wir nicht immer darauf, was Worte beschwören können. Doch mit den Jahren fällt der Blick auf das Verflossene, und man erkennt unversehens, wie sich das Leben – genauer gesagt: die Zivilisation – geändert und dabei viele neue Erkenntnisse und Entdeckungen mit sich gebracht hat. Zugleich aber sind viele Zeichen der Vergangenheit mit einer terra incognita *verschwunden. Diese Zeichen entwichener Überlieferung werden rasch vergessen – sie verschwinden nicht nur aus unserem Gedächtnis, sondern auch aus der Inventur der Geschichte. So muss es wohl sein: Die Zeit ist unfasslich. Gibt es aber die Möglichkeit, das einzufangen, was in dir früher einmal gelebt hat, solltest du eingreifen …*

Tschingis Aitmatow
Aus: Kindheit in Kirgisien. Zürich 1999, S. 135

Vorwort von Aram Mattioli

Der Zweite Weltkrieg gehört in der internationalen Geschichtsschreibung zu den am besten erforschten Themen überhaupt. Trotz der globalen Dimension dieses bislang schrecklichsten Kriegs der Menschheitsgeschichte, in dem über 55 Millionen Menschen einen gewaltsamen Tod fanden, stand in unseren Breiten bis vor wenigen Jahren das Schicksal von Europäern und Amerikanern im Mittelpunkt der Betrachtung. Dass von diesem mörderischen Konflikt Abermillionen von Menschen in Afrika, Asien und Ozeanien, aber auch im Nahen Osten und in Lateinamerika direkt oder indirekt betroffen waren, wurde in den westlichen Geschichtsbüchern entweder gar nicht oder nur ganz am Rande thematisiert. Massgeblich angestossen durch den Regisseur Ousmane Sembène und seine Filme «Emitai» (1971) und «Camp de Thiaroye» (1989), aber auch durch den kritischen Essay «Die Last des Erinnerns»[1] von Nobelpreisträger Wole Soyinka und Dritte-Welt-Aktivisten hat sich die Perspektive auf den Zweiten Weltkrieg seit wenigen Jahren in der (universitären) Geschichtsschreibung global zu weiten begonnen – erfreulicherweise, verspricht der neue Zugang doch wichtige neue Einsichten.

So wies eine Gruppe von engagierten Kölner Journalistinnen und Journalisten 2005 in einem glänzenden Band, der im deutschsprachigen Raum weitgehend Neuland betrat, auf die verborgenen Gesichter des Zweiten Weltkriegs hin.[2] In fast allen Streitkräften dienten Millionen von farbigen Menschen als Soldaten, Träger, Späher und Bauarbeiter: in der britischen, französischen und amerikanischen Armee genauso wie in der japanischen und italienischen. Für das British Empire kämpften und starben aus Kenia stammende Infanteristen in Burma gegen die Japaner und Inder im Sudan und Libyen gegen Italiener und Deutsche. Selbst Hitler verzichtete nicht auf den Einsatz einer indischen und einer arabischen Legion.

Bevor sie in den Kampf gegen die faschistischen Mächte geschickt wurden, stellten die alliierten Aushebungsoffiziere den afrikanischen und asiatischen Untertanen vage in Aussicht, dass ihre Länder nach dem Krieg in die Unabhängigkeit entlassen würden. Obwohl die westlichen Alliierten für die

Werte der «freien Welt» fochten, waren rassistische Diskriminierungen auch in ihren Armeen an der Tagesordnung. Oft wurden die farbigen Soldaten nicht nur mit den gefährlichsten und schmutzigsten Aufgaben betraut, sondern erhielten auch eine schlechtere Verpflegung und einen kleineren Sold als ihre «weissen Kameraden».

In seinem abendfüllenden Spielfilm «Indigènes» (deutsche Version: «Tage des Ruhms») wies Rachid Bouchareb 2006 auf diese verdrängte Geschichte Frankreichs hin und erreichte mit dem Thema erstmals ein Massenpublikum. Bis heute erfüllt es viele Franzosen zu Recht mit Stolz, dass sie an der Niederringung von Grossdeutschland beteiligt waren. Dass in der von General Charles De Gaulle befehligten Armee der France libre Zehntausende Soldaten aus West- und Nordafrika einen entscheidenden Beitrag leisteten, machte der französischen Öffentlichkeit erst Bouchrebs Spielfilm bewusst. Motiviert vom Wunsch nach einer besseren privaten Zukunft und in der Hoffnung, durch den Militärdienst die französische Staatsbürgerschaft zu erhalten, folgten viele Afrikaner der Einberufung oder meldeten sich gar freiwillig. In eindringlicher Art zeigt «Indigènes» auf, wie aus Algerien stammende Soldaten bei gefährlichen Einsätzen verheizt und bei Beförderungen übergangen wurden – obwohl die deutschen Kugeln und Bomben keinen Unterschied zwischen weiss und schwarz machten.[3] Trotzdem setzten Tausende von ihnen ihr Leben für die Befreiung Frankreichs ein und gaben oft ihr Leben dafür.

Auf einen weiteren wichtigen Aspekt machte der Historiker Raffael Scheck erst unlängst in seinem Buch «Hitlers afrikanische Opfer» aufmerksam. Seltsamerweise galt der Westfeldzug, in dem auf beiden Seiten Millionenheere aufeinanderprallten, trotz seiner hohen Verlustzahlen lange Zeit als vergleichsweise zivilisierte Angelegenheit, weil sich die Deutschen wie später nie mehr an das Kriegsvölkerrecht gehalten und ihre Gegner noch mit Respekt behandelt hätten. In seinem minutiös recherchierten Buch weist Scheck nun jedoch nach, dass Hitlers Westfeldzug ein klarer Schritt in Richtung Barbarisierung der Kriegsführung war. Gerade in der zweiten Phase des Westfeldzugs, in der algerische Spahis in schwere Kämpfe verwickelt wurden, bevor sie am 19. und 20. Juni 1940 die Schweizer Grenze überschritten, verübten die Verbände der Wehrmacht zahlreiche Massaker an schwarzen Soldaten der französischen Armee. Vorsichtig geschätzt wurden mindestens 3000 gefangene Kämpfer von deutschen Einheiten exekutiert, obwohl es dafür keinen übergeordneten Befehl gab. Mit Hinweis auf Hitlers afrikanische Opfer stellte Scheck die lange gepflegte Unterscheidung zwischen dem angeblich sauberen Krieg im Westen und dem verbrecherischen Krieg im Osten radikal in Frage. Auch im Westfeldzug lassen sich bereits Elemente eines «Rassenkriegs» nachweisen.[4]

Von diesem neuen Interesse am historischen Schicksal farbiger Soldaten legt auch Manuel Menraths beeindruckendes Buch Zeugnis ab. Der Reiz seiner Darstellung besteht darin, dass er ein kleines Stück Weltgeschichte überzeugend mit der Lokalgeschichte verknüpft. Das ist in der schweizerischen Geschichtsschreibung noch nicht allzu oft mit Erfolg versucht worden.[5] Im Juni 1940 drängte die siegreiche Wehrmacht das 45. französische Armeekorps immer mehr Richtung Osten ab, Tausende fielen in der Hölle des Blitzkriegs. Dem 45. Armeekorps, dem sich auch eine Spahi-Brigade angeschlossen hatte, blieb nur die Alternative, sich in deutsche Kriegsgefangenschaft zu begeben oder aber sich in der Schweiz nach den Usanzen des Kriegsvölkerrechts internieren zu lassen. Offiziere und Soldaten zogen die Schweiz vor, wohl auch deshalb, weil sie von den Massakern an Afrikanern gehört hatten. Eine Stabseinheit des 2. algerischen Spahi-Regiments teilte man der Luzerner Gemeinde Triengen zu, einem Dorf mit 1900 Seelen, das von einem Tag auf den anderen 550 Internierte aufzunehmen hatte.

Die Kontakte zwischen der Trienger Dorfbevölkerung, die in ihrer Mehrheit in ihrem Leben zum ersten Mal überhaupt (Nord-)Afrikaner sah, und den Internierten stehen im Zentrum dieser ebenso subtilen wie multiperspektivischen Mikrogeschichte. Für die Schweizer Geschichte im Zweiten Weltkrieg betritt Manuel Menrath in mancherlei Beziehung Neuland, nur schon deshalb, weil bislang keine Studie zu einem offenen Internierungslager in einem Dorf existierte. Überzeugend weist der Autor nach, dass es den

Triengern – und zwar den Frauen ebenso wie den Männern – gelang, sich individuelle Handlungsspielräume im Vollmachtenregime zu bewahren, indem sie sich immer wieder über behördliche und kirchliche Anordnungen hinwegsetzten. Dass Menrath seine Analyse von unten anlegt, besticht ebenso wie der Umstand, dass er trotz seiner Sympathie für die einfachen Menschen nie apologetische Urteile fällt. Das Buch fällt denn auch nicht hinter die von der Bergier-Kommission erarbeiteten Forschungsergebnisse zurück; es ergänzt sie. Nicht hoch genug ist dem jungen Autor anzurechnen, dass er die dreimonatige Internierungsgeschichte als Kulturkontakt untersucht und ganz nebenbei auch wichtige Erkenntnisse zu einer Kulturgeschichte schwarzer Menschen in der Schweiz zu Tage fördert, über die wir noch viel zu wenig wissen. Kurz, bei diesem Buch handelt es sich um eine originelle Forschungsleistung, die einmal mehr beweist, dass Historikerinnen und Historiker, die mit Leidenschaft und Spürsinn ans Werk gehen, selbst in vermeintlich abgegrasten Forschungsfeldern Spannendes zu Tage fördern können. Das Thema, ursprünglich als Lizentiatsarbeit am Historischen Seminar der Universität Luzern verfasst, stiess bisher auf ein breites Interesse in der Öffentlichkeit. Dies unterstreicht etwa der Dokumentarfilm «Fremde Freunde» von Simon Koller, der auf der Grundlage von Manuel Menraths Studie realisiert und 2009 auf SF DRS und 3SAT ausgestrahlt wurde.

28. Januar 2010

*Prof. Dr. Aram Mattioli lehrt Neueste Geschichte
an der Universität Luzern.*

Einleitung

Es war ein eigenartiges buntes Bild: Die Schweizer Trachten, Schweizerfahnen und Fähnchen neben den weissen und roten Turbanen der internierten farbigen Truppen; ein Bild, das voraussichtlich nie mehr wiederkehren wird.

«Trienger Anzeiger» vom 2. August 1940

Globale Mikrogeschichte

Am frühen Morgen des 25. Juni 1940 treffen etwa 500 fremde Soldaten in Triengen ein. Mit ihrer Ankunft tritt gleichsam die Weltgeschichte mitten ins eigene Dorf. Dabei war noch im Frühling das Kriegsgeschehen so weit weg. Man erfuhr zwar über den Landessender Beromünster,[1] die Wochenschau oder lokale Zeitungen von den kriegerischen Auseinandersetzungen jenseits der Landesgrenze. Doch weder Kanonendonner noch Gefechtslärm belasteten die Menschen. Und nun stehen sie da, aus Fleisch und Blut. Exotische Soldaten, die direkt aus dem Krieg gekommen sind. Die teils dunkelhäutigen Spahis, eine Truppengattung, die seit 1830 als algerische Kavallerieeinheit im Dienste der französischen Armee steht, ziehen mit ihren malerischen Uniformen und Turbanen sofort zahlreiche neugierige, aber auch misstrauische Blicke auf sich und versetzen die anwesenden Dorfbewohner in reges Staunen. Noch nie zuvor hatten Menschen aus Afrika oder Muslime das Surentaler Dorf betreten. Unter den Spahis befanden sich wenige Soldaten, welche in Frankreich aufgewachsen waren. Die Mehrheit unter ihnen war jedoch nordafrikanischer Herkunft. Die Hauptaufmerksamkeit zogen zwei schwarze Spahis auf sich. Viele Triengerinnen und Trienger hatten noch nie einen schwarzen Menschen gesehen. Einige Kinder wussten nicht einmal, dass es Menschen mit einer anderen Hautfarbe gibt. Aber nicht nur die äussere Erscheinung brachte den Menschen eine unerwartete Begegnung. Es war auch eine andere Sprache, die man von nun an hören sollte. Das Französische war zwar als Landessprache vielen vertraut, doch wenn die Spahis untereinander arabisch sprachen, war etwas noch nie vorher Gehörtes ins Dorf eingezogen. Neben den etwa 30 Spahis kamen auch Soldaten anderer Einheiten, meist Elsässer. Insgesamt blieben 550 fremde Soldaten mehrere Monate im Dorf, bewacht von einer Kompanie der Schweizer Armee.

Die äusseren Umstände des Krieges brachten zwei einander völlig fremde Kulturen in unmittelbare Berührung miteinander. Wer heute in ein fremdes Land reist, der kann sich in der Regel gründlich vorbereiten, die Sitten und Bräuche kennenlernen oder sich über die Geschichte informieren. Auch ist die Informationsbeschaffung bei weitem leichter. 1940 gab es weder Fernsehen noch Internet. Lexika standen nicht jedem zur Verfügung. Für den durchschnittlichen Dorfbewohner der späten 1930er Jahre war an eine Reise in ein Land jenseits Europas nicht zu denken, es sei denn, er wollte als Auswanderer sein Glück in der Ferne suchen. Wahrscheinlich hatte der eine oder die andere bereits Karl May oder sonstige Romane über fremde Länder und Kulturen gelesen. Vielleicht hatte einer von ihnen auch schon an Völkerschauen in Zürich, Basel oder Genf direkten Sichtkontakt mit Menschen nichteuropäischer Herkunft gehabt. Doch das war in Triengen damals wohl eher die Ausnahme.

Praktisch von einem Tag auf den anderen wurde das Dorf in ein offenes Interniertenlager umfunktioniert. Diesbezüglich treten vier Gruppen auf, welche die neue gesellschaftliche Konstellation im dörflichen Mikrokosmos bildeten. Es waren dies einerseits die Trienger und Triengerinnen und andererseits die Internierten. Ihnen gegenüber standen zwei weitere Gruppen: die Behörden und die Schweizer Soldaten, welche für die Bewachung der Internierten zuständig waren. Wie sich die einzelnen Gruppen zueinander verhielten, welches die jeweiligen Probleme waren und wie man sie schliesslich bewältigte, das soll im Zentrum dieses Buches stehen.

Der Historiker Urs Bitterli arbeitet in seinem Buch «Die ‹Wilden› und die ‹Zivilisierten›» vier Formen kultureller Begegnung zwischen Europäern und «Eingeborenen» heraus. Es sind dies die Kulturberührung, der Kulturkontakt, der Kulturzusammenstoss und die Akkulturation.[2] Er beschreibt Europäer auf Expedition, die in Übersee auf fremde Kulturen treffen. Auf den ersten Blick scheint es vielleicht etwas verwegen, die Rollen zu vertauschen und die Trienger Bevölkerung als «Eingeborene» und die Spahis als «Entdeckungsreisende» zu bezeichnen. Aus der Perspektive des Ereignisses der Internierung und dessen Analyse kann aber als Gedankenexperiment die Kulturberührung, so wie sie von Bitterli beschrieben wird, zu einigen Einsichten führen. Bei den Spahis handelt es sich natürlich nicht um Expeditionsreisende und bei den Triengern auch nicht um Vertreter einer archaischen Gesellschaft. Trotzdem kommen die Spahis und damit eine fremde Kultur durch die Ereignisse des Zweiten Weltkriegs zum ersten Mal in das bis dahin kulturell relativ homogene Dorf. Bitterli versteht unter einer Kulturberührung das in seiner Dauer begrenzte erstmalige Zusammentreffen einer kleinen Gruppe von Reisenden mit einer geschlossenen archaischen Gesellschaft. «Solche Zusammentreffen hatten für beide Teile sowohl den Reiz wie die Bedrohlichkeit des Neuen und Überraschenden. Von Seiten der Eingeborenen reagierte man in der Regel mit scheuer Zurückhaltung auf das Auftauchen der Europäer; oft zeigte man auch unverhohlene Neugierde und begegnete den Fremden mit überströmender Freigebigkeit und Gastfreundschaft, nur in Ausnahmefällen war das Verhalten feindselig.»[3] Doch auch auf Seiten der Reisenden dominierten neugierige Erwartungen und leises Misstrauen gegenüber den exotischen Menschen. Ferner meint Bitterli, dass, wenn sich aus der ersten Berührung ein dauerhaftes Verhältnis wechselseitiger Beziehungen zur Eingeborenenbevölkerung ergab, es auch zum Kulturkontakt kommen konnte.[4] Ob und wie weit im Zusammenhang der Internierung der Spahis in Triengen von einem Kulturkontakt gesprochen werden kann, ist Gegenstand der weiteren Untersuchung. Bitterlis Ausführungen und die Verwendung der Begriffe Kulturberührung und Kulturkontakt stellen jedoch die nötigen Kriterien, um die damalige Begegnung des bis dahin von nordafrikanischer Kultur abgeschirmten Trienger Soziotops mit dem Fremden kulturell einzuordnen.[5]

Das Hauptaugenmerk der vorliegenden Studie gilt der Kulturgeschichte. Diese darf jedoch nicht als eine Disziplin innerhalb der Historie, wie etwa Militär- oder Rechtsgeschichte, definiert werden. Nach der Historikerin Ute Daniel besteht die Aufgabe der Kulturgeschichte darin, die Geschichtswissenschaft anderen Disziplinen wie der Ethnologie, der Literaturwissenschaft oder der Philosophie zu öffnen. Durch diese Öffnung in Richtung Kulturwissenschaft können die selbst gesetzten Grenzen überwunden und neue Erkenntnisse über den Menschen und das vom Menschen Gestaltete gewonnen werden.[6] Wie sich Menschen in vergangenen Zeiten wahrgenommen und gedeutet haben, welche materiellen, mentalen und sozialen Hintergründe jeweils auf ihre Wahrnehmungs- und Sinnstiftungsweisen einwirkten und welche Wirkungen daraus resultierten, dies ist eine wesentliche Fragestellung der neuen Kulturgeschichte.[7] In diesem Zusammenhang kann die Historie, besonders die Kulturgeschichte, ihren Nachbardisziplinen einen Denkanstoss zu der Frage liefern, warum und wie sich die Dinge im Laufe der Zeit verändern.[8]

Kultur ist Veränderung immanent. Was lässt sich aber über die Vergangenheit der eigenen Kultur sagen? Gibt es überhaupt eine fassbare Vergangenheit der eigenen Kultur, oder ist dies bereits eine andere Kultur? David Hume etwa meinte, dass die Menschen zu allen Zeiten gleich gewesen wären.[9] Es gibt aber auch die Auffassung, wonach die Vergangenheit als ein fremdes Land dargestellt werden kann. Letztere Ansicht, wie sie etwa vom britischen Schriftsteller Leslie Poles Hartley vertreten wurde, soll auch in der vorliegenden Untersuchung zum Tragen kommen.[10] Wenn man davon ausgeht, dass es in jedem einzelnen Zeitraum der Geschichte eigene Vorstellungen darüber gab, welche Kombinationen des Alters, des Geschlechts, der Hautfarbe, der gesellschaftlichen Stellung, des Zwecks und der Dauer einer Verbindung als wünschenswert, möglich oder erlaubt gelten konnte, so führt dies vor Augen, wie verschieden die Menschen in der Vergangenheit von uns waren.[11] Diese Problematik bezieht sich aber nicht nur auf die Vergangenheit und eine geschlossene Gesellschaft. Auch die Gesellschaft der Jetztzeit setzt sich aus Individuen zusammen, die alle voneinander verschieden sind. Wenn das Dorf Triengen unter diesem Aspekt betrachtet wird, so lässt sich feststellen, dass die jüngere Generation nichts von den Spahis mitbekommen hat. Die älteren Einwohnerinnen und Einwohner hingegen können den «Nachgeborenen» einiges über die Internierung berichten. Sie müssen sich zurückversetzen. Dies können sie jedoch nur aus ihrer persönlichen Wahrnehmung des damaligen Geschehens heraus, und deshalb wird jeder Einzelne andere Akzente setzen und andere Geschichten erzählen. Vieles bleibt unscharf[12] in den Erinnerungen der Zeitzeugen zurück und wird mit der heutigen Situation verglichen oder gar an den vorherrschenden Zeitgeist angepasst. Man muss bedenken, dass gerade die noch lebenden Zeitzeugen einen enormen gesellschaftsstrukturellen Wandel miterlebt haben. Vieles, was heute gang und gäbe ist, war während des Zweiten Weltkriegs schlicht undenkbar.

Um zu verdeutlichen, wie radikal sich die Welt in nur einem Menschenleben verändert, sollen hier einige Beispiele angeführt werden: automobile Durchdringung der Gesellschaft und Massenmobilität, Massentourismus, Anti-Baby-Pille, Ablösung der Aufbewahrungsgesellschaft durch die Wegwerfgesellschaft, ein noch nie dagewesener Bedeutungsverlust des Bauerntums, Individualisierung der Sexualität, Liberalisierung, Pluralisierung der Lebensform, fortschreitende Emanzipation der Frauen, wachsende Toleranz gegenüber sexuellen Minderheiten, neue Medien wie Fernsehen und Internet, Europäische Union, Wohlfahrtsstaaten etc.

Wenn sich jemand nun in das Jahr 1940 zurückversetzt und seine Erlebnisse jemandem vermitteln möchte, der damals noch nicht geboren war, so berichtet er über eine dem Zuhörer fremd erscheinende Welt. Für ein besseres Verständnis dieser fremden Welt kann die neue Kulturgeschichte, wenn ihr die Beschreibung damaliger Wahrnehmungs- und Sinnstiftungsweisen gelingt, einen wesentlichen Beitrag leisten. Ute Daniel meint hierzu, dass Geschichtswissenschaft, wenn sie menschlich betrieben wird, auch ausserhalb der wissenschaftlichen Sprache verständlich gemacht werden kann. Geschichte könnte für alle Menschen spannend sein, indem «sie sie erleben, indem sie sich erinnern, indem sie wissen wollen, wie Menschen früherer Generationen und Jahrhunderte gedacht und gelebt haben, indem sie teilhaben wollen an der unendlichen Vielfalt menschlicher Lebenserfahrung, die Geschichte ausmacht».[13]

Die kulturgeschichtliche Perspektive dieses Buches stützt sich auf den Ansatz der Mikrogeschichte.[14] Diese konzentriert sich auf ein begrenztes Beobachtungsfeld für historische Rekonstruktionen und Interpretationen. Im Fokus stehen jeweils ein Einzelner oder mehrere Individuen, eine soziale Gruppe, ein Dorf, eine Stadt oder ein Stadtteil.[15] Im Extremfall kann auch ein Ereignis nachgezeichnet werden, wie es bei einer Internierung der Fall ist.[16] In einer alltags- oder mikrogeschichtlichen Betrachtungsweise, die man auch «Geschichte von unten» nennen kann, geht es darum, einen Wandel des Blicks von den «Kommandohöhen» hin zu den Lasten und Leiden, die den «Vielen» zugemutet werden, zu vollziehen.[17] Es geht darum, die Menschen und insbesondere die «kleinen Leute», die bisher aus der Geschichte ausgeblendet worden sind, in die Geschichte einzubeziehen. Statt einer Geschichte gibt es viele Geschichten.[18] In diesem Zusammenhang kann der Mikrogeschichte ein Brückenschlag zwischen akademischer Geschichtswissenschaft und ausseruniversitärem historischem Interesse gelingen.[19]

Auf den ersten Blick erscheint die Mikrohistorie als idealer Ansatz, um eine vertiefte Einsicht zu ermöglichen. Doch auch ihr sind Grenzen gesetzt. Der mikroskopische Blick darf nicht verschleiern, dass der dadurch geschärfte Fokus nicht sämtliche historischen Schichten durchdringen kann. Die Internierung im Dorf Triengen vollständig zu rekonstruieren, bleibt ein nicht realisierbarer Anspruch. Eine «histoire totale» kann es schon deshalb nicht geben, weil Geschichte aufgrund der begrenzten Quellenlage, der eigenen orts- und zeitgebundenen Perspektiven und der mehr oder weniger konkreten Fragestellungen stets nur ein Segment des denkbar Ganzen bleibt.[20] Zudem kann nicht die ganze historische Realität in mikrohistorische Elemente zerlegt werden. Stets braucht es auch eine Orientierung an den Ereignissen und Entwicklungen, die sich oberhalb der Mikrodimension abspielen. Makrohistorie ist ebenso wichtig wie Detailstudien. Um die Gesamtsituation besser einordnen zu können, muss daher auf militärhistorische Begebenheiten zurückgegriffen werden.

Letztlich ist der Mensch jedoch keine Zahl, um es mit den Worten von Georg Kreis auszudrücken.[21] Wenn immer möglich, soll daher das Kriegsgeschehen aus der Perspektive betroffener Soldaten beschrieben werden. Denn hinter jeder militärischen Einheit stehen Menschen mit eigenem Willen, welche durch unterschiedliche Begebenheiten als Soldaten in die Wirren des Zweiten Weltkriegs geraten waren. Gerade das nach aussen zwar stark homogen auftretende 2. Regiment der algerischen Spahis setzte sich aus sehr unterschiedlichen Charakteren und damit verbundenen Lebensgeschichten zusammen. Menschen afrikanischer und europäischer Herkunft ordneten sich einer Aufgabe unter, die ihnen höher erschien. Sie verfolgten ein gemeinsames Ziel. Nachdem die Waffen gestreckt werden mussten, war es das Schicksal der Internierung, das sie verband. Doch nicht jeder reagierte gleich. Jeder Einzelne hatte eine andere Ausgangslage. Der eine war zum Beispiel schon verheiratet, ein anderer noch Junggeselle. Der eine wurde stärker vom Heimweh geplagt, der andere fühlte sich rascher wohl in der Schweiz. Der eine konnte die Niederlage nicht akzeptieren, versuchte gar zu flüchten, um sich dem Widerstand anzuschliessen. Der andere nahm es gelassener. All die unterschiedlichen persönlichen Wahrnehmungen können nicht ergründet, geschweige denn im Einzelnen erörtert werden. Trotzdem soll der Versuch unternommen werden, wenigstens ansatzweise ein paar dieser Geschichten nachzuspüren, um ihnen im unendlichen Mosaik der Weltgeschichte eine Stimme zu geben.

Forschungsstand und Erkenntnisinteresse

Die Internierungen in der Schweiz während des Zweiten Weltkriegs sind gut, aber längst nicht erschöpfend erforscht.[22] Die Forschung, gerade jene mit mikro- und kulturhistorischem Ansatz und auf die Franzosen bezogen, weist Lücken auf. Zu einem Dorf, das zum Internierungslager umfunktioniert wurde, gibt es bislang noch keine ausführlicheren Studien. Während die Polen der 2. Schützendivision, welche bis Kriegsende in der Schweiz bleiben mussten, immer wieder Untersuchungsobjekt waren und die Aufarbeitung ihrer Internierungsgeschichte zu Diskussionen anregte, wurden demgegenüber die Franzosen und mit ihnen die Spahis verhältnismässig weniger berücksichtigt.[23] Die fünfjährige Internierung der Polen kann als die am längsten dauernde aller militärischer Internierungen in der Schweiz folglich auch breiter erforscht werden. Dennoch war die Aufenthaltsdauer der Franzosen von sieben Monaten ebenfalls eine lange Zeit, in der viele Kontakte, Konflikte, aber auch Freundschaften mit der Schweizer Bevölkerung entstanden sind. Einige Franzosen, meist Elsässer und Lothringer, lernten Schweizerinnen kennen, die sie später heirateten. In Triengen liessen sich zwei ehemalige französische Soldaten nieder, deren Kinder und weitere Nachkommen noch heute im Dorf leben.

Unter den wichtigsten jüngeren Forschungsbeiträgen zum Thema Internierung sind folgende Werke zu nennen: «Polen, Schweizerinnen und Schweizer» von Bettina Volland,[24] «Frontières et camps» von André Lasserre,[25] «Umgang mit Fremden in bedrängter Zeit» von Jürg Stadelmann,[26] «‹Concentrationslager› Büren an der Aare» von Jürg Stadelmann und Selina Krause,[27] «Die Internierung polnischer Soldaten in der Schweiz 1940–1945» von Ruben Mullis[28] und «Nur ein Durchgangsland» von Simon Erlanger.[29] Lasserre hat mit seiner Publikation ein unverzichtbares Nachschlagewerk vorgelegt. Er behandelt den Zeitraum der Jahre 1933 bis 1945 unter dem Aspekt der schweizerischen Flüchtlingspolitik. Zwar versucht er den Spagat zwischen der Untersuchung der amtlichen Haltung und der Darstellung von Einzelschicksalen, bleibt aber qualitativ durch seine Auswertung von Bundesarchivalien eher auf der amtlichen Ebene. Als Standardwerk darf wohl Stadelmanns Dissertation «Umgang mit Fremden» bezeichnet werden. Der Ansatz seiner Aufarbeitung der schweizerischen Flüchtlingspolitik in den Jahren 1940 bis 1945 möchte die historische Bedeutung der Thematik darlegen, daher kann sich die Ausarbeitung nicht allzu breit auf die mikrohistorische Ebene einlassen. Diese Ebene wird im Buch «‹Concentrationslager› Büren an der Aare» eingehend beschrieben. Doch auch hier, wie in den anderen erwähnten Publikationen, stehen polnische Soldaten im Vordergrund. Die Internierung der französischen Armeeangehörigen, sofern sie überhaupt thematisiert wird, erscheint jeweils nur am Rande und wird als Teil einer übergeordneten Kontinuitätslinie im Zeichen der sich selbst zugelegten humanistischen Tradition und des Mythos vom «Asylland Schweiz» erfasst. Auch der Bergier-Bericht der «Unabhängigen Expertenkommission Schweiz – Zweiter Weltkrieg» untersucht die Internierung der französischen Soldaten nicht.[30] Die Spahis, die hier, wie in vielen anderen Publikationen ebenso, fälschlicherweise als marokkanische Truppe bezeichnet werden, erscheinen zwar kurz in einer chronologischen Abhandlung der Internierung von 1940. Die historische Fragestellung des Berichts richtet sich aber hauptsächlich auf die vom NS-Regime verfolgten Juden und andere Minderheiten wie Sinti, Roma und Jenische. Fragen nach der Begründung einer Abschiebung aus der Schweiz, was die Behörden tatsächlich über die Verfolgungen in Nazideutschland wissen konnten und wer die Verantwortlichen waren, dominieren das historische Erkenntnisinteresse. Mit «Nur ein Durchgangsland» schliesst Simon Erlanger mit seinen Untersuchungen zu den Arbeitslagern in der Zeit von 1940 bis 1949 eine wichtige Forschungslücke, was die Internierung von Zivilpersonen betrifft. Er beschreibt das Spannungsverhältnis, welchem die in den Lagern ausharrenden jüdischen Zivilflüchtlinge ausgesetzt waren. Einerseits mussten diese der Schweiz für die Aufnahme dankbar sein, andererseits litten sie unter starken Diskriminierungen.

Bilanzierend kann zum aktuellen Forschungsstand festgehalten werden, dass vor allem jüdische Zivilflüchtlinge sowie deren Einzelschicksale einerseits und die polnischen Soldaten andererseits im Zusammenhang mit ihrer Internierung in der Schweiz gut erforscht sind. Dass der wissenschaftliche Fokus zunächst auf diese beiden Gruppen gerichtet war, ist gerade vor der in den 1990er Jahren geführten Debatte um das Verhalten der Schweiz im Zweiten Weltkrieg verständlich. Während die Internierung der Polen, abgesehen von einigen Fehlentscheiden, wie etwa dem Bau eines «Concentrationslagers», eine positive Erinnerung der Protagonisten evoziert, zeichnet sich betreffend den Umgang mit jüdischen Flüchtlingen ein weit düstereres Bild ab. In diesem Zusammenhang scheinen denn auch die meisten Fehler der offiziellen Schweiz gemacht worden zu sein, die für den Einzelnen verheerende Konsequenzen hatten. Diese prioritäre Aufarbeitung rückt die beiden Akteure Behörde und Flüchtlinge stark ins Zentrum. Das Verhalten der Bevölkerung konnte dadurch oft nur am Rande aufgearbeitet werden. Mentalitätsgeschichtlich werden der damaligen Schweizer Bevölkerung ein latenter Antisemitismus und eine Überfremdungsangst attestiert.[31] Doch wie der Einzelne tatsächlich reagierte, wie die Unterschiede in den verschiedenen Internierungsregionen und den einzelnen Gemeinden waren, bleibt weitgehend unerforscht. Zudem fehlt bislang eine breite Aufarbeitung der Internierung jener französischen Soldaten, die teilweise aus den französischen

Überseegebieten und Kolonien stammten. Eine militärgeschichtliche Betrachtung der Spahis verdeutlicht, dass eine nationalstaatliche Sicht auf Frankreich nicht ausreichend wäre. Durch das Auftreten nordafrikanischer Soldaten in Triengen kommen nämlich gerade Frankreichs imperialstaatlicher Charakter und die zunehmende Globalisierung zum Ausdruck.[32]

Da im Zentrum dieser Untersuchung das Dorf Triengen steht, wird es möglich sein, auch das Verhalten der Dorfbewohner in den Vordergrund zu rücken. Fragt man heute noch lebende Zeitzeugen, woran sie sich bezüglich der Internierung von 1940 erinnern können, so berichten die meisten von den Spahis. Darüber hinaus fällt auf, dass die Gesamtheit der Internierten mit dem Attribut «Spahis» bezeichnet wird. Tatsache ist, dass die Spahis jedoch nicht einmal ein Zehntel der fremden Soldaten ausmachten. Die Spahis sind im kollektiven Gedächtnis der Trienger Bevölkerung stärker als die gleichzeitig internierten Elsässer haften geblieben, da mit diesen algerischen Soldaten eine bis anhin unbekannte Kultur ins Dorf kam. Die fremde Religion des Islam sowie der exotische Habitus dieser Menschen haben sich als Ankerreize überdurchschnittlich tief bei der Dorfbevölkerung eingeprägt. Koloniale Exotik, orientalische Eindrücke, Türkenbilder sowie die damit verbundene Angst und gleichzeitige Faszination haben die Wahrnchmung zusätzlich beeinflusst.

Weiter gilt es folgende Fragen zu klären: Wer sind und waren die Spahis? Wie kamen sie in die Schweiz? Warum rückte die deutsche Wehrmacht den sich auf Schweizer Gebiet zurückziehenden französischen Soldaten nicht nach? Welches waren die makrohistorischen Begebenheiten, welche schliesslich zur Internierung führten? Wie war die Internierung einer fremden Armee mit der Schweizer Neutralität zu vereinbaren? Welches waren die gesetzlichen und historischen Grund- und Vorlagen? Wer war wofür verantwortlich? Wie lässt sich das Dorfleben in Triengen vor und während der Internierung beschreiben? Was blieb nach der Internierung zurück? Was für Probleme stellten sich? Kam es zu rassistischen Äusserungen und Taten? Gab es schwerwiegende Konflikte? Wie arrangierte man sich mit den Fremden? Wie funktionierte die Integration in die Dorfgemeinschaft? Welches waren die Hauptprobleme der Internierten, der Schweizer Wachtsoldaten, der Behörden und der Bevölkerung? Zeigt sich eine Divergenz zwischen Rechtspraxis und Rechtsnorm?

Die Internierten wurden nicht durch einen Stacheldraht oder durch Lagermauern von der Bevölkerung abgeschirmt, sondern weilten mitten im Dorf. Die Soldaten der Schweizer Armee waren zwar darum besorgt, dass nach dem Befehl ihres Generals sämtliche zwischenmenschliche Kontakte vermieden wurden, doch wie noch zu zeigen sein wird, war dies ganz und gar keine einfache Aufgabe. Die Einwohner Triengens waren zwar an die Gesetze und Verordnungen gebunden, handelten aber individuell und eben nicht immer gemäss den Vorschriften. Wie sich das Zusammenleben zwischen den Internierten, den Schweizer Wachtsoldaten, den lokalen Behörden und der Trienger Bevölkerung abspielte, das ist das historische Hauptinteresse dieser Arbeit. Die daraus resultierende Erkenntnis muss abschliessend mit anderen Fällen von Internierungen verglichen werden, um beurteilen zu können, ob und inwiefern sich die Internierung des 2. Regiments der algerischen Spahis als Sonderfall darstellt.

Quellenlage

Als Methode der Quelleninterpretation soll die «dichte Beschreibung» des Ethnologen Clifford Geertz dienen. Geertz geht davon aus, dass der Mensch ein Wesen darstellt, das in selbstgesponnenen Bedeutungsgeweben verstrickt ist. Kultur betrachtet er als Gesamtgewebe.[33] Folglich muss die Kulturforschung nicht nach Gesetzmässigkeiten, sondern nach kulturell produzierten oder konstruierten Bedeutungen suchen. Dies gelingt nur, wenn man von einem experimentellen Ansatz abrückt und sich einem interpretierenden zuwendet. Geertz meint, dass die Untersuchung von Kulturen darin besteht, «Vermutungen über Bedeutungen anzustellen, diese Vermutungen zu bewerten und aus den besseren Vermutungen erklärende Schlüsse zu ziehen.»[34] Kultur dient als Rahmen, gesellschaftliche Ereignisse, Verhaltensweisen, Institutionen und Prozesse verständlich – nämlich dicht – zu beschreiben. Dem «Fremden» muss man sich also immer wieder mit neuen Anläufen nähern, um daraus Bedeutungsdimensionen zu erschliessen. Die Beschreibung selbst kann dabei eine erklärende Funktion haben, sobald sie über die Beantwortung von «Warum»-Fragen hinausgeht und anfängt, «Wie»-Fragen zu stellen.[35] Indem er sich durch deskriptive Rekonstruktionen an die Innensicht und Eigenlogik der Akteure herantastet, kann der Forscher mittels des Verfahrens einer «dichten Beschreibung» die historische Wirklichkeit aus dem Deutungshorizont der Zeitgenossen besser verstehen lernen.[36]

In Archiven und Bibliotheken lässt sich verschiedenes Quellenmaterial zum 45. Armeekorps, zur 2. polnischen Schützendivision und zum 7. Regiment der algerischen Spahis finden. Die Internierungsakten des Bundesarchives sind gut dokumentiert. Wichtig ist auch der Schlussbericht des Eidgenössischen Kommissariats für Internierung und Hospitalisierung (EKIH). Zudem konnten im Bundesarchiv einige Wochenschaubeiträge, welche den Grenzübertritt festhalten, gesichtet werden. Weiteres Filmmaterial wurde im Zentrum für Elektronische Medien (ZEM) der Schweizer Armee eingesehen. Für Berichte der Wachtsoldaten wurde das Archiv für Zeitgeschichte an der ETH Zürich aufgesucht. Eine weitere Quellensammlung, welche die Internierung des 7. Regiments der algerischen Spahis betrifft, findet sich im Museum in Estavayer-le-Lac. Dazu gehört neben einigen Uniformstücken und Waffen auch ein Spahisattel.

Problematischer erwies sich die Lage, was das 2. Regiment der algerischen Spahis und seine Internierung in Triengen angeht. Hier blieb einzig die Recherche vor Ort, da diese Einheit in den Beständen staatlicher Archive nicht erwähnt wird. Zu den wichtigsten Quellen zählen die Berichte der Lokalzeitung «Trienger Anzeiger» und die Pfarreichronik. Eine wahre Fundgrube stellten die vielen Fotografien der Internierten aus Privatarchiven dar. Einige Fotos sind auf der Rückseite beschriftet. Diese Bilder wurden oft erst nach der Internierung im Jahre 1941 an Trienger Familien geschickt und mit einer kleinen Anerkennung versehen. Weitere schriftliche Zeugnisse der Spahis existieren nicht oder konnten noch nicht entdeckt werden. Eine Ausnahme stellen die von den Nachkommen einer Trienger Ärztefamilie aufbewahrten Briefe eines Spahis dar.

Die französischen Internierten aber hinterliessen auch noch andere Spuren. So befindet sich etwa ein Ölbild der Trienger Kirche im Pfarrhof. Dieses hat einer der drei dort einquartierten französischen Geistlichen gemalt. Eine elsässische Einheit brachte am Tor einer Scheune der Besitzerfamilie ihre Dankbarkeit zum Ausdruck. Jeder einzelne Soldat schrieb seinen Namen auf das Holztor, hinter dem er über ein halbes Jahr genächtigt hatte. Auch am Gebäude des ehemaligen Restaurants «Fischerhof» findet man noch unter den sich an der Fassade emporwindenden Weinreben einige Einritzungen von französischen Soldaten. Ein weiteres Zeichen der Dankbarkeit kam im Keller des Gemeindehauses zum Vorschein. Ein grosses Gemälde, auf dem ein Schweizer zwei verwundeten Franzosen Nahrung und Hilfe anbietet, wurde der Gemeinde Triengen gewidmet und am 24. Januar 1941 vom französischen Lagerkommandanten den Behörden überreicht. Ein zusätzliches Indiz, das auf die Internierung hinweist, stellen die so genannten Internierten-Stöcke dar, welche in manchen Trienger Wohnungen noch immer aufbewahrt werden. Es handelt sich hierbei um auch von Spahis geschnitzte Spazierstöcke mit teils algerischen Symbolen. Ergänzend zu diesen Quellen wurden Gespräche mit Zeitzeuginnen und Zeitzeugen geführt.

Der Weg des 2. Regiments der algerischen Spahis konnte aufgrund der privaten Quellensammlung von Marc Basoin rekonstruiert werden. Sein Vater Jacques gehörte dieser Einheit an und war in Triengen interniert. Jacques starb bereits 1973, als sein Sohn gerade 20 war. Ab 50 begann sich Marc für die Erlebnisse seines Vaters, der nie wesentlich über den Krieg gesprochen hatte, zu interessieren. Ausgehend von nur ein paar wenigen Dokumenten, nahm er die Spurensuche auf. Dabei konnte er einen wichtigen Quellenfundus zusammentragen, worunter sich auch das «Journal de marche» des Regimentszugs befindet.

Marc Basoin richtete im Zuge seiner Recherche 2004 eine Anfrage an die Eidgenössische Militärbibliothek, die heutige Bibliothek am Guisanplatz (BIG), in Bern. Zu dieser Zeit leistete ich dort meinen Militärdienst als «historischer Mitarbeiter» und erhielt den Auftrag, abzuklären, was man über die Internierung des 2. Regiments der algerischen Spahis in Triengen herausfinden könnte. Das Resultat liegt nun in Form dieses Buches und eines Dokumentarfilms vor. Ohne die Unterstützung zahlreicher Personen wäre dies nie möglich geworden. Daher möchte ich allen danken, die mir bei der Erforschung der Trienger Internierungsgeschichte hilfsbereit mit Rat und Tat zur Seite gestanden sind.

Dank

Mein Dank gilt besonders Marc Basoin, durch den ich überhaupt erst auf die Spahis in Triengen gestossen bin. Dass ein in Bordeaux lebender Franzose, dessen Vater bei den algerischen Spahis diente, den Ausschlag gab, ein unbekanntes Stück Schweizer Vergangenheit vor dem Vergessen zu bewahren, ist mehr als Ironie der Geschichte, sondern zeigt auch, dass die nationale Historie stets auch globale Perspektiven hat.

Der Spahi-Offizier Dominique Vanthier, der den «Burnous», die Vereinigung aller ehemaligen Spahis, in der Schweiz vertritt, hat mir in sämtlichen militärhistorischen, aber auch kulturbezogenen Fragen immer kompetent Auskunft erteilt. In zahlreichen interessanten Gesprächen hat er mir über die Spahis und ihre Missionen berichtet und mich immer besser mit der für mich fremden Materie vertraut gemacht. Dafür möchte ich mich an dieser Stelle ganz herzlich bedanken.

Ferner gilt mein Dank auch meinem damaligen militärischen Vorgesetzten und ehemaligen Chef des historischen Forschungsdienstes der Militärbibliothek, Josef Inauen, der es mir ermöglichte, intensive Nachforschungen zu betreiben. Auch sein Nachfolger Stefan Schärer und der Chef der Bibliothek am Guisanplatz, Jürg Stüssi-Lauterburg, haben mich während meiner Recherchen stets wohlwollend unterstützt, was ich gerne verdanke.

Folgenden Personen möchte ich ebenfalls persönlich danken: Franz Kost, der zur Zeit meiner Recherchen Trienger Gemeindeammann war und mir zahlreiche Kontakte mit Zeitzeugen vermittelt hat; Georg Dubach, der bis 2010 Trienger Gemeindepräsident war und stets ein offenes Ohr für meine Anliegen hatte; Aram Mattioli und Jürg Stadelmann, die mir beratend zur Seite standen und mir mit ihrer historischen Fachkompetenz Perspektiven eröffneten, die ich so nicht gesehen hätte; Alexander Fähndrich, der die Idee hatte, aus der Geschichte in Triengen einen Dokumentarfilm zu machen, und der mich bei der Erarbeitung eines entsprechendes Konzepts unterstützte; Patrick Müller, der als Produzent der damaligen Condor Films und heutigen Docmine diese Idee sofort aufnahm, Simon Koller und Heiko Böhm mit der ganzen Filmcrew von Condor Films, die schliesslich die Geschichte visualisierten; Werner Renggli und Wilhelm Menrath, die das Manuskript gegenlasen und wertvolle Korrekturen und Anregungen einbrachten; und schliesslich all jenen, die mir Quellen aus ihren Privatarchiven zur Verfügung stellten, wie Viktor und Pius Berger, die mir die Briefe des Spahi Ali Sassi an ihre Mutter zeigten, oder Hanspeter Fischer, der mir den Text eines von Internierten geschriebenen Liedes besorgte, und Karin Lüscher sowie Bruno Fischer-Elmiger, die mir zahlreiche Fotografien zur Verfügung stellten.

Für die Druckkosten dieses Buches waren Subsidien notwendig. Daher möchte ich folgenden Personen und Institutionen für ihre grosszügige Unterstützung, die es auch ermöglichte, den Text mit Abbildungen zu bereichern, danken: Gemeinde Triengen; Bibliothek am Guisanplatz, Bern; Dominique Vanthier, délégué pour la Suisse du «Burnous» – Association amicale des Spahis, Paris; TRISA AG, Triengen, Dr. Josef Schmid-Stiftung, Luzern; Nichten und Neffen von Margrit Thürig (1914–2010), Triengen; Dr. Pius Berger, Triengen; Dr. Eilo Sanharib, Triengen; Georg Dubach, Triengen; Franz Kost, Triengen.

Ein ganz spezielles Dankeschön möchte ich an folgende Zeitzeugen richten: Alois Fischer, Max Fischer, Hedwig Fries, Hildegard Kaufmann, Fritz Meyer, Hansruedi Neeser, Leander Pfäffli, Hedi Schneeberger, Fritz Sieber, Jules Steiger, Margrit Thürig, Walter Vonarburg, Elisabeth Willimann und Elsa Wirz. Sie alle haben mich auf eine Zeitreise mitgenommen, die so spannend war wie die Erkundung eines unbekannten Kontinents.

Yusuf (1808–1866), der legendäre erste Kommandant der algerischen Spahis in französischen Diensten.

Geschichte der Spahis

Die «Sipahis»

Das Wort «Spahi» stammt vom türkischen «Sipâhi», welches seinen Ursprung im persischen Begriff «Cipaye» hat.[1] Mit «Sipahi» wurde im türkischen Sprachgebrauch ein Reiter der Kavallerie bezeichnet.[2] In der zweiten Hälfte des 14. Jahrhunderts gründete der osmanische Sultan Murad I. (1319–1389) die ersten Sipahi-Regimenter.[3] Neben den ebenfalls von ihm rekrutierten Janitscharen,[4] welche als Infanterietruppe im Einsatz standen, bildeten die Sipahis als Kavallerie den Kern des osmanischen Heeres. Im Gegensatz zu den meist aus der christlichen Bevölkerung zwangsrekrutierten Janitscharen,[5] welche bis zum 16. Jahrhundert in Kasernen leben mussten, nicht heiraten durften und keinem anderen Gewerbe nachgehen konnten, waren die Sipahis privilegierte Soldaten.[6] 1368 regelte Murad I. die Vergabe von Landgütern («timar») gesetzlich. Jeder Krieger, der sich im Kampf besonders verdient gemacht hatte, erhielt vom Herrscher oder seinem Stellvertreter ein Militärlehen. Dies verpflichtete ihn aber, mit einem Pferd an allen Feldzügen teilzunehmen.[7]

Die Sipahis waren anfänglich ausgebildet, zu Pferd im Galopp mit der Lanze anzugreifen und dann den Kampf Mann gegen Mann mit dem Säbel zu führen.[8] Später wurde die Lanze durch den Pfeilbogen und die «Arquebuse», eine Feuerwaffe, ersetzt, bis schliesslich Pistolen und Karabiner zum Einsatz kamen. Die Sipahis benutzten auch die Axt. Die wichtigste Waffe blieb jedoch der «Yatagan», ein Säbel mit gekrümmter scharfer Klinge.[9]

In der ersten Hälfte des 16. Jahrhunderts betrug der Sipahi-Bestand in der osmanischen Armee etwa 40 000 Mann. Diese wurden von 60 000 Bediensten («cebeli») begleitet. Zu Beginn des 17. Jahrhunderts waren lediglich noch 16 000 Sipahis und 25 000 Bedienstete Teil des Heeres.[10] Ursache für diesen starken Rückgang scheint eine Wirtschafts- und Finanzkrise gewesen zu sein. In diesem Zusammenhang erhielten die Sipahis keine neuen Ländereien mehr zugesprochen. Daher verweigerten sie die Einberufungsbefehle. Die Sultane waren schliesslich dazu gezwungen, ein Heer aus bezahlten Söldnern aufzustellen. Im ausgehenden 17. Jahrhundert wurde die osmanische Kavallerie weiter geschwächt. Waffentechnische Fortschritte verschafften den Europäern allmählich Überlegenheit auf dem Schlachtfeld. Zur Abwehr der türkischen Kavallerie setzte die Infanterie so genannte Schweinsfedern, fast zwei Meter lange Spiesse, ein. In auf dem Boden liegenden Holzbalken verankert, bildeten sie ein nahezu uneinnehmbares Hindernis für die Pferde. Als Reaktion auf den Einsatz dieser neuen militärischen Waffen wurde die türkische Infanterie, die Janitscharen, auf Kosten der Kavallerie, also der Sipahis, weiter gestärkt.[11] Seit dem 18. Jahrhundert nutzten die Janitscharen ihren Einfluss und forderten mehr Privilegien vom Sultan. Wenn dieser den Forderungen nach mehr Macht nicht nachkommen wollte, kam es gelegentlich zu Aufständen. Zeitweise gelang es den Janitscharen sogar, einen Sultan zu stürzen und einen ihnen wohlgesinnten Herrscher einzusetzen.[12] Am 14. Juli 1826 eskalierte die Situation derart, dass Sultan Mahmud II. das Janitscharenkorps mit Unterstützung der Sipahis zerschlug. 15 000 Janitscharen wurden regelrecht massakriert.[13] Bald darauf wurde die türkische Armee im Stil einer europäischen Armee[14] reorganisiert. Dieser Reorganisation fielen auch die Sipahis zum Opfer. Bis zur französischen Invasion im Jahr 1830 wurden jedoch noch mehrere Garnisonen in Algerien als Sipahis bezeichnet.[15]

Die ersten «Sipahis» in Algerien

Vor der französischen Kolonialzeit wurden Teile Algeriens von sieben grossen Eroberungswellen kulturell beeinflusst. Folgende Invasoren prägten jeweils eine eigene Epoche: Die Phönizier (1000–147 v. Chr.), die Römer (146 v. Chr.–432 n. Chr.), die Vandalen (432–533), die Byzantiner (533–755), die Araber (755–1516) und schliesslich die Türken (1515–1830).[16] Ab 42 n. Chr. gliederten die Römer Nordafrika in die drei Provinzen Africa Proconsularis, Mauretania Caesariensis und Mauretania Tingitana ein, was einer frühen Vorwegnahme der heutigen staatlichen Dreigliederung des Maghreb entspricht.[17] Die meisten Berberstämme, deren Vorfahren schon lange vor Ankunft der Phönizier den algerischen Raum besiedelten, gerieten bis zur arabischen Eroberung jedoch nicht unter die Kontrolle der Invasoren. Denn die Eroberer beschränkten sich hauptsächlich auf die Einnahme oder die Gründung von Hafenstädten, während das Hinterland von ihrer Kultur weitgehend unbeeinflusst blieb.[18]

Die Berber nahmen in der Regel keine fremden Kulturen an. Einige Berberstämme konvertierten zwar zum Juden- oder Christentum, was jedoch nicht lange dauern sollte. Erst durch die beiden arabischen Eroberungswellen im westlichen Nordafrika während des 7. und 11. Jahrhunderts wurden die Berberstämme dauerhaft von einer neuen Kultur geprägt.[19] Der erste arabische Einfall geht auf das Jahr 647 zurück. Bei diesem Vorstoss und einem weiteren, der 18 Jahre später erfolgte, handelte es sich in erster Linie um Aufklärungsaktionen und Beutezüge. Im Jahre 670 gründete Okba Ibn Nafi im Süden Tunesiens die Stadt Kairouan. Er wurde darauf vom Kalifen Jazid I. als Statthalter in Nordafrika, welches die Araber Ifriqiya nannten, eingesetzt. Von dort aus zog er weiter gegen Westen und kam 683 in Auseinandersetzungen mit Berberstämmen bei Biskra im heutigen Algerien ums Leben.[20] Bis zum 11. Jahrhundert folgten weitere militärische Eroberungszüge. Diese können rückblickend für die Araber als erfolgreich eingestuft werden, da die Berberstämme in Massen zum Islam konvertierten. Abgesehen von vereinzelten jüdischen Gemeinschaften, die bis heute fortbestehen, wurde das Territorium des heutigen Algeriens vollständig islamisiert.[21] Von nun an wurde das Gebiet als «Bilad al-Maghrib», als westlicher Teil der arabischen Welt bezeichnet. «Al-maghrib» stand ursprünglich für die Richtung des Sonnenuntergangs. Davon leitet sich das noch heute geläufige Toponym «Maghreb» ab, der die Staaten Marokko, Tunesien und Algerien als Obergriff vereint.[22]

Die weitere politische Geschichte nach dem 11. Jahrhundert verläuft sehr komplex. Nur ein einziges Mal war der Maghreb kurzfristig unter einer Herrschaft vereint. Während Tunesien und Marokko bald unter wechselnden Dynastien eigene Staatsformen vollendeten, blieb Algerien als mittlerer Maghreb in lokale Herrschaftsgebiete aufgespalten. Diese standen teils unter tunesischem und teils unter marokkanischem Einfluss. Seit dem 13. Jahrhundert zeichnete sich eine endgültige staatliche Dreiteilung des Maghreb ab.[23]

Durch interne Wirren erlitt Algerien im 16. Jahrhundert einen politischen und wirtschaftlichen Niedergang. Dies machten sich die Spanier und Portugiesen zu Nutze, indem sie nach Abschluss der «Reconquista» in den Küstenstädten Stützpunkte («presidios») errichteten. Dieses Vordringen provozierte das Osmanische Reich, welches inzwischen zur Grossmacht des Mittelmeerraumes aufgestiegen war.[24] Eine wichtige Rolle bei der Vertreibung der Europäer spielten Oruc Baba und sein Bruder Hayreddin,[25] Söhne eines Sipahis aus Lesbos. Oruc, der 1516 mit seinen Leuten den nordafrikanischen Hafen Algier besetzte, wurde zwei Jahre später von den Spaniern getötet.[26] Sein Bruder Hayreddin konnte sich aber halten und forderte von Sultan Selim in Konstantinopel Hilfe an. Im Gegenzug versprach er diesem die Herrschaft über Algerien. Der Sultan willigte ein und sandte ihm 2000 Janitscharen mit neuesten Musketen und weitere 4000 Soldaten.[27] In den kommenden Jahren gelang Hayreddin, Algier zu einer wichtigen Marinebasis auszubauen. Damit verschaffte er dem Osmanischen Reich gleichzeitig einen festen politischen und militärischen Stützpunkt in Nordafrika und die Kontrolle über den Schiffsverkehr am Zugang zum westlichen Mittelmeer.[28] 1535 wurde er von Sultan Süleyman in Konstantinopel zum Admiral («kapudan pasa») befördert und zum «Beylerbeylik» von Algerien ernannt.[29]

In der Folge unterwarfen türkische Truppen den östlichen und mittleren Maghreb bis zur marokkanischen Grenze. Sie teilten die riesige Ländermasse in drei Regentschaften mit den Hauptstädten Tripolis, Tunis und Algier ein und legten die noch heute gültigen Grenzen fest.[30] Da die bestehenden Janitscharenkorps als Infanterie nicht mehr genügten, wurde in Algerien eine Sipahi-Kavallerie ausgehoben. Ein Sipahi konnte nur werden, wer einem indigenen Stamm angehörte, der sich dem algerischen Dey[31] unterworfen hatte, oder wer bereits als Janitschare im Offiziersrang eines Aghas[32] diente. Während die Janitscharen massgeblich am Niedergang der Sipahis im Orient beteiligt waren, standen sie in Algerien als Mitbegründer der neuen Kavallerie zur Verfügung. Aus ihren Reihen entstand eine Elitetruppe, die «Sipahis Turcs». Ihnen standen untergeordnet die «Sipahis Arabes» zur Seite. Die «Sipahis Arabes» mussten dem Agha zunächst 40 Sultanis, was damals 200 Francs d'Or entsprach, entrichten. Dadurch wurden sie aber von allen weiteren Steuern befreit. Die neu geschaffene Kavallerie hatte den Ruf, eine mutige Truppe zu sein, deren Stärke ein hoher Gemeinschaftssinn ausmachte. Von ihren Gegnern wurden sie als entschlossene und brutale Kämpfer gefürchtet. Dies ist mit ein Grund, warum der algerische Dey die «Sipahis Turcs» zu seiner persönlichen Garde machte.[33]

Die Spahis in der französischen Armee

Algerien wurde vom 16. bis 19. Jahrhundert von Europa vor allem als Piratenstaat wahrgenommen. Europäische Seefahrer entrichteten Abgaben an den Dey von Algier, um ihre Handelsschiffe abzusichern. Die algerischen Städte waren nicht auf das Binnenland angewiesen, da sie durch Piraterie und Seehandel überleben konnten.[34] Das einträglichste Geschäft waren die Einnahmen aus Lösegeldforderungen für europäische Gefangene. Eine organisierte «Seeräuberzunft» wachte darüber, dass der Sultan von Konstantinopel Anteile der Beute bekam, und beschützte seine Schiffe.[35]

Viele europäische Handelsmächte wollten der Bedrohung Herr werden und versuchten vergeblich, in zahlreichen Aktionen[36] das barbareskische Algerien zu zerschlagen. Die Piraterie konnte jedoch erst in der napoleonischen Zeit durch grosse europäische Flottenbestände im Mittelmeer eingedämmt werden. Nach dem Wiener Kongress wurden die Flotten abgerüstet, was die Seeräuberei erneut aufblühen liess. Nun schalteten sich die USA ein. US-Commadore Stephen Decatur konnte Dey Omar 1815 zu einem Friedensvertrag bewegen, nachdem er die algerische Fregatte «Maschuda» besiegt hatte. Ein Jahr später erschienen 19 britische Kriegsschiffe und elf niederländische Fregatten vor Algier, da der Dey die Seeräuberei zwar unterliess, aber dennoch mit christlichen Sklaven handelte. Nach einem zehnstündigen Bombardement der Stadt lenkte Dey Omar am 28. August 1816 schliesslich ein und war bereit, sämtliche gefangenen Christen frei zu lassen und einen Vertrag zu unterzeichnen. Omar wurde jedoch bald von Janitscharen umgebracht, und sein Nachfolger Dey Ali starb schon 1818 an der Pest. Der daraufhin neu gewählte Dey Hussein nahm die Piraterie wieder auf, da er sich nicht an Verträge, die seine Vorgänger unterzeichnet hatten, gebunden fühlte.[37]

Während Algerien im ausgehenden 18. Jahrhundert den übrigen europäischen Mächten feindlich gesinnt war, pflegte es zu Frankreich gute Beziehungen.[38] 1817 nahmen zum ersten Mal nach der Ära Napoleon erneut französische Händler in La Calle und Bône ihre Geschäfte auf. In Algier hatte ein Unternehmen aus Marseille das Monopol für den Verkauf von Wollstoffen. Diese wirtschaftlichen Beziehungen hinderten Frankreich daran, gemeinsam mit anderen europäischen Staaten gegen die Sklaverei in Algerien und die Piraterie vorzugehen.[39] In den 1820er Jahren kam es jedoch zu Spannungen zwischen den beiden Ländern, welche ihren Höhepunkt in der französischen Invasion von 1830 fanden. Hierzu führten verschiedene Ursachen. Einerseits war Hussein, der Dey von Algier, in eine Schuldenaffäre mit Frankreich und zwei algerischen Juden verstrickt.[40] Frankreich schuldete dem Dey grosse Zahlungen für Getreidelieferungen und wollte diese nicht begleichen.[41] Bei einer Unterredung im April 1827 mit dem französischen Konsul Pierre Deval verlor der Dey die Beherrschung. Er schlug dem Konsul mit einem Fliegenwedel ins Gesicht und drohte, ihn einsperren zu lassen. Weil Dey Hussein nicht bereit war, sich dafür zu entschuldigen, brach Paris die diplomatischen Beziehungen ab und blockierte den Hafen von Algier[42]. Dieser Aktion begegnete der Dey mit der Zerstörung der französischen Kontore[43] in Bône und La Calle und bat die Hohe Pforte[44] um Entsendung von Truppen. Als ein französisches Parlamentärboot beschossen wurde, entschloss sich das französische Kabinett von Jules de Polignac, in Algerien militärisch zu intervenieren.[45] Andererseits wollte Frankreich nun aber auch der von Algerien ausgehenden Piraterie Einhalt gebieten.[46] Dies lag besonders im Interesse der Marseiller Handelsbourgeoisie. Ein weiterer Grund für die Intervention war, dass das geschwächte Bourbonenregime Karls X. am Vorabend der Julirevolution mit einem aussenpolitischen Erfolg von den inneren Problemen ablenken wollte.[47] Über die tatsächliche Motivation Frankreichs und die damit verbundene Zielsetzung gehen die Meinungen der Historiker auseinander. Einig ist man sich jedoch, dass das Unternehmen gegen die Regentschaft von Algier zum Keim der gesamten französischen Politik in Nordafrika wurde, was zu Beginn des Feldzugs nicht absehbar war.[48]

Am 26. Mai 1830 stach eine Flotte von 1000 Schiffen von Toulon[49] aus in See Richtung algerischer Küste.[50] Am 14. Juni erreichten die Truppen, bestehend aus 37 000 Soldaten, den Strand von Sidi-Ferruch. Die gesamte Invasionsarmee setzte sich aus drei Divisionen zu je drei Brigaden zusammen. Darunter befanden sich neben Artillerie- und Genieverbänden auch 500 Kavalleristen. Am 19. Juni besetzten die französischen Truppen das algerische Lager von Staouéli und eroberten fünf Tage später das Fort Mouley-Hassan, das später den Namen Fort-l'Empereur erhielt. Am 5. Juli musste Dey Hussein kapitulieren und die französischen Truppen in Algier einziehen lassen.[51]

Nach der Kapitulation wurden die türkischen und arabischen Sipahis, von den Franzosen Spahis genannt, vom Dey entlassen. Sie hatten nichts anderes als das Kriegshandwerk gelernt und standen nun ohne Einkommen da. Dieser Zustand kam dem französischen General de Bourmont[52] gelegen, denn eine Eingliederung von türkischen und arabischen Soldaten würde die französische Armee wesentlich stärken. Einerseits wollte er sie als Aufklärertruppen einsetzen, um die Umgebung zu überwachen. Andererseits dachte er, dass diese Soldaten in der Lage wären, mit den feindlich gesinnten Stämmen zu verhandeln. Zudem war die nur gerade 500 Mann starke französische Kavallerie ihrer Aufgabe in der brütenden Hitze Algeriens nicht länger gewachsen.

Eine Integrationsfigur für die Rekrutierung einer neuen afrikanischen Kavallerietruppe war der 22 Jahre alte Guiseppe Vantini (1808–1866).[53] Geboren auf Elba, wurde er als Siebenjähriger von tunesischen Korsaren gefangen genommen, die ihn als Sklaven an den Bey von Tunesien verkauften. In Tunesien konvertierte er zum Islam, nahm den Namen Yusuf an und leistete seinen Dienst in einem Mameluken-Korps. Am 15. Juni 1830 kam Yusuf, der unter Zeitgenossen als brillanter Reiter galt, nach Algier. Er pflegte bereits gute Beziehungen zu arabischen Standespersonen und beeindruckte die arbeitslosen türkischen Spahis, so dass sie sich unter sein Kommando stellten.[54] Bevor er sich mit der Rekrutierung der Spahis beschäftigte, stellte er sich als Übersetzer zur Verfügung. Seine militärische Karriere beendete Yusuf als General.

Die Eingliederung der Spahis in die französische Armee sollte aber nicht mehr unter de Bourmont vollzogen werden. De Bourmont gab, nachdem er Nachricht von der Julirevolution erhalten hatte, das Kommando ab. Sein Nachfolger, General Clauzel,[55] nahm jedoch die Idee einer indigenen Truppenverstärkung auf und integrierte die Spahis als Söldner in die französische Armee. Am 8. Oktober 1830 sandte er an den Kriegsminister einen Rapport, welcher Einfluss auf eine neue Gesetzgebung nehmen sollte. Das darauf folgende Gesetz vom 9. März 1831 erlaubte es Generälen als Oberbefehlshaber über Truppen ausserhalb des europäischen Kontinents, Militärkorps aus der indigenen Bevölkerung zu rekrutieren. Dieses Gesetz schuf die Grundlage für zwei neue Armeekorps in der «Armée d'Afrique», welche zuvor nur aus Franzosen bestanden hatte. Am 10. März 1831 wurden die Ordonnanzbestimmungen für die «Légion étrangère» festgelegt, und am 21. März folgten jene für die «Corps indigènes».[56]

Zu Beginn taucht die Bezeichnung «Spahis» für die neu geschaffenen Truppen jedoch noch nicht auf. Die von Yusuf angeführten 100 Kavalleristen als erste Schwadron erhielten zunächst den Namen «Escadron de Mameluck». Eine zweite Schwadron stand unter Befehl des französischen Artilleriehauptmanns Stanislas Marey-Monge. Am 10. Dezember 1830 wurden die beiden Schwadronen in «Chasseurs Algériens» umbenannt. Bald darauf fasste man sie gemeinsam mit Infanteriebataillonen unter dem Namen «Corps de Zouaves» zusammen. Nach einem Dekret vom 17. November 1831 mussten die «Chasseurs Algériens» das «Corps de Zouaves» aber bereits wieder verlassen. Sie wurden nun als «Chasseurs d'Afrique» organisiert. Ein erstes Regiment war in Algier und ein zweites in Oran stationiert. Ein drittes Regiment wurde am 6. Juni 1833 in Bône gegründet.[57]

Die Indigenen[58] wurden als sehr gute und loyale Kämpfer betrachtet. Sie galten als geschickte Schützen und geeignete Kavalleristen. Man wollte sie darum zu ‹guten› Franzosen erziehen, dabei sollten sie aber ihre arabischen Gewohnheiten weiterhin pflegen dürfen. Als wichtig für eine gute Führung der Regimenter erschien die Einsetzung von arabischen Kaderleuten. Die Organisation sah daher vor, dass neben dem französischen Regimentskommandanten ein arabischer Stellvertreter stand. Die Schwadronen wurden von einem französischen Leutnant als erstem und einem indigenen Leutnant als zweitem Offizier geführt.[59] Obwohl Franzosen privilegiert waren, hatten also auch Indigene Aufstiegsmöglichkeiten innerhalb der französischen Armee. Durch diese Massnahme versuchte man die Truppen im Inneren zu stabilisieren.

Am 10. September 1834 schuf die französische Armee aufgrund einer königlichen Ordonnanz in Algier ein Kavalleriekorps mit dem Namen «Spahis Réguliers».[60] Es bestand aus 500 Freiwilligen und ungefähr 200 indigenen Kavalleristen, welche vom ersten Regiment der «Chasseurs d'Afrique» abgezogen wurden. In den folgenden Jahren wurden zwei Schwadronen in Bône und vier in Oran rekrutiert.[61] Nachdem Constantine eingenommen war, formierten die französischen Eroberer ein neues Korps aus 200 Kavalleristen und 800 Infanteristen, welche mit «Spahis de Constantine» und «Tirailleurs de Constantine» bezeichnet wurden. Nach einigen weiteren Reorganisationen kam es durch eine Ordonnanz von König Louis-Philippe vom 24. Juli 1845[62] zur definitiven Organisation der Spahis.[63]

In Artikel 1 dieser Ordonnanz heisst es: «Das indigene Kavalleriekorps, welches durch unsere Verordnung vom 7. Dezember 1841 gegründet wurde, wird eine neue Organisation erhalten. Die Schwadrone, die es bilden, sollen drei indigene Kavallerieregimenter bilden, die wie folgt genannt werden: 1. Spahi-Regiment in Algier; 2. Spahi-Regiment in Oran; 3. Spahi-Regiment in Constantine. Jedes dieser Regimenter wird sechs Geschwader umfassen.» Der zweite Artikel legt fest, dass die Offiziere Kenntnisse der arabischen Sprache mitbringen müssen. Im 6. Artikel ist die Rangordnung wie folgt festgehalten: «In den drei Spahi-Regimentern sind die Positionen des höheren Offiziers, des Hauptmanns, des Buchhaltungsoffiziers, des Chirurgen, des Tierarztes sowie die Hälfte der Positionen des Leutnants und des Unterleutnants exklusiv französischen Offizieren und Unteroffizieren vorbehalten. Die andere Hälfte der Positionen Leutnant und Unterleutnant sind mit Indigenen zu besetzen. Indigene Offiziere können innerhalb der Spahi-Regimenter Grad und Position eines Hauptmanns erlangen, sofern sie sich diese Beförderung durch ausgezeichnete Leistungen verdient haben.»[64]

Spahis wurden auch in anderen von Frankreich besetzten oder unter französischem Protektorat stehenden Ländern rekrutiert. Zu den drei algerischen Regimentern kam ab 1886 in Tunesien das vierte Regiment dazu.[65] Nach dem Ersten Weltkrieg wurden in Marokko aus den bereits bestehenden Reservebeständen vier Spahi-Regimenter rekrutiert, welche während des Zweiten Weltkriegs durch zwei weitere komplettiert wurden.[66] Im Senegal gab es seit 1843 Spahi-Einheiten. Diese gingen auf algerische Spahis zurück, welche aus Algier abkommandiert worden waren, um gegen die Toucouleurs in Cascas zu kämpfen. Da sie ihre Mission als Kavallerietruppe erfolgreich gemeistert hatten, entschied die französische Armeeführung, eine senegalesische Spahi-Schwadron auszuheben.[67]

Die Kriegseinsätze und Expeditionen der Spahis waren zahlreich.[68] Von Yusuf geführt, nahmen sie an entscheidenden Schlachten gegen den algerischen Emir Abd el-Kader teil. Dieser konnte aber immer wieder mit seinen Leuten entkommen. Erst 1847 gelang es den Franzosen, ihn in Marokko gefangen zu nehmen.[69] Ferner waren die Spahis an sämtlichen Feldzügen in den französischen Kolonien oder Protektoraten beteiligt, wie etwa in Marokko, Tunesien, Senegal, Madagaskar und Indochina.[70] Zum ersten Mal in Europa kämpften die Spahis 1854 auf der Krim. Danach waren sie auch am Deutsch-Französischen Krieg von 1870/71 beteiligt.[71] Seit Beginn der Dritten Republik 1872 waren drei algerische Spahi-Regimenter permanent in den drei Departementen[72] Algeriens stationiert. Zwischen 1914 und 1921 wurden weitere fünf RSA – Régiments des Spahis Algériens – gegründet, darunter auch 1915 das 7. RSA, welches 1940 in der Schweiz interniert wurde.[73]

Während des Ersten Weltkriegs wurden ein algerisches Regiment und vier marokkanische Schwadronen nach Frankreich abkommandiert und nahmen an den Gefechten teil. 1918 eroberten marokkanische Spahis die Stadt Uskub, das heutige Skopje. 1925 nahmen einige Truppen am Rifkrieg gegen Abd el-Krim in Marokko teil. Andere Truppen wurden zu Einsätzen nach Syrien geschickt.[74] Vor dem Zweiten Weltkrieg existierten neun Regimenter algerischer und tunesischer sowie drei Regimenter marokkanischer Spahis. Die Regimenter konnten je nach Einsatz zu Brigaden vereinigt werden. Zum Dienst als Spahi waren Männer zwischen 18 und 30 Jahren zugelassen. Bei guter Führung konnte die Dienstzeit bis zum 45. Lebensjahr verlängert werden.[75] Von 1927 bis 1939 waren in Frankreich vier Spahi-Regimenter stationiert. In der Nähe von Paris waren das 4. RSM – Régiment des Spahis Marocains – und das 6. RSA in Senlis und Compiègne in Garnison. Sie bildeten die erste Spahi-Brigade. Im Rhonetal befanden sich das 7. RSA und 9. RSA in Orange und Vienne. Diese beiden Regimenter waren in der zweiten Spahi-Brigade vereint. 1936 verliess das 7. RSA Orange und kam nach Montauban.[76]

Ende Oktober 1939 wurde die dritte Spahi-Brigade in Frankreich stationiert. Sie bestand aus dem 2. Regiment der algerischen Spahis (2. RSA) aus Tlemcen und dem 2. Regiment der marokkanischen Spahis (2. RSM) aus Marrakesch. Quartier wurde in der Ardennenregion bezogen.[77] Während des deutschen Westfeldzugs im Mai und Juni 1940 wurden alle drei Brigaden ausser Gefecht gesetzt. Danach gelangten viele Spahis über die «Zone Libre» von Marseille aus nach Algerien. Nach der Alliierten-Landung von 1942 nahmen berittene Spahi-Regimenter mit den Alliierten an Gefechten gegen die deutsch-italienischen Truppen in Tunesien teil. Anschliessend wurden die Spahis mit amerikanischem Material ausgerüstet und dienten als Aufklärungstruppen in Italien, Frankreich, Deutschland und Österreich. Im Winter 1944/45 kämpfte die im Oktober 1944 aus dem 7. RSA und dem 5. RSM neu gegründete erste Spahi-Brigade im Elsass.

Nach dem Krieg kehrten alle Spahis ausser der 7. Gruppe algerischer Spahis, welche als Paradeeinheit bis 1962 in Senlis stationiert war, nach

Nordafrika zurück. Vier Regimenter kämpften ab 1945 im Indochinakrieg. Nach dem Genfer Vertrag von 1954 wurden auch diese nach Nordafrika zurückbeordert, wo inzwischen der Algerienkrieg ausgebrochen war. Bei den verschiedenen Spahi-Einheiten handelte es sich jedoch nicht mehr um reine Kavallerieregimenter. Es gab seit dem Ersten Weltkrieg auch Fusstruppen und ab dem Zweiten Weltkrieg Regimenter der leichten Artillerie. Im Algerienkrieg nahmen fünf Regimenter mit Aufklärungspanzern neben fünf Kavallerie-Regimentern teil. Als der Krieg 1962 sein Ende nahm, wurden alle nordafrikanischen Spahi-Regimenter mit Ausnahme des 1. RSM aufgelöst.[78] Heute[79] existiert noch ein einziges Spahi-Regiment, welches als leichter Panzerverband seit 1984 in der französischen Stadt Valence einquartiert ist. Dieses «erste» Regiment, ursprünglich entstanden aus der Zusammenlegung verschiedener marokkanischer Spahi-Truppen des 1. RSM, worunter einige Einheiten zuvor 20 Jahre in Deutschland[80] stationiert waren, nahm im Winter 1990/91 am Golfkrieg teil.[81] Weitere Einsätze folgten etwa im Bosnienkrieg, in Afghanistan oder an der Elfenbeinküste.[82]

Die Spahi-Regimenter unterschieden sich durch ihre orientalische Bekleidung stark von den europäischen Kavallerie-Verbänden. Eine ausreichende Beschreibung der Uniformen gestaltet sich jedoch äusserst schwierig, da zwischen den zahlreichen Regimentern algerischer, marokkanischer und tunesischer Spahis unterschieden werden muss. Dazu kommt, dass je nach Dienstgrad andere Uniformen getragen wurden. Zudem waren einige Kleidungsstücke der christlichen Franzosen anders als jene der Muslime. Ferner muss beachtet werden, dass es verschiedene Tenues gab, wie etwa Dienstanzüge und Ausgangsuniformen. Diesbezüglich können hier nur einige generelle Aussagen gemacht werden, die im Einzelnen zu überprüfen wären.[83] Der Einfachheit halber werden im Folgenden nur die Uniformen der Spahi-Brigaden, welche 1940 in Frankreich stationiert waren, ausführlich beschrieben.

Die ersten Spahis in französischen Diensten hatten keinerlei Uniformvorschriften und kleideten sich dementsprechend individuell, jedoch der damaligen arabischen Mode entsprechend. Das einzige obligatorische Kleidungsstück war ein grüner Burnus.[84] Der Burnus, französisch «burnous», ist ein vormals von den Berbern getragener, traditioneller arabischer Umhang mit Kapuze, der hauptsächlich vom südlichen Mittelmeerrand bis in die Sahara verbreitet ist.[85] Auch die europäischen Kader, welche arabisch sprachen, kleideten sich traditionell wie ihre muslimischen Kameraden und waren von ihnen nicht zu unterscheiden. Erst die Ordonnanzbestimmungen vom 7. Dezember 1841 definierten Uniformen und legten Unterschiede zwischen Offizieren und Soldaten fest. Von nun an wurde ein roter Burnus mit weisser Innenseite getragen.[86]

Ab 1915 mussten die meisten Spahi-Regimenter ihre buntgeschmückten traditionellen Uniformen aufgeben und einen kakifarbene Kampfanzug tragen.[87] Die Spahis zu Beginn des Zweiten Weltkriegs hatten folgende Bekleidung: einen kakifarbenen Waffenrock, eine lange Gandoura (Bluse), je nach Witterung einen roten Burnus ohne Fütterung, weite Hosen, Ledergamaschen, Schaftschuhe und Sporen, einen Gurt mit Patronentaschen, einen Helm über dem Chèche (einem turbanartigen gerollten Halstuch). Die französischen Soldaten trugen anstatt der Chèche einen roten Fez. Französische Offiziere hatten statt eines Helms ein hellblaues Képi oder eine kakifarbige Polizeimütze auf.[88] Das Zeichen der algerischen Regimenter war ein goldener Halbmond. Dieser war auf dem Fez, dem Képi sowie links und rechts am Kragen des Waffenrocks angebracht. Die marokkanischen Einheiten trugen das fünfzackige Siegel des Salomon. Die Regimentsnummern standen bei den algerischen Spahis im Halbmond, der nach oben geöffnet war, und bei den marokkanischen Spahis im Siegel.[89]

Bewaffnet waren die Spahis während des Zweiten Weltkriegs, wie alle französischen Soldaten, mit dem Gewehr Modell MAS 1936. Dieses Gewehr hatte ein im Schaft eingestecktes Spitzbajonett, das bei Gebrauch herausgezogen und über dem Lauf aufgesetzt werden konnte. Eine weitere Waffe war der gebogene Säbel, welcher jedoch ab dem 10. Mai 1940 in Frankreich eingezogen wurde. Ein leichtes Maschinengewehr, ein Maschinengewehr und ein Minenwerfer je auf einem Karren sowie eine 25-Millimeter-Panzerabwehrkanone dienten als Kollektivwaffen und wurden in den Regimentern mitgeführt.[90]

Die Pferde der Spahis waren Hengste algerischer Herkunft und wurden «Barbe» genannt. Meistens handelte es sich um Schimmel. Nur als Offizierspferde und Vierergespanne für schwere Waffen wurden französische Wallachhengste eingesetzt. Der orientalische Sattel war aus Holz mit Lederüberzug, hohem Sattelknopf und Lehnen. Auch bei schneller Gangart erlaubte es die Konstruktion dieser Sättel, stehend zu reiten. Die kurzen und schnellen Schritte der «Barben» verlangte diese Haltung, denn sitzend hätte es den Reiter im Galopp zu sehr durchgeschüttelt.[91]

Eine Spahi-Truppe setzte sich aus Soldaten unterschiedlicher Herkunft zusammen. Dunkelhäutige Soldaten in den algerischen Regimentern waren oft Nachfahren von Sklaven. Die Indigenen waren Araber oder Berber. Unter ihnen herrschte teilweise Rivalität.[92] Ferner dienten in der Truppe französische Soldaten, deren direkte Vorfahren sich in den nordafrikanischen Kolonien Frankreichs niedergelassen hatten. Diese Männer waren bereits im Maghreb geboren.[93] Schliesslich wurden aber nach 1914 auch Franzosen aus dem Mutterland rekrutiert. All diese Soldaten mit unterschiedlichen Hintergründen wurden in ein und derselben Truppe vereint. Diese Konstellation stellte grosse Anforderungen an die Führung des französischen Kaders. Das französische Kriegsministerium veröffentlichte ein «Elementarbuch zuhanden von Offizieren und Unteroffizieren, die berufen wurden, indigene Nordafrikaner zu befehligen» («Manuel élémentaire à l'usage des officiers et sous-officiers appelés à commander des indigènes nord-africains»). Darin wurde im Kapitel Verhaltensregeln beispielsweise beschrieben, dass sich ein Muslim freue, über seine Eltern, Kinder oder Pferde zu sprechen. Es gezieme sich aber nicht, ihn nach dem Befinden seiner Frau zu fragen.[94]

Die Spahis unterschieden sich von Truppen der französischen Kolonialarmee, wie etwa den «Tirailleurs Sénégalais», darin, dass sie bis 1914 eine reine Kavallerietruppe waren. Zudem können die Spahis nicht der Kolonialarmee zugeordnet werden, da Algerien im Gegensatz zum Senegal oder Mauretanien keine Kolonie, sondern ab 1844 staatsrechtlich ein Teil des französischen Territoriums mit drei Departementen war.[95] Den typischen Spahi gab es jedoch nicht, alle waren verschieden.

Bis 1900 musste ein Spahi sein Pferd und Reitzeug selbst beschaffen.[96] Weniger vermögende Männer konnten sich daher nicht als Spahis rekrutieren lassen. Dies änderte sich erst, als die Armee die Pferde bereitstellte. Bis zum Ausbruch des Ersten Weltkriegs waren die Spahis eher eine Unterstützungseinheit. Bis dahin waren es vor allem indigene Adelige, welche an der Seite der Franzosen als Kavalleristen ihren Dienst leisteten. Während und nach dem Krieg brauchte die französische Armee jedoch grössere Kontingente Soldaten.[97] Inwiefern die Rekrutierung der Spahis seit Beginn des Ersten Weltkriegs auf freiwilliger Basis verlief, kann an dieser Stelle nicht vollständig geklärt werden. Französische Historiker und Regierungsstellen betonten immer wieder, dass es sich bei den Soldaten aus der indigenen Bevölkerung um Freiwillige gehandelt habe. Dem algerischen Historiker Belkacem Recham gelang es jedoch aufzuzeigen, dass die Zahl der «Freiwilligen» von den Ernten der Bergbauern abhing. Viele Muslime gingen aus purer Not und nicht aus Patriotismus zum Militär.[98] 1939 wurde in Algerien die allgemeine Wehrpflicht eingeführt. Neben französischen Siedlern wurden auch Männer aus der mehrheitlich muslimischen Bevölkerung und unter den Kabylen aus der Bergregion im Osten des Landes eingezogen.[99] Viele der Spahis, welche während des Zweiten Weltkriegs für Frankreich kämpften, waren einfache Bauern oder Landarbeiter, welche sich durch den Kriegsdienst eine bessere Existenzgrundlage versprachen.[100]

Kolonialgeschichtlich kann man die Spahis der französischen Armee einem zunehmenden Globalisierungsprozess zuordnen. Der Kriegseinsatz von Afrikanern, aber auch von Männern aus Indien, Fernost- und Zentralasien aufseiten der französischen, britischen, türkischen, russischen oder deutschen Armee vor allem während der beiden Weltkriege verweist auf den von Herkunft und Heimat losgelösten «Universal Soldier».[101] Voraussetzungen dafür waren entscheidende Verbesserungen im Transport-, Verkehrs- und Kommunikationswesen und die europäische Verfügung über koloniale Territorien mit ihren materiellen und menschlichen Ressourcen.[102] Für den einzelnen Spahi hatte dies zur Folge, dass er aus seiner vertrauten Umgebung isoliert und in ein ihm unbekanntes Gebiet versetzt wurde. Viele Spahis haben im Verlauf ihrer Karriere die Strecke von Nordafrika zur Metropole und wieder zurück nur in Ausnahmefällen auf direktem Weg zurückgelegt. Durch unvorhergesehene Manöver gelangten sie in Zonen, welche räumlich und kulturell gesehen abseits dieser Achse lagen. Die Internierung in der Schweiz, die kulturell nicht durch eine staatliche Kolonialgeschichte[103] geprägt war, ist ein konkretes Beispiel dafür.

Es kann festgehalten werden, dass die Spahis seit ihrer Gründung eine Spezialeinheit darstellten. Als Kavalleristen wurden sie immer dazu eingesetzt, das eroberte Territorium fester an den Eroberer zu binden. Der Sultan oder der Dey bewirkten dies mit Landvergaben an ihre Sipahis. Die Franzosen konnten durch die Rekrutierung Einheimischer als Spahis eroberte Gebiete besser kontrollieren. Die Vergabe von Privilegien an Spahis und die Möglichkeit innerhalb der französischen Armee Karriere zu machen, unterstützten dies ebenfalls. In Algerien gab es keine nationalstaatliche Idee. Teilgebiete waren unter der Kontrolle verschiedener Sippen, welche oft in Konkurrenz zueinander standen. Lokale Adelige stellten sich als Spahis in den Dienst der französischen Invasoren, um gegen verfeindete Stämme vorgehen zu können.

1940 waren in Frankreich sechs Spahi-Regimenter, welche drei Brigaden bildeten, stationiert. Es handelte sich hierbei um die erste Brigade aus dem 4. RSM und das 6. RSA, die zweite Brigade aus dem 7. RSA und 9. RSA sowie um die dritte Brigade aus dem 2. RSA und dem 2. RSM. Dem Regimentszug des 2. RSA und dem gesamten 7. RSA gelang es im Juni 1940, in der Schweiz Zuflucht zu finden. Alle übrigen auf französischem Boden stationierten Spahi-Einheiten wurden während des deutschen Westfeldzugs aufgelöst und gerieten zum Teil in Kriegsgefangenschaft.

Internierte Soldaten der Bourbaki-Armee. Der Bülach-Dieseldorfer «Volksfreund» schrieb am 15. Februar 1871: «Die sogen. Menschenfresser, die Turcos, stellten sich doch nicht als so abscheuliche Kreaturen heraus.»

**Internierungen in der Schweiz
von 1871 bis 1941**

Internierung und Völkerrecht

Eine Internierung kann als Unterbringung ausländischer Militär- oder Zivilpersonen in Kriegszeiten in von der Armee verwalteten Lagern bezeichnet werden.[1] Die völkerrechtliche Grundlage für die Internierung fremder Soldaten in der Schweiz während des Zweiten Weltkriegs bildeten die Konventionen der II. Haager Friedenskonferenz von 1907, welche der Bundesrat am 9. April 1910 ratifizierte.[2] Die darin enthaltene V. Konvention betreffend Rechte und Pflichten der neutralen Mächte und Personen im Fall des Landkrieges legt in den Artikeln 11 bis 13 die Bestimmungen bezüglich der bei Neutralen internierten Angehörigen einer Kriegsmacht fest.[3] In Artikel 11 heisst es, dass ein neutraler Staat das Recht hat, flüchtende Truppen Krieg führender Mächte aufzunehmen. Die Soldaten sollten möglichst weit weg vom Kriegsgeschehen interniert und daran gehindert werden, wieder in den Krieg einzutreten. Artikel 12 schreibt vor, den untergebrachten Personen Nahrung, Kleidung und durch die Menschlichkeit gebotene Hilfsmittel zu gewähren. Der Staat, dem die Internierten angehören, hat nach Kriegsende die Kosten zu tragen.[4] Ergänzt wurden diese völkerrechtlichen Grundlagen durch das Genfer Abkommen vom 27. Juli 1929. Dieses «Abkommen über die Behandlung der Kriegsgefangenen» regelte die Unterstellung der aufgenommenen Soldaten unter die Gewalt des internierenden Staates, die Überlassung der persönlichen Effekten, die Gesundheitspflege, den Arbeitseinsatz, Strafen und das Beschwerderecht.[5] Schliesslich kamen noch verschiedene Bundesratsbeschlüsse zum Tragen. So ordnete der Bundesrat am 17. Oktober 1939 beispielsweise an, dass die Kantone alle illegal eingereisten Flüchtlinge und Emigranten auszuschaffen hätten. Für alle, die wegen des Krieges nicht ausgeschafft werden konnten, wurde die langfristige Internierung vorgesehen.[6] Alle Militär- und Zivilpersonen waren der militärischen Gerichtsbarkeit unterstellt.[7]

Neben der «eigentlichen Internierung» von Armeeangehörigen, welche zwecks Asyls auf ein neutrales Territorium übergetreten sind, existiert auch die «vertragliche Internierung», welche im Genfer Abkommen von 1929 als

«Hospitalisation» bezeichnet wird. Hierbei handelt es sich um die Unterbringung anvertrauter Kranker oder Verwundeter der Kriegsparteien. Der gesamte Internierungsprozess kann in drei Phasen geteilt werden: Aufnahme, Internierung (Festhaltung und Unterbringung) und Heimschaffung. Ein Zufluchtsuchender hat kein Recht auf Aufnahme. Ob jemand aufgenommen wird oder nicht, entscheidet allein der Asyl gewährende Staat.[8] Erst nach der offiziellen Aufnahme treten die gemäss Völkerrecht geltenden Rechte und Pflichten für den Internierten in Kraft.[9]

Asyl suchende Militär- und Zivilpersonen wurden in der Praxis kategorisiert. Als Militärperson galt, wer sich als solche ausweisen konnte, also eine Uniform anhatte und ein Soldbuch oder einen militärischen Ausweis auf sich trug. Je nach der Situation, welche zum Übertritt in die Schweiz führte, wurde der Angehörige einer fremden Armee den folgenden Kategorien zugeordnet: Internierte im eigentlichen Sinne, entwichene Kriegsgefangene, Hospitalisierte, Partisanen, Deserteure, Militärflüchtlinge. Bei den eigentlichen Internierten handelte es sich um übergetretene Truppen oder Truppenangehörige einer Krieg führenden Macht, die freiwillig Zuflucht in der Schweiz suchten. Die Schweiz verpflichtete sich gemäss Völkerrecht, diese Armeeangehörigen daran zu hindern, wieder an den Kriegshandlungen teilzunehmen. Sie mussten daher bis zum Friedensabschluss oder einem entsprechenden Waffenstillstand interniert bleiben. Entwichene Kriegsgefangene waren Soldaten, denen die Flucht aus feindlicher Gefangenschaft gelungen war. Sie wurden teilweise bis zum 1. August 1942 zurückgewiesen. Danach nahm man sie auf und internierte sie auf Staatskosten. Die Hospitalisierten waren keine Flüchtlinge im rechtlichen Sinne. Sie waren Wehrmänner einer Krieg führenden Partei, welche aufgrund von vertraglichen Vereinbarungen in der Schweiz eine Spitalbehandlung geniessen konnten. Als Partisan wurde jeder anerkannt, der einer bewaffneten und kommandierten Einheit angehörte, die eine Regierung unterstützte, welche im Operationsgebiet der Partisanen von der dort herrschenden Macht nicht anerkannt wurde. Partisanen wurden gleich wie Deserteure nach völkerrechtlichen Bestimmungen interniert. Die spezielle Kategorie der Militärflüchtlinge wurde für die 1943 internierten Italiener geschaffen. Eigentlich handelte es sich bei ihnen um Zivilflüchtlinge, da sie kurz nach der Demobilisierung von der deutschen Besatzungsbehörde neu aufgeboten worden waren und rechtlich betrachtet die Flucht als Zivilisten in die Schweiz ergriffen. Da sie aber teils in Uniformen und bewaffnet kamen, internierte man sie gemäss Völkerrecht.[10]

Zivilflüchtlinge wurden während der Kriegszeit in drei Kategorien eingeteilt: politische Flüchtlinge, (gewöhnliche) Flüchtlinge und Emigranten.[11] Als politischer Flüchtling galt eine Person, wenn sie wegen politischer Überzeugung oder Aktivität in ihrem Heimat- oder Herkunftsland bedrängt war und bei einer Rückkehr in dieses Land eine Verfolgung zu befürchten hatte, nicht aber aufgrund ihrer «Rassen»- oder Religionszugehörigkeit. Dies wurde vor allem den Juden zum Verhängnis.[12] In der Schweiz als politischer Flüchtling anerkannt zu werden, war äusserst schwierig, da dieser Status durch die Bundesanwaltschaft ausgesprochen werden musste.[13] Von 1933 bis 1945 anerkannte die Bundesanwaltschaft nur 644 Personen als politische Flüchtlinge und während der Kriegsjahre lediglich 252.[14] Emigranten waren in der Regel Personen, welche vor dem Krieg regulär eingereist waren und Schutz suchten. Sie erhielten von den Kantonen Anwesenheitsbewilligungen und waren speziellen Verhaltensvorschriften unterstellt. Die Emigranten wurden zur Weiterreise aufgefordert, konnten in Arbeitslager einberufen werden und durften sich nicht politisch betätigen. Da sie meist bei Privaten oder auf eigene Kosten Unterkunft fanden, hatten sie die grösste Bewegungsfreiheit aller Flüchtlinge.[15] Nach Kriegsausbruch erteilten die Kantone praktisch keine Anwesenheitsbewilligungen. All jene, welche von nun an in der Schweiz Schutz suchten und keine Anwesenheitsbewilligung erhalten hatten, wurden als Flüchtlinge bezeichnet. Der Bund internierte sie dann, wenn ihre Wiederausreise wegen Gefährdung im Ausland faktisch nicht möglich war.[16] Die Eidgenössische Polizeiabteilung liess jedoch nahezu alle Zivilflüchtlinge internieren, um sie daran zu hindern, eine Tätigkeit auszuüben, welche in politischer, militärischer oder fremdenpolizeilicher Hinsicht unerwünscht war.[17]

Während der Zeit des Zweiten Weltkriegs erhielten gemäss dem Bericht Ludwig in der Schweiz 295 381 Schutz suchende Ausländer für kürzere oder längere Zeit Asyl. Davon waren 103 869 internierte oder hospitalisierte Militärpersonen, 55 018 Flüchtlinge, 9909 Emigranten und 251 politische Flüchtlinge. Den Rest bildeten die Kategorien der Kinder und der Grenzflüchtlinge.[18] Diese Zahlen müssen noch etwas nach oben korrigiert werden, da sie nur aufgrund der registrierten Schutzsuchenden generiert sind und teilweise auch auf Schätzungen beruhen. In den 20 letzten Kriegstagen nahm die Schweiz vermutlich 50 000 Flüchtlinge mehr auf, als bisher angenommen. Lokale Entscheidungsträger in Basel oder St. Gallen widersetzten sich den Weisungen des Bundes und gewährten Hilfesuchenden Einlass.[19] Ebenso nahmen viele Privatpersonen Flüchtlinge bei sich auf.[20]

Die Internierung der Bourbaki-Armee 1871

Nach der Niederlage der französischen Streitkräfte während des Deutsch-Französischen Kriegs und der Gefangennahme Napoleons III. stellte der französische Kriegsminister Léon Gambetta im Spätherbst 1870 eine Ostarmee an der Loire auf. Diese Armee unterstand General Charles Denis Bourbaki und erreichte eine Gesamtstärke von 140 000 Mann. Sie setzte sich neben Artillerie, Kavallerie und Genietruppen hauptsächlich aus Nationalgarde, Freischärlern und Kolonialtruppen zusammen. Ihr Auftrag lautete, das durch die preussische Armee belagerte Belfort zu befreien.[21] Im Januar 1871 wurde diese Ostarmee nahe der Schweizer Grenze von deutschen Truppen bedrängt. Nach einer verlorenen Schlacht an der Lisaine versuchte sich General Bourbaki mit einem Pistolenschuss am 26. Januar das Leben zu nehmen.[22] Um die demoralisierten und geschwächten Truppen nicht weiter zu entkräften, entschied sich der neue Kommandant, General Justin Clinchant, zum Übertritt auf das Gebiet der neutralen Schweiz.[23]

Bereits Anfang Januar waren Schweizer Divisionen wegen des drohenden Einmarsches einer fremden Armee aufgeboten worden. Die Truppen wurden an möglichen Übertrittspunkten bei Le Locle, Les Verrières und Sainte-Croix stationiert. Der Schweizer General Hans Herzog vereinbarte mit dem von General Clinchant entsandten französischen Ordonnanzoffizier Chevals die Übertrittsbedingungen, welche am 1. Februar morgens um 5 Uhr unterzeichnet wurden.[24] Danach überquerten während der nächsten 48 Stunden insgesamt 87 847 Mann mit 11 800 Pferden und Geschütz die Schweizer Grenze. Die Soldaten wurden auf drei Routen (Les Verrières, Sainte-Croix und Vallorbe) ins Landesinnere geführt.[25] Gemäss den Internierungsvereinbarungen wurden die Soldaten beim Grenzübertritt entwaffnet. Damit kam die Schweiz ihrer Verpflichtung nach, wonach sie als internierender Staat die aufgenommene Armee zu neutralisieren hatte. Zudem musste dafür gesorgt werden, dass die französischen Truppen nicht mehr in den Kampf eingreifen konnten.[26] Die Entwaffnung stellte die in beschwerlichen Eilmärschen angerückten schweizerischen Truppen vor grosse personelle und organisatorische Probleme.[27] Um Neuformierungen einzelner Einheiten zu verhindern, trennte man die Offiziere von den Mannschaften. Die Offiziere durften ihre Waffen behalten, mussten jedoch schriftlich versichern, dass sie an den ihnen zugewiesenen Orten[28] bleiben würden. Die Mannschaften wurden auf 188 Städte und Dörfer in allen Kantonen, ausser im Tessin, verteilt. Ungefähr 5000 Verletzte wurden in Krankenhäuser eingewiesen, aber auch fast alle anderen waren pflegebedürftig.[29] Gemeinden, welche bestimmt worden waren, Internierte aufzunehmen, mussten für die Unterkunft geeignete Lokale zur Verfügung stellen und diese mit Stroh, Licht und Reinigungsutensilien versehen. Auch Latrinen, Kochgelegenheiten und Arrestlokale mussten vorbereitet werden. Die internierten Soldaten und Unteroffiziere erhielten 25 Rappen Sold pro Tag und bekamen die «eidgenössische Ration» zugeteilt, welche aus Fleisch, Brot und Gemüse bestand. Bewacht wurden sie von Schweizer Soldaten, welche in jedem Kanton speziell für diese Aufgabe ausgehoben wurden.[30] Alle Internierten unterstanden dem schweizerischen Militärstrafrecht.[31] Sie wurden während der Internierungszeit vom 1. Februar bis zum 20. März 1871 vom Grünen Kreuz mit Kleidern und

Decken sowie Büchern und Rauchwaren versorgt. Das Rote Kreuz kümmerte sich ausschliesslich um die Verwundeten.[32]

Die Nachricht vom Geschehen an der Schweizer Grenze wurde sofort per Telegraf verbreitet und füllte als Sensation die Frontseiten der nationalen und internationalen Presse.[33] Die Schweizer Augenzeugen waren beim Anblick der erschöpften Soldaten tief betroffen. Sie sahen die Bourbaki-Soldaten in der eisigen Kälte mit nackten oder stoffumwickelten Füssen vorbeimarschieren. Dieses Elend weckte Mitleid und führte zu spontanen Hilfeleistungen der Bevölkerung. Im Val-de-Travers standen die Einheimischen an der Strasse und verteilten den Ankömmlingen Brot und Zigaretten. Für die einzelnen Gemeinden, welche Internierte zugeteilt bekamen, war die Ankunft der französischen Soldaten ein Grossereignis, das viele Schaulustige anzog. Verteilung und Transport liefen aber nicht überall reibungslos ab. Mancherorts musste rasch improvisiert werden, wenn die vorgesehene Anzahl zu Internierender plötzlich weit überschritten wurde.[34] Nicht jeder setzte sich von Anfang an mit Begeisterung für die Internierten ein. Denn vor allem das Gemeindeleben wurde stark in Mitleidenschaft gezogen. In einigen Gemeinden musste der Schulbetrieb eingestellt werden, um die Schulgebäude als Unterkünfte nutzen zu können. Trotzdem scheint der erschreckende Zustand der Bourbaki-Soldaten rasch eine grosse Solidarität bei der breiten Bevölkerung evoziert zu haben.[35]

Unter den Bourbaki-Soldaten waren auch Männer aus Nordafrika, welche mit ihren orientalischen Uniformen Aufsehen erregten. Es handelte sich um Einheiten, welche einst aus einheimischen Nordafrikanern gebildet worden waren. Darunter befanden sich die Zuaven und die Tirailleurs algériens. Bei den Zuaven waren seit 1842 nur noch Franzosen eingeteilt, doch diese behielten die traditionelle Tracht der vormals nordafrikanischen Truppe bei. Die Tirailleurs algériens setzten sich vorwiegend aus algerischen Kabylen zusammen. Sie wurden aufgrund ihrer Uniform von den Russen im Krimkrieg als «Turcos» bezeichnet. Diese Bezeichnung hielt auch in der Schweiz Einzug. In der deutschen Presse wurden diese «Turcos» etwa als «menschliche Ungeheuer», «wilde Hunde» oder «Bastarde von verdorbenen Mauren und

Arabern mit Negerweibern» beschrieben. Bismarck behauptete am 9. Januar 1871, dass sie nicht nur Leichen, sondern auch Verwundeten die Köpfe, Nasen und Ohren abschnitten.[36] Es scheint, als hätte diese Vorstellung zunächst auch die Menschen in der Schweiz geprägt. Erst die eigenen Erfahrungen mit den nordafrikanischen Soldaten konnte diese negative Betrachtungsweise relativieren. Der Bülach-Dieseldorfer «Volksfreund» schrieb am 15. Februar 1871: «Die sogen. Menschenfresser, die Turcos, stellten sich doch nicht als so abscheuliche Kreaturen heraus.» Die Furcht wich der Neugier. Rassistische Ablehnung lässt sich im Weiteren nicht feststellen, wobei dies noch einer genaueren Überprüfung bedürfte. Der offizielle Rapport des Militärdepartements zur Internierung lobte die Afrikaner mehrmals. Sie hätten im Gegensatz zu ihren französischen Kameraden Fürsorge für ihre Pferde aufgebracht. Zudem hätten sie sich rasch erholt und wären nach einigen Tagen der Pflege wieder vergnügt gewesen, während die Franzosen noch lange mit dem Schicksal ihres Landes gehadert hätten.[37]

Der erste Kontakt mit nordafrikanischen Soldaten muss für viele Schweizerinnen und Schweizer eine ganz neue Erfahrung gewesen sein. Das «Luzerner Tagblatt» vom 7. März 1871 beschrieb das erste «mahomedanische [sic!] Begräbnis» auf dem protestantischen Friedhof nahe der Luzerner Hofkirche. Der Leichnam des Tirailleurs algérien Musa Ben Serich wurde nach dem Tod von Glaubensgenossen gewaschen und einbalsamiert. Nachdem er in ein Leinentuch eingehüllt worden war, legte man ihn in einen Sarg. Er wurde so bestattet, dass seine Füsse gegen den Sonnenuntergang gerichtet waren. Dieses Ereignis war für viele Luzerner ein besonderes «Spektakel». Zudem war es für viele wohl die erste Begegnung mit einem aussereuropäischen religiösen Ritual.[38] Auch für Künstler boten die Zuaven und Afrikaner ein malerisches Sujet. Der Orientalismus war damals in der Schweiz noch wenig bekannt, doch Schweizer Künstler, welche in Paris ihre Ausbildung absolviert hatten, waren mit der Thematik vertraut. In den 1870er Jahren nahmen Produktion und Verkäufe von Bildern mit orientalischen Motiven zu. Dies lässt sich möglicherweise auf die Internierung der Nordafrikaner und deren bildliche Darstellung zurückführen.[39] Interessanterweise zeigt die einzige bekannte

Fotografie der Bourbaki-Internierung mit Bezug auf den Kanton Luzern algerische Tirailleurs.[40]

Der Tagesablauf der Internierten war militärisch geregelt. An Sonn- und Feiertagen konnte die Messe besucht werden. Die Soldaten durften auch Arbeiten nachgehen, wie etwa ein Beispiel aus Willisau zeigt. Dort waren 40 Internierte in Geschäften und Gewerbebetrieben beschäftigt und erhielten eine bescheidene Entlöhnung. Im freien Ausgang hatten die Internierten die Möglichkeit, mit den Einheimischen Kontakte zu knüpfen.[41] Die hilfsbereite Bevölkerung lieferte den Bourbakis Materialien wie Schreibutensilien, Spielkarten und Lesestoff. Ferner organisierten Chöre und Orchester Konzerte, welche die Internierten kostenlos besuchen konnten. Im Gegenzug veranstalteten diese Unterhaltungsprogramme für die schweizerische Bevölkerung. Einzelne Kantone boten sogar Bildungsprogramme für die Internierten an. Auch Ausflüge wurden durchgeführt. So kamen die im luzernerischen Rathausen Internierten wegen ihres guten Verhaltens in den Genuss einer Dampfschifffahrt nach Flüelen.[42]

Der Frieden zwischen Frankreich und Deutschland wurde am 26. Februar 1871 geschlossen. Am 6. März erklärte sich Deutschland mit dem vom Schweizer Bundesrat entworfenen Rückführungsplan einverstanden. Die Repatriierung der Bourbaki-Soldaten konnte Mitte März beginnen. Die Internierten wurden von der Bevölkerung herzlich verabschiedet, denn inzwischen waren viele Freundschaften geschlossen worden.[43] Während der Rückkehr, welche bis zum 22. März andauerte, waren die Zeitungen gefüllt mit Dankesadressen an die Einwohner von Städten und Dörfern, welche die Soldaten beherbergt hatten.[44] Nachdem man von den Gesamtkosten der Internierung, welche sich auf über 12 Millionen Franken beliefen, Erträge aus der Kriegskasse der Ostarmee sowie Gewinne aus Pferdeauktionen und anderen Verkäufen abgezogen hatte, wurden Frankreich 9,2 Millionen Franken in Rechnung gestellt. Frankreich zahlte diesen Betrag von Juli 1871 bis August 1872 in Form von mehreren Raten ab.[45]

In diesem Kapitel konnte nicht die ganze Tragweite der Bourbaki-Internierung wiedergegeben werden.[46] Trotzdem wird deutlich, dass dieses Ereignis von historischer Bedeutung für die Schweiz war und ist. Zum ersten Mal übertrat eine grosse Heeresformation die Grenzen des neutralen Territoriums und liess sich internieren. Auch für das Selbstverständnis und das Bewusstsein des noch jungen Nationalstaats war das Ereignis prägend. Die Neutralitätserklärung erhielt eine neue Bedeutung. Fortan sollte sie mit Humanität identitätsstiftend wirken. Erstmals mussten die Kantone gemeinsam eine grosse humanitäre Aufgabe bewältigen. Die noch föderal organisierte Armee war überfordert und musste auf die Unterstützung der Zivilbevölkerung zurückgreifen. Der humanitäre Einsatz der schweizerischen Bevölkerung kann als aussergewöhnliche Leistung taxiert werden. Während sechs Wochen war die Bevölkerung durch die Internierten um drei Prozent erhöht. Es galt über 87 000 Köpfe mehr zu versorgen, obwohl Ende Winter die Lebensmittelvorräte besonders knapp waren.[47] Die Bourbaki-Internierung wurde zum Musterfall. Die dabei getroffenen Massnahmen und die gemachten Erfahrungen waren auch für die Internierung des 45. französischen Armeekorps vom Juni 1940 von grosser Bedeutung.[48] Die Aufnahme der entkräfteten und verwundeten Bourbaki-Soldaten hat gemeinsam mit der entgegengebrachten Solidarität Eingang ins kollektive Gedächtnis der Schweizer Bevölkerung gefunden. Persönliche Erinnerungen der Zeitzeugen wurden in den Medien durch Berichte oder Darstellungen ergänzt.[49] Schliesslich wurde die humane «Heldenrolle» 1881 im Panoramabild von Edouard Castres festgehalten. Das Rundbild, das zwischen 1996 bis 2004 in aufwändiger Arbeit restauriert wurde und seither wieder im Bourbaki-Panorama in Luzern bestaunt werden kann, zeigt vor allem das, was das Publikum sehen wollte: eine hilfsbereite, neutrale und wehrhafte Schweiz.[50]

Internierungen während des Ersten Weltkriegs

Die Internierungsaktionen der Schweiz während des Ersten Weltkriegs waren im Vergleich zum Zweiten Weltkrieg gering.[51] Ab 1916 trafen die ersten der insgesamt 67 726 englischen, französischen, belgischen, deutschen und österreichisch-ungarischen Internierten ein und wurden, nach Nationen getrennt, in 15 «Internierten-Regionen» untergebracht – in Hotels,[52] Pensionen und Sanatorien.[53] Dabei handelte es sich um erholungsbedürftige Kriegsgefangene der Entente (45 922) und der Mittelmächte (21 804).[54] Es hielten sich nie mehr als 30 000 Internierte gleichzeitig in der Schweiz auf.[55] Die Behörden hatten jederzeit die Kontrolle über den Grenzverkehr und das Asylwesen, so lief alles einigermassen überblickbar ab.[56] Die Aufnahme basierte auf einer «vertraglichen Internierung», deren Bedingungen und Umsetzung vom Bundesrat mit Vertretern der Kriegsparteien ausgehandelt worden waren. Beim Waffenstillstand vom 11. November 1918 befanden sich in der Schweiz noch 25 000 Internierte, die bis Mitte August 1919 alle ausgereist waren.[57]

Während kriegsgefangene und -versehrte Soldaten sofort Aufnahme fanden, wurden nur wenige der in die Schweiz geflohenen Zivilisten als politische Flüchtlinge anerkannt.[58] Bei den meisten zivilen Flüchtlingen handelte es sich um Kriegsdienstverweigerer, Deserteure und Revolutionäre. Vor dem Krieg wurden sie als Flüchtlinge «geduldet». In Kriegszeiten drohte ihnen aber in ihrem Heimatland die Todesstrafe. Daher wurden sie nicht ausgeschafft, mussten aber eine Kaution hinterlegen.[59] Unter den Asylsuchenden befanden sich auch zahlreiche Prominente wie der russische Revolutionär Lenin,[60] der französische Schriftsteller Romain Rolland oder die Initianten der «Dada»-Bewegung in Zürich. Diese konnten sich meist frei bewegen. Wer jedoch zu Klagen Anlass gab, riskierte in einer Strafanstalt interniert zu werden.[61] Insgesamt hielten sich ungefähr 26 000 fremde Deserteure und Refraktäre über einen längeren, unbestimmten Zeitraum in der Schweiz auf. Da viele politisch links agierten, zogen sie das Misstrauen der Behörden auf sich.[62]

Die Schweiz praktizierte während des Ersten Weltkriegs mit der «vertraglichen Internierung» eine aktive Neutralitätspolitik.[63] In Zusammenarbeit mit dem IKRK leistete sie humanitäre Hilfsmassnahmen. Das Schweizerische Rote Kreuz betreute bereits ab 1915 den Verwundetenaustausch.[64] Bis zum Waffenstillstand wurden insgesamt 500 000 Evakuierte durch die

Schweiz transportiert. Mit ihnen wie mit den Hospitalisierten oder kurzfristig Internierten hatte man gute Erfahrungen gemacht. Ein begrenzter Aufenthalt liess grössere Probleme gar nicht erst aufkommen. Überall stiessen die schweizerischen Hilfsaktionen auf ein positives Echo. Auf die Hilfsleistungen wurde allseits mit grosser Dankbarkeit reagiert, und so konnte sich die Schweiz auf internationalem Parkett und im Bereich des Völkerrechts einen geachteten Spezialistenstatus erarbeiten.[65] Die Versorgung und Aufnahme von Kriegsversehrten galt als hoch angesehene Aufgabe und wurde von der Schweiz nicht als lästige Pflicht empfunden. Die humanitäre Hilfsbereitschaft, die bereits durch die Bourbaki-Internierung in der kollektiven Erinnerung verankert war, wurde zu einem wesentlichen Bestandteil schweizerischer Identität.[66] Die Schweiz profitierte jedoch auch in wirtschaftlicher Hinsicht. Die nach Kriegsende leerstehenden Hotels nahmen Verwundete auf und konnten teilweise hohe Entschädigungen einfordern, welche letztlich von den Kriegsparteien beglichen wurden. Auch in der Industrie zeigte man Interesse an den Internierten, da man sie teilweise als Fachkräfte, an welchen es mangelte, einsetzen konnte. Schliesslich konnte der Bundesrat mit dem Hinweis auf die Internierten in den Wirtschaftsverhandlungen grössere Importmengen an Kohle und Lebensmittel erwirken.[67]

Die wenigen anerkannten politischen Flüchtlinge blieben nach Kriegsende jedoch bei vielen Schweizern in schlechtester Erinnerung, weil man sie mit dem Generalstreik von 1918 in Verbindung brachte. Einige vermuteten, von Lenin beeinflusste Bolschewiki wären die Drahtzieher des Landesstreiks gewesen.[68] Der Landesstreik wurde von vielen als Angriff auf die Grundfeste der Eidgenossenschaft empfunden. Die Wut richtete sich folglich nicht nur gegen die Sozialdemokraten, sondern auch gegen die von der schweizerischen Arbeiterbewegung aufgenommenen Ausländer wie Flüchtlinge, Kriegsdienstverweigerer oder Deserteure.[69] Henri Guisan hatte damals als Oberstleutnant im Generalstab ein Regiment kommandiert, das in der Stadt Zürich gegen streikende Arbeiter eingesetzt wurde. Später sagte er dazu: «Ich hatte meine Männer gewarnt, dass sie es nicht mit Schweizern, sondern mit Ausländern zu tun hätten, die bei uns Unruhe stiften wollten.»[70]

Die Internierung von Zivilflüchtlingen 1940–1945

Noch an der Landesausstellung 1939 präsentierte sich die Schweiz als ein Zufluchtsort Vertriebener und berief sich auf ihre humanitäre Tradition.[71] Während des Zweiten Weltkriegs sollte sich die Praxis der schweizerischen Flüchtlingspolitik gegenüber Zivilflüchtlingen jedoch von einer anderen Seite zeigen. Seit dem Ersten Weltkrieg entwickelte sich eine Abwehrhaltung gegenüber allem Fremden. Vor allem Juden aus dem Osten galten als Inbegriff des Fremden und Nicht-Assimilierbaren. Die 1917 gegründete eidgenössische Fremdenpolizei versuchte einer «Überfremdung» der Schweiz entgegenzuwirken.[72] Heinrich Rothmund, der sich gelegentlich als «eidgenössischer Fremdenpolizist» bezeichnete,[73] hielt als Chef der Polizeiabteilung des Eidgenössischen Justiz- und Polizeidepartementes (EJPD) 1938 Folgendes fest: «Wir haben seit dem Bestehen der Fremdenpolizei eine klare Stellung eingehalten. Die Juden galten im Verein mit anderen Ausländern als Überfremdungsfaktor. Es ist uns bis heute gelungen, durch systematische und vorsichtige Arbeit die Verjudung zu verhindern.»[74]

Von den beinahe 300 000 in der Schweiz während des Krieges beherbergten Schutz suchenden Ausländern waren lediglich 28 000 Juden.[75] Obwohl sie die am stärksten bedrohten Flüchtlinge waren, umfassten sie nur zehn Prozent der Aufgenommenen. Durch die Abweisung von vermeintlich «Wesensfremden» und der so genannten «Überfremdung» wurden tausende an der Schweizergrenze abgewiesen.[76] Auch wenn Rothmund nicht als alleiniger Hauptverantwortlicher beschuldigt werden kann, so haben dennoch seine Vorurteile gegen die Juden die Durchführung der schweizerischen Flüchtlingspolitik entscheidend mitgeprägt.[77]

Die Schweiz wollte für die Flüchtlinge nur ein Durchgangsland sein. Seit 1938 war die Transmigration wegen der politischen Situation jedoch zunehmend unmöglich. Darum wurde das Abwehrdispositiv forciert. Es galt zu verhindern, dass Flüchtlinge über die Grenze ins Landesinnere gelangten. Dieser Abwehr dienten Massnahmen zur Erschwerung und Beschränkung der Einreise, Grenzsperren und letztlich die Internierung in Lagern und Heimen für diejenigen, die es geschafft hatten, in die Schweiz zu gelangen.[78] Flüchtlinge, welche das Glück hatten, während des Kriegs in der Schweiz Aufnahme zu finden, waren zwar gerettet, doch ihre Hoffnung auf Normalität erfüllte sich nicht. Das idealisierte Bild der Schweiz entsprach nicht der Realität. Die Rechte der Flüchtlinge waren stark eingeschränkt. Oft mussten sie jahrelang in Abhängigkeit von Hilfsorganisationen und Behörden leben und unterlagen dauernden polizeilichen Kontrollen und strengsten Auflagen.[79]

Ab März 1940 wurde der Grossteil der Flüchtlinge in diversen Lagern interniert. Da man der Auffassung war, Flüchtlinge störten das Landschaftsbild, wurden Sperrzonen errichtet.[80] In Luzern wurden etwa das Betreten der Quaianlage beim See und die Benutzung der dortigen Bänke untersagt. Zahlreiche Gemeinden bemühten sich gar darum, Flüchtlinge von ihrem Gemeindegebiet vollends fernzuhalten.[81] Mit der Internierung wollte man die Flüchtlinge jedoch nicht nur von der Bevölkerung isolieren. Man versuchte auch einen wirtschaftlichen Nutzen zu erhalten. Darum wurden Arbeitsmöglichkeiten gesucht, welche im Interesse der Landesverteidigung lagen und bei denen sich die Flüchtlinge auch körperlich betätigen konnten.[82] Die vorgesehenen Arbeiten durften jedoch die Privatwirtschaft nicht konkurrenzieren. Daher handelte es sich dabei hauptsächlich um Strassenbau in Berggebieten, Urbarmachung von Land und Waldarbeiten.[83] Für die Organisation der Arbeitslager wurde die Eidgenössische Zentralleitung für Heime und Lager (ZL) gegründet, welche unter der Leitung von Otto Zaug stand. Im bündnerischen Felsberg wurde am 9. April 1940 das erste Arbeitslager eröffnet. Der Zuzug von Zivilpersonen war anfänglich relativ gering. Erst als sich ab Frühjahr 1942 die Lage für Juden in den von den Deutschen besetzten Gebieten Frankreichs drastisch verschlechterte, stieg die Anzahl von Flüchtlingen. In der Folge wurden bis Juli desselben Jahres weitere zehn Lager errichtet, in denen bis zu 800 Flüchtlinge aufgenommen werden konnten.[84] Kinder, Frauen und arbeitsunfähige oder alte Männer schickte man nicht in die Arbeitslager. Sie waren in Heimen untergebracht. Dort wurden leichte Arbeiten verrichtet wie Gartenarbeit, Socken stricken für die Armee oder Kleider waschen.[85]

Die Lager waren militärisch geführt. Es gab Hauptverlesen, Inspektion, Kleider- und Schuhappell und Achtungsstellung vor dem Vorgesetzten.[86] Ab Juli 1940 wurden die Lagerinsassen einheitlich ausgerüstet.[87] Die Insassen erhielten 1 Fr. Sold pro Tag, ab 1942 1.80 Fr., wovon ein Teil auf ein Sperrkonto kam.[88] Vorgesehen waren 45 Arbeitsstunden pro Woche.[89] Diese Arbeitszeit wurde jedoch gelegentlich überschritten. So waren bei Noteinsätzen im Erntebereich oder bei der Weinlese zwölfstündige Arbeitszeiten keine Seltenheit.[90] Die St. Galler «Volksstimme» vom 4. August 1943 schrieb, dass in der Filiale Frauenfeld der Konservenfabrik Lenzburg sogar zwischen 14 und 17 Stunden gearbeitet worden sei.[91] Flüchtlinge, die es nicht gewohnt waren, körperliche Arbeit zu verrichten, versuchte man in einem dreimonatigen Prozess daran zu gewöhnen. Für Juden wollte man keine Ausnahme machen. Diese sollten an Samstagen arbeiten, wie die anderen auch.[92] Man schickte Grossstadtmenschen, welche handwerkliche Arbeiten nicht gewohnt waren, zum Bau einer Alpenstrasse. Der Musikstudent Hans Becher berichtet, wie er im Strassenbau beschäftigt wurde: «Ich hatte Mozart spielen gelernt und Schubert, und nun bekam ich einen Pickel in die Hand und einen Vorschlaghammer und dann ging's los, nicht wahr.» Folglich waren seine Hände derart geschunden, dass er sein Klavierstudium nicht fortsetzen konnte. Das Essen schien einigermassen gut gewesen zu sein. Die Internierten erhielten Schwerarbeiterrationen.[93] In der Freizeit standen den Lagerinsassen Radios, Bücher und Zeitschriften zur Verfügung. Gelegentlich wurden «bunte Abende» mit Musik, Vorträgen und Filmvorführungen organisiert. Die Programmgestaltung der ZL war darauf ausgelegt, «schweizerische Werte» zu vermitteln.[94]

Ab 1942 wurden die Flüchtlinge gleich nach ihrer Ankunft in der Schweiz militärisch interniert. Das Militär war nämlich ab dann für die Führung der so genannten Sammel-, Quarantäne- und Auffanglager zuständig.[95] Nach dem Grenzübertritt kamen die Flüchtlinge in ein Sammellager. Dort wurde jeder einzelne Fall geprüft und über Aufnahme oder Rückweisung entschieden. Dieser Prozess dauerte nicht länger als drei Tage. Nachher wurden die Flüchtlinge für drei Wochen in ein Quarantänelager gebracht. Je nach Situation konnte dies auch ein Spitalaufenthalt sein. Hier erfolgten weitere polizeiliche Abklärungen. Nur Flüchtlinge, deren Fall während der Quarantänezeit nicht genügend durchleuchtet werden konnte, kamen in Auffanglager. Danach brachte man die arbeitstauglichen Männer zwischen 20 und 60 Jahren in Arbeitslager und die Frauen in Heime. Für Jugendliche zwischen 17 und 19 waren spezielle Ausbildungslager vorgesehen. Die Kinder versuchte man durch Vermittlung der Kinderhilfe des Schweizerischen Roten Kreuzes bei Familien unterzubringen.[96] Durch die Verteilung der Flüchtlinge auf verschiedene Lager und Heime wurden ganze Familien auseinandergerissen. Oft kamen die einzelnen Familienangehörigen in verschiedene Kantone und mussten weit voneinander entfernt leben. Problematisch daran war, dass die Flüchtlinge nur viermal jährlich für drei Tage Urlaub erhielten.[97]

Den Lagerinsassen ging es mehrheitlich schlecht, was ihre psychische Verfassung betraf. Die Ungewissheit, das Gefühl der Ohnmacht und die Angst um zurückgebliebene Freunde und Verwandte waren äusserst belastend. Dazu kam der «Cafard», der Lagerkoller, welcher durch Heimweh, Trennung von den geliebten Menschen, Liebeskummer oder sonstige Sorgen wie Überdruss am Lagerleben und Perspektivlosigkeit ausgelöst wurde und ansteckend wirkte. Dieser Koller konnte die Insassen in einen lethargischen Zustand versetzen, er konnte aber auch in Aggression umschlagen. Dann gingen die Flüchtlinge verbal aufeinander los. Einzelne Lagerleiter versuchten diesem «Cafard» durch Ablenkung, grössere Geländespiele, Lagerfeste und dergleichen entgegenzuwirken.[98] Den Beamten der ZL schien jedoch in der Regel die nötige Empathie zu fehlen, um zu beurteilen, wie es um den Gemütszustand der Emigranten tatsächlich bestellt war. Es herrschte die Meinung vor, dass die Flüchtlinge bis auf wenige Ausnahmen positiv eingestellt gewesen seien. Zudem war man der Meinung, dass jeder Aufgenommene den schweizerischen Behörden dankbar zu sein hätte, denn schliesslich sei er vor Tod und Verderben gerettet worden.[99]

Die schweizerische Bevölkerung reagierte unterschiedlich auf die Flüchtlinge. So wurden etwa 7500 französische Zivilpersonen, die im Juni 1940 vor den heranrückenden deutschen Truppen in die Schweiz geflüchtet waren, von der Bevölkerung des Kantons Freiburg mit Sympathie aufgenommen und verpflegt.[100] Als Juden ab 1942 vorübergehend ins «Concentrationslager» Büren an der Aare kamen, erweckte ihre Ankunft bei der Dorfbevölkerung eine gewisse Befremdung. Viele trugen ihre besten Kleider auf der Flucht, um wenigstens diese retten zu können. Zudem stammten jüdische Flüchtlinge meist aus Grossstädten und hatten andere Gepflogenheiten als die ländlichen Bewohner Bürens. Ihr Erscheinungsbild stiess dadurch auf Unverständnis. Sie wollten nicht ins Bild der ausgehungerten Flüchtlinge passen, und so konnte man auch nicht verstehen, dass derart wohlhabende Leute in der Schweiz Schutz suchen mussten.[101]

Die Flüchtlinge in den schweizerischen Arbeitslagern hatten ein schweres Los. Im letzten Kriegsjahr, als sich ein Ende des Krieges abzeichnete, versuchte die ZL die Umstände zu verbessern, denn man wollte, dass die Flüchtlinge nach ihrer Abreise im Ausland ein gutes Bild der Schweiz vermittelten.[102] So wurden u. a. die bis anhin praktizierte Familientrennung aufgehoben und ein psychotherapeutischer Dienst eingerichtet. Die Lebensumstände der Flüchtlinge konnten jedoch durch diese neu getroffenen Massnahmen nicht wesentlich verbessert werden.[103] Es gab aber auch Heim- oder Lagerleiter, die sich für die ihnen anvertrauten Flüchtlinge engagierten und ihnen einen angenehmeren Aufenthalt zu ermöglichen versuchten. In diesem Zusammenhang können etwa die Heimleiterin Charlotte Weber und der Leiter des Arbeitslagers Gordola Max Frösch genannt werden.[104] Die internierten Zivilflüchtlinge verliessen die Schweiz nach dem Krieg oft mit gemischten Gefühlen. Einerseits waren sie dankbar für ihre Rettung. Andererseits nahmen sie auch bittere Erinnerungen an Demütigungen mit auf ihren Weg.[105]

Die Internierung des 45. französischen Armeekorps

Das 45. Armeekorps unter General Marius Daille war ab Mitte Mai 1940 in der Nähe der Schweizer Grenze am Jura stationiert. Es bestand aus der 67. Division von General Huet und der zweiten Spahi-Brigade unter Führung von Oberst de Torcy. Das Korps wurde von der 2. polnischen Schützendivision unter General Prugar-Ketling begleitet.[106] Vermutlich hätte General Daille mit seinen Truppen bei einem deutschen Angriff auf die Schweiz die Schweizer Armee unterstützt.[107] Es sollte aber nicht dazu kommen. Bald nach dem Beginn des deutschen Westfeldzugs gegen die Beneluxstaaten stiessen deutsche Verbände in einer ersten Phase nach den Kapitulationen der Niederlanden (15.5.) und Belgiens (28.5.) bis zur Kanalküste vor. Danach drang die deutsche Wehrmacht in einer zweiten Phase von Norden her nach Frankreich ein. Auf diese Weise konnte die Maginotlinie umgangen werden.[108] Das 45. Armeekorps erhielt den Befehl, das Einfallstor von Belfort mit Front nach Osten zu sperren. Zwei Festungsdivisionen hielten weiter Stellung an der Maginotlinie. Die 2. polnische Schützendivision sicherte Belfort und wurde im Norden von der 67. Division und im Süden von der 2. Spahi-Brigade flankiert.[109]

Im Juni rückte die deutsche Wehrmacht von Westen Richtung Schweizer Grenze und schnitt durch dieses Manöver dem 45. französischen Armeekorps in der Nähe von Belfort den Rückzug ins Landesinnere ab.[110] Inzwischen war am 14. Juni Paris kampflos besetzt worden. Die französische Regierung und das Militär hatten die Hauptstadt bereits verlassen, um sie nicht zum Kriegsschauplatz werden zu lassen.[111] Am selben Tag erhielt die 2. Spahi-Brigade den Auftrag, die zum Plateau von Maîche führenden Achsen im Raume St. Hippolyte – Trevillers – Goumois – Doubs – Biaufond – Le Russey – Luthier zu sperren.[112] Am 16. Juni erreichten deutsche Panzereinheiten Vesoul und Montbéliard. Tags darauf wurde Besançon, wohin sich das 45. französische Armeekorps zurückziehen wollte, von den Deutschen besetzt. General Daille liess folglich sein Korps Richtung Pontarlier nach Osten verschieben.[113] Am 18. Juni wurden Kampfeinheiten der 67. Division und das 9. Regiment der algerischen Spahis (9. RSA) angegriffen und gerieten anschliessend in Gefangenschaft.[114] Die 2. polnische Schützendivision, das 7. RSA sowie die übriggebliebenen Truppen der 67. Division wurden nun gegen die Schweizer Grenze gedrängt.[115] Schliesslich war das 45. französische Armeekorps vollständig von deutschen Truppen unter dem Westzipfel des heutigen Kantons Jura eingeschlossen. Es blieb nur noch die Wahl, sich in deutsche Kriegsgefangenschaft zu begeben oder in die Schweiz überzutreten und sich internieren zu lassen.[116]

Am 19. Juni meldeten sich am schweizerischen Grenzposten bei Court-Goumois zwei Offiziere mit der Bitte, dem französischen und polnischen Gesandten in Bern folgende Botschaft zu übermitteln: «Das 45. französische Armeekorps samt der 2. polnischen Schützendivision kämpfen im Clos du Doubs gegen überlegene deutsche Kräfte. Der Mangel an Munition macht die Lage hoffnungslos und zwingt sie, die Schweizer Grenze zu überschreiten. Der Korpskommandant, General Daille, und der polnische Kommandant, General Prugar-Ketling, bitten Sie, die schweizerische Regierung zu ersuchen, den beiden Heereseinheiten den Grenzübertritt zu gestatten und sie gemäss dem Haager Abkommen zu behandeln.»[117]

Schon vor dem Gesuch General Dailles waren seit dem 16. Juni hunderte Zivilflüchtlinge und bedrohte Militärpersonen über die Schweizer Westgrenze zwischen Genf und Basel gekommen. Allein im Gebiet der Ajoie waren es etwa 3000 Zivilpersonen und 1100 Soldaten.[118] Der Bundesrat hatte bereits am 18. Juni General Henri Guisan informiert, dass er gewillt sei, die Schutz suchenden französischen Truppen aufzunehmen. Voraussetzung sei, dass diese an der Grenze entwaffnet und anschliessend im Landesinneren interniert würden. Der damalige Bundespräsident Marcel Pilet-Golaz berief sich dabei auf die «humanitäre Mission der Schweiz» und auf den Präzedenzfall der Bourbaki-Armee von 1870/71.[119] In der Nacht vom 19. auf den 20. Juni trat das Gros des 45. französischen Armeekorps – von Brémoncourt nach St. Ursanne, von Vauvrey nach Reclère und über die Brücke von Goumois – in die Schweiz über.[120] Neben geschlossenen Truppenteilen des 45. Armeekorps passierten auch versprengte Einheiten und Einzelpersonen anderer Verbände an verschiedenen Punkten des Neuenburger Juras die Grenze.[121] Hierbei handelte es sich um etwa 28 000 Mann.[122] Kurz nachher folgten nochmals 3000 Soldaten. Mit den bereits zuvor übergetretenen 12 000 Soldaten waren insgesamt etwa 43 000 zu Internierende in die Schweiz gekommen.[123] Darunter befanden sich 29 717 Franzosen, 12 152

Polen, 624 Belgier und 99 Engländer.[124] Die 1100 «algerischen» Soldaten des 7. RSA wurden zu den Franzosen gezählt. Sie kamen mit 1000 Pferden in die Schweiz.[125] Eine Abteilung dieser Spahis hatte die Generäle Daille und Prugar-Ketling gedeckt, während diese als Letzte am Morgen des 20. Juni die Schweizer Grenze überschritten.[126]

An dieser Stelle drängt sich eine wesentliche Frage auf. Warum rückte die Wehrmacht den sich in die Schweiz zurückziehenden Soldaten des 45. französischen Armeekorps nicht nach? Max Steiner macht strategische Überlegungen der deutschen Heeresleitung dafür verantwortlich. Ziel jeder Krieg führenden Partei sei es, den Feind zu vernichten. Um dies zu erreichen, müssten die gegnerischen Kräfte verringert werden. Mit der Aufnahme und Internierung feindlicher Truppen in der Schweiz wurde der Wehrmacht diese Mühe abgenommen.[127] Ein weiterer Grund liegt auch im sich derart schnell abzeichnenden Sieg in Frankreich. Dieser kam auch für die Wehrmacht überraschend. Sie war mit den vielen Kriegsgefangenen, die sie bereits gemacht hatte, überfordert.[128] Dabei kam ihr die Internierung eines gesamten Armeekorps von über 40 000 Soldaten gerade recht. Sie brauchte sich folglich weder um die Gefangennahme und Gefangenhaltung zu kümmern, noch musste sie zur Unterwerfung der französischen Truppen das eigene Potential einsetzen. Der einzige nennenswerte Nachteil war, dass den Deutschen dadurch das gegnerische Kriegsmaterial entging. Betrachtet man die Situation aus militärstrategischer Perspektive, dann wird klar, dass dieser Nachteil nicht sonderlich ins Gewicht fiel. Zum einen entsprachen viele Waffen des 45. französischen Armeekorps nicht den deutschen Anforderungen, da sie veraltet waren.[129] Andererseits wusste man, dass Maréchal Phillipe Pétain bereits um Waffenstillstand ersucht hatte.[130] Die französische Kapitulation stand unmittelbar bevor. Man durfte daher annehmen, dass die internierten Franzosen repatriiert werden würden und man gleichzeitig die Auslieferung der von der Schweiz konfiszierten Waffen verlangen konnte.[131]

Die Schweiz war für eine Masseninternierung tausender Soldaten weder organisatorisch noch logistisch vorbereitet. Alles musste improvisiert werden.[132] Am 20. Juni 1940 wurde auf Initiative von General Guisan das Eidgenössische Kommissariat für Internierung und Hospitalisierung (EKIH) gegründet. Mit Einvernehmen des Bundesrates wurde Oberstdivisionär Johannes von Muralt als verantwortlicher Kommissär bestimmt. Dieser ordnete die Internierung der Militärpersonen in den drei Regionen Oberland, Napf und Seeland an.[133] Für die französischen Zivilflüchtlinge war die Region Gruyère-Glâne vorgesehen.[134] Einige Kilometer hinter der Grenze entwaffnete die Schweizer Armee die fremden Soldaten und brachte sie in erste improvisierte Auffanglager. Waffen- und Munitionsberge stapelten sich auf den Sammelplätzen im Grenzgebiet. Das Kriegsmaterial sollte anschliessend ins Landesinnere abtransportiert werden. Das Schweizerische Rote Kreuz kümmerte sich um die Verwundeten.[135] Danach wurden die Truppen nach Neuenburg und Biel verlegt. Zu Fuss oder auf Pferden und mitgebrachten Fahrzeugen ging es in langen Kolonnen die Jurahöhen hinunter. Dann wurden die Soldaten mit Postautos, Bussen und der Bahn landeinwärts in die vorgesehenen Internierungsregionen gebracht.[136] Höhere Stäbe und einige Truppen kamen ins Berner Oberland, Pferde und das ihnen zugeteilte Personal ins Seeland. Das Gros der Franzosen, sämtliche Polen und Engländer sowie ein Teil der Belgier wurden in der Region Napf interniert.[137]

Die Schweiz war darauf bedacht, die Internierung gemäss Völkerrecht durchzuführen. Da jedoch keine eigentlichen Internierungslager mit Baracken vorhanden waren, verteilte man die Truppen auf die Dörfer der Internierungsregionen. Dort fanden die Soldaten in Schulhäusern, Turnhallen, Sälen, Scheunen und Kellergewölben eine behelfsmässige Bleibe. Die Offiziere wurden in Gasthäusern oder bei Privatpersonen einquartiert.[138] Der bereits erwähnte Artikel 11 des Haager Abkommens verpflichtete die Schweiz, die übergetretenen Soldaten bis Kriegsende zu neutralisieren. Um dies zu gewährleisten, wurden Bewachungstruppen eingesetzt. Das EKIH stellte dafür Truppen der Feldarmee zur Verfügung. Ursprünglich war eine monatliche Ablösung dieser Truppen vorgesehen. Mancherorts, wie etwa in Triengen, schien eine Truppe jedoch länger mit den Bewachungsaufgaben betraut worden zu sein. Die verschiedenen Lokalitäten, in denen Internierte in einem Dorf untergebracht waren, wurden als Lager bezeichnet. In diesen

Lagern kommandierte ein Schweizer Offizier. Ihm wurden für die Durchführung des Dienstbetriebes Offiziere und Unteroffiziere der entsprechenden Militärinternierten zugeteilt. Die Wachmannschaften hatten dafür zu sorgen, dass in den Lagern Disziplin und Ordnung herrschte. Zudem mussten sie die Internierten von der Zivilbevölkerung fernhalten. Ein Unterfangen, das zu einer beinahe unlösbaren Aufgabe werden sollte. Die fremden Militärpersonen unterstanden denselben Dienstvorschriften, Gesetzen und Reglementen wie Schweizer Soldaten. Um die Disziplin aufrechtzuerhalten, bemühte man sich, Beschäftigungen zu finden. Arbeiten konnten aber nur dann angeboten werden, wenn sie das einheimische Gewerbe nicht beeinträchtigten. Es kam zur Bildung vereinzelter Hochschullager, in welchen französische und polnische Professoren abwechslungsweise mit schweizerischen Kollegen unterrichteten. Die Internierten hatten zudem die Möglichkeit, Theaterstücke einzuüben, zu musizieren oder bunte Abende zu organisieren. Es wurden drei Interniertenzeitungen, eine auf Polnisch und zwei auf Französisch, herausgegeben. Die fremden Soldaten erhielten einen täglichen Sold, dessen Betrag sich nach dem jeweiligen Dienstgrad richtete.[139]

Die Regierungen Deutschlands und der Schweiz verhandelten am 16. November 1940 in Wiesbaden über die Repatriierung der französischen Soldaten. Doch erst am 15. Januar 1941 waren sämtliche Bedingungen der deutschen Regierung erfüllt. Die Heimschaffung erfolgte am 17. Januar und dauerte bis zum 5. Februar. Mit Ausnahme der Pferde wurde das gesamte Kriegsmaterial, also auch jenes der Polen, den deutschen Militärbehörden übergeben. Die Elsässer und Lothringer konnten entscheiden, ob sie in das von Deutschland besetzte Gebiet oder mit den anderen Franzosen über Genf nach Vichy-Frankreich zurückkehren wollten. Von den insgesamt 3470 Elsässern und Lothringern entschieden sich 2538 für die Heimkehr. Die Heimschaffung der Belgier, welche aufgrund anderer Verhandlungen durchgeführt werden konnte, erfolgte am 5. Juni 1941.[140]

Die Polen konnten nicht repatriiert werden, weil die Vichy-Regierung kein Interesse an den ehemaligen Verbündeten zeigte und Polen nach wie vor besetzt war. Für die polnischen Soldaten[141] zeichnete sich eine lange Internierungsdauer bis zum Kriegsende 1945 ab. Um Wachtpersonal und Kosten einzusparen, entschied das EKIH bereits im Sommer 1940, einen Grossteil der 12 000 Polen in einem Lager zu ‹konzentrieren›, was zum Bau des «Concentrationslagers» Büren an der Aare führte. Theoretisch war vorgesehen gewesen, 6000 Polen in einem Lager, bestehend aus mehreren Baracken, zu internieren. Auf dem Papier waren keine Probleme ersichtlich. Bei der Realisierung musste man aber feststellen, dass menschliche Bedürfnisse wie Privatsphäre, sinnvolle Beschäftigung oder genügend Freiraum nicht abgedeckt werden konnten. Der höchste Insassenbestand wurde im Frühjahr 1941 mit 3500 Personen erreicht. Obwohl theoretisch noch weitere 2500 Internierte Platz gefunden hätten, wurde es zunehmend eng im Lager. Oft kam es zu Tumulten und Spannungen. Die zuständigen militärischen Stellen mussten schliesslich «die schwere Fehlbildung» eingestehen. Im Verlaufe des Jahres 1941 wurden viele Polen aus Büren in Lager anderer Kantone gebracht. Mehrere Gruppen kamen ins Bündner und Tessiner Berggebiet. Anschliessend wurde das Bürener Lager bis Kriegsende als Arbeits-, Auffang-, Quarantäne-, Durchgangs- und Sammellager benutzt.[142]

In den folgenden Kriegsjahren zog man die Polen bei der «Anbauschlacht» des Plans Wahlen heran.[143] Viele kamen als billige Arbeitskräfte zu den Bauern. Neben der Vergrösserung der Anbaufläche musste auch nach Lösungen für die Deckung des Energiebedarfs gesucht werden. Dank der Kenntnis polnischer Grubenfachleute konnte das Kohlenbergwerk in Chandolin, das 1921 stillgelegt wurde, wieder eröffnet werden. Hier förderten sie nun gemeinsam mit Schweizer Bergleuten Eisenerz und Kohle. Zudem waren sie im Strassen- und Kanalbau tätig und wurden für Rodungen oder Meliorationen eingesetzt.[144]

Mit der Kapitulation des Dritten Reichs am 8. Mai 1945 war auch ein Ende der polnischen Internierungszeit in der Schweiz abzusehen. Beinahe alle aus Frankreich stammenden Polen kehrten in ihre früheren Wohnorte zurück. Diejenigen Polen, welche nach dem deutschen Überfall aus Polen geflohen und auf Umwegen nach Frankreich gelangt waren, standen jedoch vor einer schwierigen Entscheidung. Polen war inzwischen von sowjetischen

Truppen besetzt und hatte eine kommunistische Regierung. Da die Schweizer Behörden auf ihre Ausreise drängten, mussten sie entweder in ihr politisch verändertes Heimatland zurück oder die Weiterreise in ein Drittland antreten. Nachdem General Prugar-Ketling mit einem Teil seines Stabes am 15. Dezember 1945 in sein Heimatland abgereist war, bedeutete dies das formelle Ende der Internierung der 2. polnischen Schützendivision. Die in der Schweiz zurückgebliebenen Polen wurden darauf als Zivilflüchtlinge eingestuft. Eine drohende Ausweisung konnte oft erst nach langem, zähem Kampf mit den Behörden und unter Einspruch eines etwaigen Arbeitgebers abgewendet werden. Selbst eine Eheschliessung mit einer Schweizerin war keine Garantie für eine Niederlassungsbewilligung, da die Ehefrau ihr Bürgerrecht verlor und nun selbst als Staatenlose galt. Erst 1950, aufgrund einer parlamentarischen Intervention des Zürcher Ständerates Ernst Vaterlaus, wurde bundesweit beschlossen, jenen Polen, die seit der Internierung 1940 in der Schweiz weilten, eine Niederlassungsbewilligung zu erteilen. Die meisten erhielten in den darauf folgenden Jahren das Schweizer Bürgerrecht.[145]

Auch wenn bis anhin hauptsächlich von der Internierung fremder Militärpersonen, welche im Verband übergetreten waren, die Rede war, so darf dies nicht darüber hinwegtäuschen, dass es immer wieder Soldaten gab, die eigenständig und auf sich allein gestellt die Schweiz erreichten. Zwei erschütternde Berichte liegen von Charles Bergmann und Dan Culler vor. Beide verbrachten einen Teil ihrer Internierung im Straflager Wauwilermoos. Hier erlitten sie zahlreiche Demütigungen unter dem Lagerkommandanten André Beguin, der ein Nazi-Sympathisant war. Bergmann und Culler wurden von ihm an den Rand ihrer psychischen und physischen Belastbarkeit gebracht. Der Elsässer Bergmann war 1942 von den Deutschen zum Kriegsdienst verpflichtet worden. Nachdem er mitangesehen hatte, wie auf den Schlachtfeldern viele seine Kameraden fielen, nutzte er einen Diensturlaub, um sich in die Schweiz zu begeben, von wo er nach Frankreich weiterreisen wollte. Hier wurde er jedoch nicht als Franzose, sondern als Deserteur der Wehrmacht behandelt und zunächst ins Straflager Witzwil gebracht und nach einigen Wochen nach Wauwil überführt. Culler kam als notgelandeter Flieger 1944 in die Schweiz. Zuerst wurde er im Berner Oberland interniert, wo er grossen Freiraum genoss. Er wollte jedoch nicht untätig herumsitzen und sah sich veranlasst, wieder am Kriegsgeschehen teilzunehmen. Auf seiner Flucht wurde er gefasst und kam daraufhin nach Wauwil. Als vorerst einziger Amerikaner in diesem Straflager wurde er in der ihm zugewiesenen Baracke von den anderen Häftlingen misshandelt und sogar vergewaltigt. Erst Jahre später konnte er seine traumatischen Erlebnisse zu Papier bringen. Sein Bericht erregte das Interesse der Schweizer Regierung. 1995 empfing ihn Bundesrat Kaspar Villiger und entschuldigte sich offiziell bei ihm.[146]

Spahis im Zweiten Weltkrieg. Nach der Alliierten-Landung von 1942 nahmen berittene Spahi-Regimenter an Gefechten gegen deutsch-italienische Truppen in Tunesien teil.

Die Spahis im Gefecht

Ein weisser Spahi

Anfang 1939 entschloss sich der damals 18-jährige Jacques Basoin aus der westfranzösischen Kleinstadt Pons, seinen Militärdienst bei den Spahis anzutreten. Pons liegt etwa 90 Kilometer nördlich von Bordeaux im Departement Charente-Maritime. Bis auf einige Reisen nach Paris und einem kurzen Arbeitsaufenthalt in der 40 Kilometer entfernten Stadt Royan hatte Jacques sein bisheriges Leben in dieser Kleinstadt verbracht. Mit 14 Jahren begann er nach der Schulzeit seine Lehrstelle als Metzger im elterlichen Betrieb. Wie sein Vater Henri, der im Ersten Weltkrieg für Frankreich gekämpft hatte, wollte auch er sich in den Dienst des Vaterlandes stellen.

Warum er sich aber für die Spahis entschied, scheint verschiedene Beweggründe gehabt zu haben. Frankreich war damals eine grosse Kolonialmacht. Kolonien und indigene Bevölkerungen wurden als Sujets oft in literarischen Werken, Filmen und Ausstellungen zum Thema gemacht. Es könnte sein, dass der junge Jacques das Buch «Le roman d'un spahi» gelesen hatte.[1] Der Autor Pierre Loti stammte nämlich aus demselben Departement wie er. In einigen französischen Filmen aus den 1930er Jahren, wie etwa «Pépé le Moko»[2] mit Jean Gabin, spielten Spahis ebenfalls eine wichtige Rolle. Die Spahis waren als berittene Elitetruppe der französischen Armee bekannt. Wer sich bei ihnen engagierte, konnte davon ausgehen, im Kriegsfalle direkt in die Kampfhandlungen involviert zu werden. Dies bedeutete Prestige. In seiner Jugend hat sich Jacques offenbar mit Pferden beschäftigt und ist vermutlich auch geritten. Zudem hatte er einen Cousin, welcher in Algerien als Förster arbeitete. Vielleicht waren es Romane, Filme, Berichte seines Cousins über Algerien und die Faszination für Pferde, welche dazu führten, dass er sich mit diesen algerischen Kavalleristen, den Spahis, auseinandersetzte. Doch auch die ausgefallenen Uniformen der Spahis und der damit verbundene exotische Charme dürften eine Rolle gespielt haben. Es ist durchaus denkbar, dass gerade diese äusserlichen Attribute seine Abenteuerlust genährt haben. Der Eintritt in die algerische Kavallerie bedeutete für den jungen Franzosen eine einzigartige Möglichkeit, aus seiner Heimatstadt herauszukommen und die Welt zu entdecken. Ferner bot ihm die Armee eine Aufgabe in einer wirtschaftlich schlechten Zeit.[3]

Wie bereits erwähnt, waren 1939 in Frankreich vier Spahi-Regimenter stationiert. Ihre Ausbildungszentren hatten diese aber immer noch in Algerien, respektive Marokko. Jacques Basoin begab sich nach Montauban, wo das 7. Regiment der algerischen Spahis (7. RSA) stationiert war,[4] und unterzeichnete dort Anfang März einen Vertrag, der ihn für vier Dienstjahre bei der Armee verpflichtete. Nachdem er dem 2. RSA zugeteilt worden war, reiste er in den nächsten Wochen nach Algerien ab, wo er Ende des Monats in einer Kaserne in Tlemcen im Departement Oran eintraf. Für seine Ausbildung wurde Jacques nach Sebdou, 80 Kilometer südlich von Tlemcen, verlegt. Nun begann der Ernst des Soldatenlebens. Jacques lernte den Umgang mit Pferden und Waffen. Die Spahi-Regimenter wechselten häufig das Quartier und wurden auf grossräumige Territorien verteilt. Dies diente zu ihrer Sicherheit, hatte aber auch den Zweck, überall französische Militärpräsenz zu demonstrieren. Jacques hatte dadurch die Möglichkeit, verschiedene Eindrücke des ihm noch grösstenteils unbekannten Landes zu sammeln.

Das militärische Leben im fremden Algerien war hart. Wie es Jacques zu Mute war, als er zum ersten Mal eine algerische Spahi-Kaserne betreten hatte, lässt sich nur vermuten. Man darf aber annehmen, dass es ihm ähnlich wie Marcel Puech, einem ehemaligen Spahi des 7. RSA, erging.[5] Puech stammte ebenfalls aus dem französischen Mutterland und hatte sich vor dem Zweiten Weltkrieg in Montauban rekrutieren lassen. In seinen Erinnerungen beschreibt er seine ersten Eindrücke bei der Ankunft in einer algerischen Kaserne. Zuerst fielen ihm die etwas eigenartig anmutenden Kopfbedeckungen der Wachtposten auf. Der Guennour, ein traditioneller Turban, wurde von den algerischen[6] Spahis als Ausgangsuniform, auf Wache oder bei Paraden getragen, während die aus Frankreich stammenden Spahis mit einer Chèche ihr Haupt bedeckten. Nachdem Puech die Kaserne betreten hatte, kam er an einer sperrigen Gepäckablage vorbei und wurde auf dem Weg zu den Schlafsälen von einem algerischen Unteroffizier mit «Wohlwollen» empfangen. Vor der grossen Schlafkammer kam ihm ein unangenehmer Geruch entgegen, der als Mischung aus Parfum, Leder, Fuss- und Pferdeschweiss noch Jahrzehnte später in seiner Erinnerung haften sollte. Der algerische Unteroffizier war dem ‹Novizen› behilflich und zeigte ihm, wie er seine Sachen korrekt in den Ablageflächen verstauen konnte. Gegen Abend kehrten seine künftigen Kameraden von einer Feldübung zurück, und Puech bemerkte, dass er der einzige ‹Weisse› im Schlafsaal war. Die Integration in die Gruppe brachte jedoch keine Probleme mit sich. Puech hielt fest, dass es keine rassistischen Vorfälle gab und niemand aufgrund seiner Herkunft bevorzugt behandelt wurde. Seine Zimmerkameraden waren stets hilfsbereit. Sie halfen ihm das Marschgepäck anzuziehen, besorgten ihm einen neuen, glänzenden Sattel und zeigten ihm, wie man diesen sowie die anderen Ausrüstungsgegenstände im Stande halten konnte. Am Abend wurde gegessen. Die Grösse der Rationen war in der Regel ausreichend, die Qualität des Essens dagegen eher mittelmässig. Brot gab es immer genügend. Jeder bekam einen Viertelkrug Kaffee, und die Franzosen hatten Anspruch auf einen Viertelliter Rotwein, auf welchen die Muslime aus religiösen Gründen verzichteten.

Für Jacques Basoin dürfte es zu Beginn nicht einfach gewesen sein, sich an den militärischen Alltag und die neue Kultur zu gewöhnen. Er war 1200 Kilometer von seiner Heimatstadt entfernt in einer unbekannten Welt angelangt, in der ein anderes Klima herrschte und andere Sitten galten. In der Kaserne gab es keinen psychologischen Dienst. Für sein Wohlbefinden war er auf die Unterstützung seiner Kameraden angewiesen, mit welchen er das Zusammenleben unter nicht ganz einfachen Umständen zu meistern hatte.[7] Nach absolvierter Grundlagenschulung wurde er zum Mechaniker und Chauffeur ausgebildet. Sein Lehrmeister war «Maréchal des Logis chef» Roger Angelini, mit dem er im Juni 1940 nach Triengen kommen sollte.[8]

Eine interne Rekrutierung und Ausbildung von Fahrzeuglenkern in der traditionellen Kavallerie gab es erst seit Mitte der 1930er Jahre. Die Spahi-Regimenter wurden logistisch durch eigene Fahrzeugtruppen verstärkt, um den Transport von Nachschub und Materialien über grössere Distanzen erleichtern und zeitlich schneller bewerkstelligen zu können.[9] Nach dieser Reorganisation bestand ein Regiment[10] in der Regel aus folgenden sechs Schwadronen:

4 Kampfschwadronen (1er, 2e, 3e und 4e escadron)
1 Stabsschwadron (escadron hors rang / E. H. R.)
1 schwere Schwadron (escadron mitrailleuses-engins / E. M. E.)[11]

Nach seiner Ausbildung wurde Jacques Basoin dem Train Régimentaire (T. R.) der Escadron Hors Rang (E. H. R.) zugeteilt. Die E. H. R. garantierte die Versorgung der Kampfschwadronen, welche im Gefecht oft mehrere Kilometer voneinander entfernt agierten. Zudem war sie für den Nachrichtendienst innerhalb des Regiments zuständig. Der T. R. hatte die Aufgabe, das jeweils neue Regimentsquartier mit dem Hauptdepot zu verbinden. Dafür standen zwei leichte Fahrzeuge, zehn Versorgungslastwagen, ein Werkstattlastwagen und ein Lastwagen mit Werkzeugen zur Verfügung. Neben dem T. R. gehörten zur E. H. R. noch zwei Trains de Combat (T. C.) und ein Kommandozug. Die beiden T. C. gewährleisteten die Versorgung vom Regimentsquartier zu den einzelnen Kampfschwadronen. Ein T.C. betrieb sechs Lastwagen und wurde «T. C. Auto» genannt. Der andere wurde mit «T. C. Hippo» bezeichnet und besass einen Verpflegungswagen, welcher von zwei Maultieren gezogen wurde. Das Kommando über den T. R. hatte Leutnant Nestor Godin, welcher ebenfalls nach Triengen kommen sollte.[12]

Im Oktober 1939 verschob sich das 2. RSA nach Oran, um von dort aus mit dem bereits aus Marrakesch eingetroffenen 2. Regiment der marokkanischen Spahis (2. RSM) per Schiff nach Marseille überzufahren. Die beiden Regimenter sollten in Frankreich gemeinsam die 3. Spahi-Brigade (3. BS) bilden.[13] Von Marseille aus wurde die gesamte Brigade mit der Eisenbahn in die Ardennenregion im Nordosten des Landes transportiert. Daraufhin wurden sie als autonomer Verband zwischen der 9. Armee im Westen und der 2. Armee im Südosten stationiert. Die einzelnen Regimenter bezogen ihre Kantonnemente – behelfsmässige Unterkünfte, die zur Beherbergung von Soldaten hergerichtet wurden – in verschiedenen Ardennendörfern. Jacques

Basoin kam mit dem E. H. R. nach Thilay in der Nähe der belgischen Grenze.[14] In Anbetracht der politischen Lage stellte man sich auf einen langen Bereitschaftsdienst ein.[15] Die Offiziere und Unteroffiziere kamen in Privathäusern unter, während die Soldaten ihre Lager in Scheunen bezogen. Das Essen für die Soldaten war von eher schlechter Qualität, daher gaben sie ihren Sold oft für schmackhaftere Nahrungsmittel aus. Der Alltag wurde damit verbracht, den administrativen Betrieb des Regiments aufrechtzuerhalten, das Material in Stand zu setzen, Gefechtsübungen durchzuführen, Wachtposten zu besetzen sowie die Stellung an den Verteidigungslinien zu halten.[16] Bald brach ein kalter Winter ein. Die Temperaturen sanken bis auf Minus 20 Grad, und der Fluss Meuse fror vollständig zu. Besonders die marokkanischen Spahis waren diese extremen Temperaturverhältnisse nicht gewohnt und wickelten sich tief in ihren Burnus ein, um der Kälte zu trotzen.

Die Art der Einquartierung brachte die Spahis mit den Dorfbewohnern in Kontakt. Diese waren erstaunt über die plötzliche Präsenz von orientalisch gekleideten Algeriern und Marokkanern. René Potet, ein französischer Brigadier des 2. RSM, hielt in seinen Aufzeichnungen fest, dass einige Dorfbewohner gegenüber den dunkelhäutigen Spahis Vorbehalte hatten. So suchte Potet einmal in Begleitung zweier dunkler Spahis für seine Schwadron in einem Dorf ein geeignetes Kantonnement. Als er ein wohlhabend erscheinendes Haus passierte, bemerkte er eine Dame, die gerade zur Tür herausgekommen war, und sprach sie an: «Bonjour, Madame, haben Sie zufällig eine Scheune, um Soldaten unterzubringen, und ein Zimmer für einen Offizier?» Die Dame musterte die drei Spahis, betrachtete erstaunt mit grossen Augen die Uniformen und antwortete: «Wie … wie … Sie sprechen französisch?» Einige Tage später begegnete er ihr wieder. Sie hatte gerade ihr Auto vor der Scheune parkiert und trat misstrauisch auf ihn zu: «Glauben Sie, dass meinem Wagen da draussen bei Ihren Negern etwas zustösst?» Darauf entgegnete er ihr mit einem «marokkanischen Lächeln» auf den Lippen: «Oh, die haben gut zu Mittag gegessen, meine Neger. Ihre Autoreifen haben heute also nichts zu befürchten.»[17] Potet hält jedoch weiter fest, dass das Misstrauen der Bevölkerung gegenüber den Spahis bald zurückging. Schon nach wenigen Wochen seien Freundschaften entstanden. Die Einheimischen hätten die Soldaten bald wie Verwandte behandelt. Potet wurde sogar von der Dorfschule eingeladen, um den Kindern von Marokko zu erzählen.[18]

Potet gibt nicht nur einen Einblick in die Beziehungen zwischen Spahis und Einheimischen, sondern berichtet auch über das Verhältnis der Spahis untereinander. Nach ihrer Ankunft in der Ardennenregion seien viele Spahis von einer Gelbseuche heimgesucht worden. Als Ursache vermutet er die Klimaveränderung, die Anstrengungen der langen Reise oder die ungewohnten Lebensmittel, die das physische Abwehrsystem der Soldaten geschwächt hatten. Alle Kranken seien in ein Spital in Rethel gebracht worden. Die Solidarität unter den muslimischen und christlichen Spahis, unter einfachen Soldaten und Offizieren sei in jener schwierigen Zeit äusserst gross gewesen. Die Kaderleute hätten keine Gelegenheit ausgelassen, ihre kranken Soldaten im Spital zu besuchen und ihnen Leckereien, ein wenig Geld oder Tabak zu bringen.[19]

Beginn des deutschen Westfeldzugs

Am 10. Mai 1940 morgens um 6.30 Uhr wurde die 3. Spahi-Brigade alarmiert, dass die deutsche Wehrmacht in Holland, Luxemburg und Belgien eingedrungen sei.[20] Die Brigade erhielt den Auftrag, sich nach Belgien zu verschieben, um die belgischen Streitkräfte zu unterstützen. Damit sollte der Plan «Dyle» realisiert werden.[21] Um 14 Uhr verliessen Jacques Basoin und seine Kameraden den Ort Thilay, um nach einem halben Jahr des Wartens nun in den Krieg zu ziehen. Während ihrer Abreise Richtung Bohan, wo sie um 15.15 Uhr die Grenze überschritten, konnten sie ständig deutsche Aufklärungsflieger ausmachen.[22] Der Auftrag der Spahi-Brigade lautete, die 9. und 2. französische Armee zu unterstützen und die Verbindung zwischen diesen Einheiten aufrechtzuerhalten. Zudem musste sie erkunden, wo man auf den Feind treffen würde.[23] Das Nachtlager wurde in verschiedenen Orten nahe dem Fluss Lomme bezogen.[24]

Die deutsche Luftwaffe attackierte in der Morgendämmerung den Kommandostützpunkt der Spahi-Brigade, ohne diesem jedoch Schaden zuzufügen. Bald darauf drangen von überall her die deutschen Panzerdivisionen vor. Die 2. Armee trat in grösster Eile vor diesen als Übermacht wahrgenommenen feindlichen Streitkräften den Rückzug an. Auch die «chasseurs ardennais» der belgischen Armee versuchten, sich in Sicherheit zu bringen. Alleine konnte die 3. BS die Stellung nicht mehr halten und musste sich ebenfalls zurückziehen. Im Laufe des Vormittags fiel der erste marokkanische Spahi in einem Wald von Saint-Hubert.[25] Deutsche Flieger warfen von einem wolkenlosen Himmel Flugblätter ab. Darin wurden die Belgier aufgefordert, den deutschen Einmarsch nicht aufzuhalten und sich zu ergeben. Tausende Flüchtlinge, die in aller Eile ihr Hab und Gut zurückgelassen hatten, drängten in langen Kolonnen auf den Strassen Richtung Frankreich. In der armen belgischen Ardennenregion besassen nur wenige ein Auto, daher kam es zu langen Fuss- und auch Fahrradkolonnen, welche die strategisch wichtigen Strassen blockierten. Bauern transportieren ihre Familien, Freunde oder Bekannte auf grossen vierrädrigen Wagen, welche von Pferden oder Ochsen gezogen wurden. Frauen trugen ihre Sonntagskleider und ihre schönsten Schuhe. Deutsche Flieger brausten über die Menschen hinweg und warfen hie und da Bomben kleineren Kalibers in ihrer Nähe ab. Dadurch wurden die bereits Verängstigten zwar nicht verletzt, aber noch stärker eingeschüchtert.[26] Am Mittag erhielt Leutnant Godin den Befehl, sich unverzüglich mit seinen Truppen nach Bohan zurückzuziehen. Um 15.30 Uhr erreichte der Train Régimentaire (T. R.) sowie der Train de Combat (T. C.) mit seinen Fahrzeugen den Ort. Am Abend trafen die ersten Pferdeeinheiten des Regiments ein. Diese berichteten, dass deutsche Panzereinheiten das 2. Regiment der algerischen Spahis (2. RSA) bedrängten. Es erfolgte der Befehl, bei Einbruch der Nacht Bohan zu verlassen und den Rückzug nach Frankreich anzutreten. Die motorisierten Züge der E. H. R. erreichten um 22.30 Uhr das französische La Grandville und machten sich daran, sämtliche Fahrzeuge zu tarnen und das Biwak für die Nacht einzurichten.[27] Die Nachtruhe sollte jedoch nur von kurzer Dauer sein.

Am 12. Mai um 1 Uhr mussten sich die Spahis des T. R. auf den Weg nach Poix-Terron, einem Dorf mit ein paar hundert Einwohnern, begeben. Nach fünf Stunden kam die Truppe dort an, verbarg die Fahrzeuge und traf Vorbereitungen für die Fliegerabwehr. Um 10 Uhr schlugen die ersten Fliegerbomben ein. Diese forderten zwar keine Opfer, führten aber dazu, dass die Einwohner von Poix-Terron sich auf die Flucht vorbereiteten. Auf der Route Charleville-Mezieres und Rethel, in deren Mitte sich Poix-Terron befindet, warfen die deutschen Flugzeuge Bomben auf die flüchtenden Zivilpersonen. Nach diesem Angriff hatten die Spahis zahlreiche Tote und Verletzte zu beklagen. Bei einer Behausung in der Nähe des Bahnhofes richteten sie einen notdürftigen Sanitätsposten ein und kümmerten sich um die Verwundeten. Doch wenig später wurde Poix-Terron selbst Ziel der Fliegerangriffe. Häuser standen in Flammen und stürzten ein. Die Opfer wurden immer zahlreicher, und ein Lastwagen des T. R. beteiligte sich daran, die Verwundeten ins Spital nach Rethel zu überführen, da die Soldaten des Sanitätspostens überlastet waren. Bei einer Bombenexplosion verletzte sich Brigadier Ali Sassi, welcher wie Jacques Basoin im T. R. eingeteilt war, am rechten Wadenbein, konnte aber seinen Dienst wieder aufnehmen. Um 18 Uhr setzten erneute Bombardements ein. Diesmal mit einer noch grösseren Intensität. Ein Zug mit Flüchtlingen, der gerade am Bahnhof ankam, wurde gezielt bombardiert. Unter den Trümmern der Waggons mussten zahlreiche Opfer geborgen werden. Die Rettungsdienste waren auf ein derartiges Ausmass der Katastrophe nicht vorbereitet. Inzwischen blieben von den meisten Häusern des Dorfes nur noch Trümmer übrig. Die Angriffe forderten zwei weitere Tote bei den marokkanischen Spahis, welche mit ihren motorisierten Truppen ebenfalls nach Poix-Terron gekommen waren.

Die Spahis des Train Régimentaire (T. R.) verliessen beim Einbruch der Nacht das zerstörte Dorf und begaben sich mit anderen Zügen der E. H. R. nach Evigny. Die Verschiebung dorthin gestaltete sich schwierig, da die Strassen durch die vielen Bombeneinschläge unwegsam geworden waren.[28] Um 1.15 Uhr erreichte der Konvoi einen Wald bei Evigny. Die Soldaten machten sich an die Tarnung der Fahrzeuge und schlugen ihr Nachtlager auf. Der nächste Morgen verlief ruhig. Am frühen Nachmittag überflogen deutsche Bomber in niedriger Höhe den Wald und gaben Geschosse mit Maschinengewehren ab. Einige Fahrzeuge wurden von Kugeln getroffen, aber nicht wesentlich beschädigt. Abends um 22.30 Uhr verliess der T. R. den Wald wieder, um über Warnecourt und Jandun nach Launois zu gelangen. Die Verschiebung ging nur schleppend voran, da die Strassen auch von der schweren Artillerie der französischen Armee benutzt wurden.[29] Auch Launois, das man gegen 4 Uhr morgens erreichte, war von den Bombenangriffen in Mitleidenschaft gezogen worden. Ständig kreisten deutsche Aufklärungsflugzeuge über dem Ort. Am Nachmittag stiess der Nachrichtenoffizier Leutnant Breban zum T. R. in Launois und berichtete, dass das 2. RSA von einem in der Überzahl agierenden Feind angegriffen worden sei. Der Capitaine der 3. Schwadron sei gefallen, und das Regiment hätte in der Unordnung des Gefechts den Rückzug angetreten. Vom Brigadekommandanten Colonel Marc und vom Regimentskommandanten des 2. RSA, Colonel Burnol, hatte er keine Nachrichten. Nachdem Leutnant Godin die Situation analysiert hatte, gab er den Befehl zum Rückzug nach Chaumont-Porcien über Givron.[30] Die Aufgabe des T. R. wäre es gewesen, das Regiment mit Proviant und Nachschub zu versorgen, doch vom 14. Mai bis zum 18. Mai 1940 existierten keine Verbindungen mehr zu den anderen Einheiten des 2. RSA.[31]

Schlacht um La Horgne

Während sich Jacques Basoin am 15. Mai 1940 mit seinem Regimentszug einigermassen in Sicherheit befand, sollte für die anderen Einheiten seiner Brigade die aufreibendste Schlacht seit dem deutschen Einmarsch erst noch bevorstehen. Seit dem Vormarsch nach Belgien bis nach Saint-Hubert und dem anschliessenden Rückzug nach Frankreich hatten die Spahis der Kampfschwadronen kaum geschlafen. Ihr neuer Auftrag lautete, im kleinen Ardennendorf La Horgne[32] Stellung zu beziehen und eine sich auf dem Weg dorthin befindende deutsche Panzerdivision von General Guderian aufzuhalten. Die Mission musste erfüllt werden, ohne dass man die nötigen Mittel für ihre Realisierung besass. Mit Rückendeckung weniger Kanonen[33] sollten die übernächtigten Spahis versuchen, mit ihren persönlichen Waffen[34] die heranrückenden Panzer zu stoppen. Während das 2. Regiment der marokkanischen Spahis (2. RSM) am Dorfrand auf einer Erhebung, auf der sich ein Friedhof befand, Stellung bezog, verbarrikadierte sich das 2. Regiment der algerischen Spahis (2. RSA) im Zentrum.[35] Das Dorf bestand nur aus wenigen Häusern und einer Kirche, in welcher der Kommandoposten – Poste de Commandement (P. C.) – bezogen wurde. Man erwartete die Panzer vom etwa fünf Kilometer nordöstlich gelegenen Ort Singly her kommend. Eilends errichtete man auf der Dorfstrasse drei Sperren, wovon eine aus zwei quer auf die Fahrbahn gestellten Lastwagen bestand, die anderen aus Möbeln, Karren und Ackerinstrumenten. Die Schwadronen dislozierten auf dem Dorfareal und begaben sich hinter Gebäuden in Deckung.[36] Die Pferde wurden in einem Wald 800 Meter südlich des Dorfes in Sicherheit gebracht. Pioniere des Regiments fällten vor dem Dorfeingang einige Bäume, um freie Schusslinien auf die erwarteten Panzer zu gewährleisten. Es scheint, als sei dem Regiment nur noch eine einzige funktionstüchtige 37-Millimeter-Kanone geblieben. Diese wurde in der Sakristei der Kirche platziert.[37] Um 10.45 Uhr rannten die Pioniere zurück ins Dorf, weil sie deutsche Soldaten am Waldrand erspäht hatten.

Bald darauf ratterten die deutschen Panzer an. Eine lange Panzerkolonne kam von Nordosten her und hielt wenige hundert Meter vor dem Dorf. Deutsche Schützen verteilten sich auf den umliegenden Feldern. Dann begann der unausweichliche und unerbittliche Kampf. Panzergeschosse und Granaten schlugen mitten im Dorf ein.[38] Anschliessend griffen die Deutschen von Osten, Norden und Westen an. Die Situation für die Spahis wurde immer unübersichtlicher.[39] Einige bezogen hinter durchgebrannten Kuhherden Deckung und versuchten sich, indem sie das Vieh vor sich hertrieben, den in Obstgärten verschanzten deutschen Soldaten zu nähern. Viele wurden jedoch getroffen, noch bevor sie ihr Ziel erreichten.[40] Trotz der ausweglosen Situation versuchten die Spahis mit allen Mitteln, ihre Feinde aufzuhalten. Unter grossen Verlusten gelang es ihnen kurzfristig, die Deutschen etwas zurückzudrängen. Gegen Mittag sammelten sich diese jedoch erneut und griffen mit einem grossen Infanterieaufgebot an, das von Panzern gedeckt wurde. Die Angreifer verdichteten das Feuer und setzten mit Granaten das Dorf in Flammen. Die algerischen Spahis versammelten sich daraufhin bei der Kirche. Die marokkanischen Spahis konnten einige Panzerfahrzeuge mit der 25-Millimeter-Kanone, welche in der Nähe des Friedhofs positioniert war, aufhalten. Bald jedoch wurde der P. C. des 2. RSM von deutschen Truppen eingeschlossen. Wiederum fielen einige Spahis, darunter der Kommandant des 2. RSM, Colonel Geoffroy.[41] Noch immer versuchte man, den Widerstand aufrechtzuerhalten. Gegen Abend wurde die Situation jedoch immer aussichtsloser. Die Munition der Spahis war bis auf den letzten Schuss aufgebraucht. Nachdem sie die deutschen Panzer mehrere Stunden aufgehalten hatten, sahen sich die Spahis nun zum Rückzug gezwungen. Es war jedoch äusserst schwierig, sich vom Gefechtsort in Sicherheit zu bringen. Einigen glückte die Flucht, andere wurden getroffen. Auch der Kommandant des 2. RSA, Colonel Burnol, fand den Tod. Diejenigen, welche sich nicht mehr aus dem Dorf zurückziehen konnten, mussten sich ergeben und kamen in Gefangenschaft.[42]

An dieser Stelle soll ein Wechsel der Perspektive vollzogen werden. Auch die Deutschen hatten bei ihrem Angriff auf La Horgne viele Opfer zu beklagen. Rückblickend beschrieb die Berliner «Bersen Zeitung» vom 12. Juni 1940 das Ereignis in La Horgne als einen der schwersten Kämpfe des gesamten Westfeldzugs. Das Dorf habe einer Festung geglichen. Im Dorfkern und von den Waldrändern der näheren Umgebung habe der Feind ein gewaltiges Feuer eröffnet. Dies habe auf der eigenen Seite zu Verlusten geführt. Teilweise sei die Situation regelrecht prekär geworden. Die algerischen Spahis wurden im Zeitungsartikel als «zähe schwarze Wüstensöhne und Krieger» bezeichnet, für die das Gefecht eine zweite Natur wäre. Gegen Abend seien die meisten deutschen Offiziere verwundet gewesen oder sogar getötet worden. Auch die Mannschaft habe erhebliche Verluste hinnehmen müssen.

Nur noch die Hälfte der Männer sei im Stande gewesen, den Kampf fortzusetzen.[43]

Bei dieser ‹heldenhaften› Beschreibung dunkelhäutiger Soldaten in einer deutschen Zeitung scheint es sich um eine Ausnahme zu handeln. In der Regel griff man auf das Bild menschlicher Ungeheuer zurück, das die Presse seit dem Deutsch-Französischen Krieg kolportierte. Entscheidend dafür waren in erster Linie Deutschlands Erfahrungen als Kolonialmacht zwischen 1884 bis 1918. 1904 begann der Aufstand der Herero in Deutsch-Südwestafrika. Diese wurden beschuldigt, verwundete deutsche Soldaten zu verstümmeln, deutsche Siedler zu kastrieren und deren Frauen zu vergewaltigen. Derartige Geschichten von bewaffneten Schwarzen als «wilde» Kriegsverbrecher fanden schliesslich eine weite Verbreitung durch die deutsche Presse. Von deutscher konservativer Seite wurde den Herero sogar ihr Menschsein abgesprochen. Bei der Niederschlagung des Herero-Aufstands und anderer Kolonialaufstände ging die deutsche Armee mit ungewöhnlicher Härte vor. Dem deutschen Vergeltungsschlag fielen etwa 65 000 Herero zum Opfer. Dies entsprach etwa 80 Prozent des gesamten Volkes.[44] Nach dem Ersten Weltkrieg wurde das Klischee des schwarzen Soldaten als blutrünstige Bestie weiter genährt. Die Anwesenheit von Kolonialtruppen in der französischen Besatzungszone löste in Deutschland eine Medienhysterie aus, obwohl das Verhältnis zwischen diesen Truppen und der örtlichen Bevölkerung überwiegend gut war. Als «Schwarze Schmach» am Rhein tituliert, wurden die Afrikaner in weiten Teilen der deutschen Presse als triebgesteuerte Perverse dargestellt, die sich an deutschen Frauen, Männern und Kindern vergingen. Die Anwesenheit der schwarzen Soldaten evozierte grosse Angst vor Seuchen und «Rassenzersetzung».[45] Hitler behauptete in «Mein Kampf», die Stationierung der Schwarzafrikaner sei Teil der jüdischen Verschwörung und Frankreich sei durch die «Rassenvermischung» bereits derart «vernegert», dass man es als afrikanischen Staat auf europäischem Boden bezeichnen könne.[46] Nach dem NS-Ideologen Alfred Rosenberg war es ein Skandal, dass Frankreich, ein Staat, der auf den germanischen Stamm der Franken zurückging, sich von Afrikanern hatte «übernehmen lassen».[47]

Auch Joseph Goebbels konnte auf die lange Stigmatisierungstradition der Schwarzafrikaner im öffentlichen Diskurs in Deutschland zurückgreifen.[48] Seine Propaganda setzte die Schwarzen immer wieder mit Tieren gleich, und diese Anschauung fiel in der Wehrmacht auf fruchtbaren Boden.[49] Dies hatte vor allem für die in Frankreich kämpfenden Tirailleurs Sénégalais fatale Folgen. Die Heeresführung wollte zwar vermeiden, dass deutsche Soldaten wie 1914 in Belgien und Nordfrankreich ihre Gräueltaten an unbewaffneten Menschen ausliessen,[50] dagegen bekamen die Tirailleurs Sénégalais die durch Presse und rassistische Propaganda geschürte Wut der Wehrmacht zu spüren. Der «Völkische Beobachter» liess Ende Mai 1940 dementsprechend verlauten: «Auch heute wieder hat Frankreich die grausamen schwarzen Bestien aus dem Urwald auf uns losgelassen, und wiederum haben sie ihren tierischen Instinkten freien Lauf gelassen. Ein Teil dieser Untermenschen ist bereits in deutschen Gefangenenlagern untergebracht.»[51] Viele Tirailleurs wurden unmittelbar nach ihrer Gefangennahme erschossen. Es kam zu regelrechten Massakern an den schwarzen Soldaten. Bei Erquinvillers erschossen Soldaten des Infanterieregiments Grossdeutschland mindestens 150 gefangene Tirailleurs und liessen ihre Leichen am Strassenrand liegen.[52] Insgesamt kann davon ausgegangen werden, dass die Wehrmacht im Mai und Juni 1940 mindestens 3000 gefangene Tirailleurs Sénégalais ermordete.[53] Diejenigen, die in die Gefangenenlager kamen, wurden dort besonders brutal behandelt, so dass viele an den Folgen der schlechten Bedingungen starben.[54] Andere wiederum wurden für medizinische Versuche von deutschen Militärärzten missbraucht. Und auch Rassenkundler und Anthropologen führten ihre Untersuchungen an ihnen durch.[55] Unter diesem Aspekt erscheint der deutsche Westfeldzug, wie der Historiker Raffael Scheck nachgewiesen hat, in einem ganz anderen Licht, als bisher allgemein wahrgenommen.

Bezüglich der deutschen Fremdwahrnehmung, hatten die nordafrikanischen Spahis gegenüber den Tirailleurs den Vorteil, dass sie in der Regel eine hellere Hautfarbe hatten.[56] Zudem genoss der nordafrikanische Kulturkreis bei den Deutschen ein höheres Ansehen als der westafrikanische, dem die

«Wilden» zugeordnet wurden.[57] Dass die Spahis im oben erwähnten Zeitungsartikel nicht als «blutrünstige Bestien», sondern als tapfere Krieger beschrieben wurden, hat womöglich mit dem Ansehen der Kavallerie zu tun. Ferner ist es auch gut möglich, dass im Speziellen die Spahis des 2. RSM mit jenen marokkanischen Soldaten in Verbindung gebracht wurden, welche in den Augen der deutschen Propagandaverantwortlichen Wesentliches zum «Freiheitskampf Spaniens» beigetragen hatten.[58] Das Schicksal der wenigen schwarzen Spahis, die mit ihren Kameraden in Kriegsgefangenschaft gerieten, lässt sich jedoch nicht mehr rekonstruieren. Mit grosser Wahrscheinlichkeit waren sie besonderen Schikanen und Misshandlungen ausgesetzt. Da die Gefangenen in den Lagern nach Hautfarbe getrennt wurden, schwand der Schutz der Gruppe, der vielleicht am Anfang der Gefangenschaft den schwarzen Mitgliedern der nordafrikanischen Regimenter zugute kam. Es ist durchaus möglich, dass auch einzelne schwarze Spahis ermordet wurden. Da es sich dabei jedoch um einzelne Soldaten handelte, fehlen bislang schlüssige Quellen.[59]

Die Schlacht um La Horgne forderte den Tod von mehreren hundert Spahis. Für die entkommenen Soldaten war die Situation zunächst sehr chaotisch. Da beide Regimentskommandanten umgekommen waren und der Brigadekommandant in Gefangenschaft geraten war, gab es zunächst keine Befehle mehr. Zudem war die Kommunikation zwischen den verschiedenen Einheiten ausgefallen. Die 3. BS war vollkommen aufgerieben, und die Spahis waren in kleineren Detachementen auf sich selbst gestellt. In den folgenden Tagen bis zum 22. Mai konnten sich die Einheiten der 3. BS zunächst südlich der Aisne bei Rethel und später in der Nähe von Reims sammeln und erneut in den Kampf ziehen.[60]

Seit dem Beginn des deutschen Westfeldzugs am 10. Mai 1940 waren nur wenige Tage vergangen. In dieser Zeit verlor die Brigade fast ein Drittel ihrer Männer.[61] Wie es für Jacques Basoin und seine Kameraden gewesen sein muss, als sie von der Schlacht um La Horgne erfuhren, kann nur erahnt werden. Auch wenn man nie mit allen Kameraden eines Regiments persönlich bekannt war, so war man doch im gleichen Verband und kannte einander vom Sehen her. Gewiss hatte Jacques Basoin mit einigen der Gefallenen ein gutes oder gar freundschaftliches Verhältnis gehabt. Schliesslich hatte er als Fahrer immer wieder Kontakt zu den Leuten an der Front. Vielleicht kamen auch Schuldgefühle auf, in La Horgne nicht dabei gewesen zu sein, sondern einige Kilometer entfernt in Sicherheit ausgeharrt zu haben. Vielleicht war er aber auch nur froh, noch am Leben zu sein. Der Krieg hatte seine persönliche Situation gewaltig verändert. Und auch er musste permanent mit dem Schlimmsten rechnen.[62]

Odyssee in Richtung Schweiz

Leutnant Godin hatte am 15. Mai keine Ahnung, wo die Kampftruppen seines Regiments unterwegs waren. Durch Soldaten anderer Einheiten, die sich auf dem Rückzug befanden, erfuhr er am Abend, dass einige Spahis auf dem Weg nach Rethel gesichtet worden waren. Daraufhin begab er sich mit seinen Männern dorthin. Bei der Ankunft in Rethel herrschte grosses Chaos. Viele Flüchtlinge und Truppen zwängten sich durch die Stadt Richtung Reims. Godin hielt Ausschau nach Truppen seiner Brigade, doch er erhielt keine weiteren Informationen. Kaderleute anderer Einheiten rieten ihm, nach Reims aufzubrechen. Die Weiterreise gestaltete sich äusserst schwierig, da auf den Strassen wegen der vielen Menschen, Pferde und Fahrzeuge kaum ein zügiges Fortkommen möglich war. Auf dem Weg nach Reims traf der Train Régimentaire (T. R.) auf einige Spahis der Kampftruppen, die von der Schlacht von La Horgne berichteten.

Am 16. Mai gegen 5 Uhr erreichte Godin mit einigen seiner Fahrzeuge schliesslich die Stadt Reims. In den kommenden Tagen trafen immer mehr Nachrichten über die Aufenthaltsorte der einzelnen Schwadronen ein. Am 20. Mai wurden schliesslich alle Elemente der 3. BS in der Region Reims wieder zusammengeführt. Die wesentlichen Verluste erforderten jedoch eine provisorische Neuorganisation, welche wiederum zwei Tage in Anspruch nahm. In der Nacht vom 22. auf den 23. Mai machte sich das gesamte

2. Regiment der algerischen Spahis (2. RSA) auf den Weg in die Region Mareuil, 20 Kilometer südöstlich von Epernay. In dieser Region suchten die einzelnen Regimenter in verschiedenen Dörfern geeignete Kantonnemente.[63] In den Tagen vom 24. bis 29. Mai mussten alle Einheiten weiter reorganisiert werden. Man verlangte Nachschub an Soldaten und Tieren. Ferner mussten die Materialbestände wieder aufgerüstet werden, da es an Waffen und Munition fehlte. Die Nachschubforderungen konnten jedoch nicht befriedigend erfüllt werden. Am 29. Mai erhielt die Brigade den Befehl, sich in die Umgebung von Corbeil zu verschieben, wo sie bis zum 6. Juni stationiert blieb.[64]

Dass die 3. BS nach der für sie verheerenden Schlacht in La Horgne überhaupt wiederhergestellt werden konnte, lag daran, dass die deutsche Wehrmacht unerwartet für eine kurze Zeit die Kampfhandlungen einstellte.[65] Doch schon ab dem 6. Juni kam es zur zweiten deutschen Offensive. Das 2. RSA erhielt den Befehl, sich in die Region von Vouziers zu begeben. Die Pferdeeinheiten wurden per Bahn transportiert. Um eine Entdeckung zu vermeiden, durften die motorisierten Konvois Olizy, ihr nächstes Ziel, erst in der Nacht erreichen. Auf dem Weg dorthin kam der T.R. bei Vitry-le-François vorbei. Die Stadt war schwer bombardiert worden, und ein Feuer hatte die Synagoge zerstört. Um 22.30 Uhr war Olizy erreicht. Nach einer relativ ruhigen Nacht kam es in der näheren Umgebung zu deutschen Luftangriffen. Train de Combat (T.C.) und Train Régimentaire (T.R.) machten sich daraufhin auf den Weg in den Wald von Autry, in dem sie sich nachts verbargen.[66]

Am 9. Juni morgens um 4 Uhr hörten die Spahis des T.R. den Lärm von Artilleriefeuer aus der Richtung von Vouziers. Während des ganzen Tages befand sich die 3. BS im Gefecht und konnte die Deutschen zurückdrängen. Einigen Detachementen gelang es, Dörfer zurückzuerobern und zahlreiche[67] Gefangene zu machen. Abends bezog die Brigade ihre Stellung in verschiedenen Ortschaften nördlich von Vouziers. Der nächste Tag verlief wieder ruhig. Es war der Tag, an dem Jacques Basoin seinen 20. Geburtstag feiern konnte. Die Situation sah gerade wieder etwas besser aus. Gut möglich, dass man in kleiner Runde Zeit fand, um miteinander anzustossen. Die Ruhe war jedoch nur von kurzer Dauer. Am nächsten Abend entdeckte ein deutsches Aufklärungsflugzeug den Stützpunkt der motorisierten Züge der 3. BS. Bald darauf fielen Brandbomben. Die Spahis und ihre Fahrzeuge, geschützt in den Gräben, wurden zwar nicht getroffen, doch die Bomben schlugen nur wenige Meter entfernt ein und entfachten ein grosses Feuer. Sofort mussten die Fahrzeuge verschoben werden, um sie vor den Flammen in Sicherheit zu bringen. Anschliessend kämpften die Spahis zwei Stunden lang gegen die sich ausbreitenden Flammen. Danach verschoben sie sich nach Binarville.[68]

Die nächsten Tage waren durch zahlreiche Verschiebungen geprägt. Auf den Strassen bildeten sich lange Konvois mit Flüchtlingen und Soldaten versprengter Einheiten. Durch den Vormarsch der deutschen Truppen bewegte sich die 3. BS nach Südosten über Bar-le-Duc nach Neufchâteau. Die Strasse und die Eisenbahnstrecke zwischen diesen beiden Orten wurden stark bombardiert, was viele Opfer unter den Flüchtlingen forderte. Den motorisierten Einsatzzügen der Spahis gelang es dabei stets, sich bei bevorstehenden Fliegerangriffen in einem Wald in Sicherheit zu bringen. Die Situation der Kampftruppen der 3. BS spitzte sich aber immer weiter zu. Verpflegungs- und Munitionsnachschübe konnten nicht länger gewährleistet werden. Es kam zu weiteren Verlusten an Soldaten und Tieren. Am 16. Juni wollte Leutnant Godin den Stab des 2. RSA aufsuchen, um die Situation und die daraus abzuleitenden Massnahmen zu besprechen. Er fand jedoch nur Leutnant Mercier vor, der ihm die ausweglose Situation wie folgt schilderte: «Wir kommen hier nicht raus, sagt Leutnant MERCIER zu mir. Die Einkesselung ist nicht mehr zu vermeiden, sie werden uns gefangen nehmen. Mit Ihrer motorisierten Einheit haben Sie vielleicht Glück und können durch die Maschen schlüpfen, fährt er fort, aber ich glaube nicht, dass es Ihnen gelingen wird rauszukommen.»[69] Leutnant Godin sah die einzige Chance, mit seinem motorisierten Zug den Deutschen noch zu entkommen, im Weg nach Osten. Er wollte die deutschen Truppen umgehen, um sich danach den französischen Streitkräften im Süden anzuschliessen. Nach diesen strategischen Überlegungen lenkte er seinen Einsatzzug unverzüglich nach Bourmont, vermied es jedoch, die von Flüchtlingen und Militärkolonnen stark frequentierten Nationalstrassen zu befahren. Etwa 1,5 Kilometer vor dem Dorf liess er die Fahrzeuge am Strassenrand an einer Stelle parkieren, wo sie von deutschen Fliegern nicht gesehen werden konnten. Dann machte er sich gemeinsam mit Maréchal des Logis Chef Angelini, der in Algerien Jacques' Ausbilder gewesen war, nach Bourmont auf. Dort trafen sie auf die beiden Offiziere Marcel Barthes und Louis Llouquet des Sanitätszugs des 2. RSA. Der Tierarzt Barthes und der Arzt Llouquet hatten den Befehl erhalten, sich Godin anzuschliessen. Angelini entdeckte auf dem Rückweg zum Konvoi Maréchal des Logis Chef Henri Foiselle vom Escadron Hors Rang (E.H.R.) des 2. Regiments der algerischen Spahis (2. RSA). Dieser war leicht am Arm verletzt worden und war ohne seine Truppe mit einem Fahrrad unterwegs. Angelini nahm ihn mit zum Konvoi, und Godin entschied, dass er bleiben könne.

Gegen 19 Uhr wurde Bourmont von deutschen Panzern angegriffen. Nun befand sich Leutnant Godin in einer schwierigen Situation. Sein Konvoi besass fast keine Waffen mehr, da diese den Kampftruppen des Regiments zur Verfügung gestellt worden waren. Würde er also mit seinen Männern in die Schlacht hineingezogen, so hätte er keine Möglichkeit, sich zu verteidigen, was unweigerlich Gefangenschaft bedeutet hätte. Zudem führte sein Konvoi die Regimentskasse mit fast 900 000 Francs mit. Diese galt es zu retten. Er besprach die Lage mit seinen Offizieren, und man beschloss, sich weiter nach Osten zurückzuziehen. Der Konvoi brach auf und fuhr über Vittel nach Epinal. Auf den Strassen dorthin waren zwar nur wenige Flüchtlinge unterwegs, dafür Truppen aller Waffengattungen, welche einer Einkesselung deutscher Truppen entgehen wollten. Gegen 1 Uhr erreichten Godins Fahrzeuge die Stadt Epinay. Jacques Basoin war wohl froh, dass das Nachtlager endlich etwas ostwärts der Stadt bezogen werden konnte. Nach der langen Reise ohne ausreichend Schlaf mussten er und die anderen Chauffeure am Ende ihrer Kräfte sein.[70]

Bereits um 6 Uhr des nächsten Tages begaben sich Godin und Angelini in die Stadt, um Neuigkeiten des Kriegsverlaufs in Erfahrung zu bringen.

Anstatt klare Auskünfte zu erhalten, fanden sie ein regelrechtes Durcheinander vor. Die meisten Einwohner waren bereits geflohen, nur noch einige ‹Verspätete› packten ihre Sachen und machten sich auf die Abreise. Die Strassen und Plätze waren belagert von deprimierten und entmutigten Soldaten verschiedener Einheiten. Es gab weder ein Kommando noch irgendwelche Anweisungen, und niemand wusste, wohin er sich zu begeben hatte. An der Rathaustür fand Godin jedoch eine Nachricht, wonach die deutschen Truppen nach Belfort vordringen würden. Godin beriet sich mit seinen Offizieren. Man musste Belfort erreichen, bevor die deutschen Truppen die Stadt belagern konnten. Von dort aus könnte man sich dann den französischen Kontingenten im Süden anschliessen. Der Konvoi hatte noch immer genügend Treibstoff, daher versuchte man, den soeben beschlossenen Plan auszuführen. Belfort konnte aber nicht auf direktem Weg erreicht werden, da verschiedene Brücken gesprengt worden waren. Godin musste daher einen Umweg Richtung Mulhouse über Thann einschlagen und dort südwestlich nach Belfort abdrehen. Die Stadteingänge Belforts waren verbarrikadiert. Schliesslich erhielten die Spahis aber im Norden der Stadt Einlass. Dort erfuhren sie, dass deutsche Panzer von Mulhouse kommend, demnächst in Belfort eintreffen würden. Zudem zirkulierten bereits Flugblätter, auf welchen zu lesen war, dass Maréchal Pétain um einen Waffenstillstand ersuche. Der Arzt Leutnant Llouquet erhielt von einem Sanitätsoffizier einer anderen Einheit den Hinweis, dass auf der Strecke Belfort nach Morteau keine Gefahren zu befürchten seien. Daraufhin ordnete Godin an, Belfort mit dem Konvoi wieder zu verlassen. Um 18.30 Uhr erreichte die Truppe Pont de Roide. Die Soldaten richteten auf dem Dorfplatz ihr Lager ein, ruhten sich aus und verbrachten die Nacht in ihren Fahrzeugen.[71]

Am nächsten Morgen um 5 Uhr entschloss sich Leutnant Godin, sein Detachement nach Maiches zu führen. Auf den Strassen waren ein Automobilkonvoi und ein Artilleriekonvoi der polnischen Schützendivision unterwegs. Das anvisierte Ziel Maiche musste aufgegeben werden, da die Deutschen den Ort bereits besetzt hatten. Am Nachmittag traf Godin mit seinen Leuten auf Truppen der 67. Infanteriedivision des 45. französischen Armeekorps, welchen er sich anschloss. Die Reise ging weiter Richtung Saint-Hippolyte. Das Nachtlager wurde fünf Kilometer östlich des Dorfes auf einer Weide eingerichtet.[72] Tags darauf, am 19. Juni, erhielt Leutnant Godin den Befehl, sich den Versorgungstruppen der 67. Division anzuschliessen, um diese zu unterstützen. Saint-Hippolyte war ab 16 Uhr von den Deutschen besetzt. Von allen Seiten von der deutschen Wehrmacht bedrängt, war die Schweiz für das 45. französische Armeekorps nun zum letztmöglichen Zufluchtsort geworden. Das neutrale Land öffnete seine Grenzen und liess die ersten Truppen der polnischen Schützendivision übertreten. Die Spahis des T. R. des 2. RSA machten sich gemeinsam mit dem Führungsstab der 67. Division nach Bremoncourt zur Schweizer Grenze auf. Den Übertritt in die Schweiz hielt Godin mit folgenden Worten fest: «Um 19.26 Uhr, nach einem letzten Blick in Richtung Frankreich, sind wir gezwungen, das Vaterland zu verlassen. Nach den Soldaten der 67. D.I. übertritt nun auch mein Detachement die Schweizer Grenze und begibt sich ins Exil.»[73]

Dass es dem Train Régimentaire (T.R.) des 2. Regiments der algerischen Spahis (2. RSA) gelungen war, sich in der Schweiz in Sicherheit zu bringen, ist glücklichen Umständen zu verdanken. Im Gegensatz zu den Kavallerie-Schwadronen war der Regimentszug motorisiert und konnte sich folglich schneller fortbewegen. Diesen Vorteil nutzte Leutnant Godin sozusagen in letzter Minute und schaffte es, einen noch freien Korridor nach Südosten zu finden. Sich vom Mutterregiment zu lösen, war eine schwerwiegende Entscheidung gewesen, welche der Offizier erst traf, als er erkannt hatte, dass das 2. RSA in eine ausweglose Situation geraten war. Da er mit dem T.R. die Regimentskasse führte, entschied er schliesslich, diese in Sicherheit zu bringen. Beim Entschluss, das 2. RSA zu verlassen, hatte Godin auf keinen Fall die Schweiz als potentielles Asylland vor Augen gehabt. Sein Ziel war es gewesen, sich anderen französischen Truppen, welche sich von Süden nach Norden verschoben, anzuschliessen. Er hatte gehofft, sich im Dienste eines anderen französischen Armeekorps erneut gegen die deutsche Invasion zur Wehr setzen zu können. Nachdem es ihm gelungen war, seinen Regimentszug der 67. Division anzugliedern, erkannte er jedoch, dass auch diese Einheit durch deutsche Panzer stark in Bedrängnis geraten war. Erst in diesem Moment konnte dem Leutnant bewusst werden, dass es jetzt nur noch darum ging, die Regimentskasse zu retten und die eigenen Leute in Sicherheit zu bringen.

Die übergetretenen Soldaten wurden nicht gleich an der Grenze entwaffnet, sondern erst nach einigen Kilometern im Landesinnern. Godin beschreibt, wie entlang der Route überall Waffen aller Kaliber aufgestapelt wurden und wie sehr ihn dies bedrückte: «Dieser Eindruck ist seltsam und macht die tiefe Bestürzung, in die wir versunken sind, nur noch grösser. Mit Wut im Herzen lassen einige von uns ihren Tränen freien Lauf. Die Blicke wollen sich einfach nicht vom geschlagenen Vaterland abwenden, das dem Eroberer jetzt ausgeliefert ist, weil unsere Waffen versagt haben.»[74] Godin führte das «Journal de marche» stets mit militärischer Präzision und vermied emotionale Bemerkungen. Doch mit der Abgabe der Waffen tritt auf einmal hinter der Uniform ein Mensch mit seinen Gefühlen hervor. Nachdem die Spahis des T. R. ihre Waffen abgegeben hatten, konnten sie in ihren Fahrzeugen in einer langen Kolonne ins Landesinnere fahren. In Ocourt erhielten sie einen stärkenden Tee. Auf der weiteren Route säumten viele Schweizer und Schweizerinnen den Strassenrand, um am Schicksal der geschlagenen Soldaten teilzunehmen. Godin kam es so vor, als stünden diese Menschen Spalier. Immer wieder war aus der Menge ein «Vive la France» zu hören.[75] Dieser freundliche Empfang passte der Schweizer Armeeführung jedoch überhaupt nicht. Man wollte auf keinen Fall zulassen, dass die Bevölkerung für Frankreich Partei ergriff und Deutschland sich somit provoziert fühlen könnte. Der damalige Chef der militärischen Nachrichtensektion Roger Masson informierte den Schweizer Armeestab mit folgenden Worten:

Die Art und Weise, in der franz. Armeeangehörige zum Teil von unserer Zivilbevölkerung empfangen wurden, ist als würdelos zu bezeichnen. Aus der traurigen Episode wurde an vielen Orten mehr oder weniger ein Volksfest gemacht, das den tiefen Ernst, der in den gegenwärtigen Tagen sichtbar sein sollte, vermissen liess. Die franz. Soldaten wurden wie Fe-

riengäste aufgenommen, statt sie als das zu behandeln[,] was sie sind: Internierte einer fremden Armee, der gegenüber wir unsere Hochachtung, aber auch unsere Neutralität zeigen müssen. Namentlich in Biel und Neuenburg, aber auch anderswo, spielten sich direkt widerliche Szenen ab, die eine korrekte Zurückhaltung, namentlich der weiblichen Bevölkerung, empfindlich vermissen liess.[76]

Weiter wies er darauf hin, dass die meisten dieser Internierten noch nie einen deutschen Soldaten gesehen hätten. Sie würden aber aussagen, dass man gegen die Deutschen sowieso keine Chance habe, was wiederum den Schweizer Abwehrwillen schwäche. Daher forderte Masson, dass die Internierten fern von der Zivilbevölkerung untergebracht werden sollten. Sollte dies aus logistischen Gründen nicht möglich sein, so hätten die Wachtorgane dafür zu sorgen, dass Kontakte zwischen Zivilisten und französischen Soldaten nicht stattfänden. War das Verhalten der Zivilbevölkerung für die Armeeführung eher ein neutralitätspolitisches Problem, so war es für die Schweizer Soldaten, welche an der Grenze ihren Dienst leisteten, eine persönliche Enttäuschung. Während den fremden Armeeangehörigen die grösste Aufmerksamkeit und Zuneigung entgegengebracht wurde, waren die Schweizer Soldaten eher in der Rolle von Statisten. Der Kavallerie-Oberleutnant F. A. Frickart schilderte seine Empfindungen diesbezüglich wie folgt:

Und ich habe Transporte von Mannschaften und Pferden nach Basel und an die Grenze mitgemacht und erleben müssen, wie man die internierten Franzosen mit Liebesgaben (Cigaretten, Chocolade, Früchte, Tabak, etc.) überhäufte, aber dass man einem guten, pflichtbewussten alten Dragoner (Lst.) nur eine Cigarette offeriert hätte, der im Dienst seines Vaterlandes steht, um die Bevölkerung und diese «Frauen» zu schützen, keine Idee daran, wir mussten zusehen ... (in Biel z. B.). Das sind traurige Momente und prägen sich alten Lst. Drag. (Landwirten meisst [sic!]) ein, sie werden ihr Leben daran denken. [77]

Frickarts Enttäuschung von seinen Landsleuten zeigt, dass schon zu Beginn der Internierung die Beziehung der Schweizer Wachtsoldaten zur Zivilbevölkerung in einem gespannten Verhältnis stand.

Das Detachement der Spahis des 2. RSA fuhr weiter Richtung Delémont. Es war Nacht. Doch zum ersten Mal nach Monaten kamen sie durch Dörfer, in welchen Lichter brannten.[78] Godin beschrieb diesen Anblick als Bild des Friedens und fuhr fort: «Das Unbekannte hatte seine furchtbare Macht und seine schreckliche Bedeutung verloren.»[79] Gegen Mitternacht erreichten die Spahis Delémont. Dort mussten sie ihre Fahrzeuge abgeben. Unter Beifall der Bevölkerung schritten sie darauf in Dreierkolonnen ins Stadtzentrum und wurden zu einem alten Schloss geführt. Nach einer guten heissen Suppe, etwas Käse und einem Stück Brot konnten sie sich nach all den Strapazen endlich ausruhen. Sie blieben noch bis zum 24. Juni im Schloss und wurden anschliessend nach Triengen im Kanton Luzern gebracht.[80]

Spahis in Triengen. Auf der Bahnhofstrasse marschieren Soldaten der 2. algerischen Regiments, ganz vorne: Ali Sassi.

Die Spahis im Dorf

Triengen im Jahr 1940

Das Jahr 1940 begann in Triengen mit einem aussergewöhnlichen Vorfall. Als das neue Jahr hätte eingeläutet werden sollen, brach der Klöppel der grossen Glocke entzwei und fiel polternd auf die betonierte Glockenstube, ohne jedoch Schaden anzurichten.[1] Als handelte es sich um ein eigenartiges Vorzeichen, sollte das neue Jahr so einiges an Ungewohntem mit sich bringen.

Die Gemeinde Triengen liegt im unteren Teil des luzernerischen Surentals, gehört zum Amt Sursee und grenzt an den Kanton Aargau. 1940 zählte sie fast 1900 Einwohner in 396 Haushaltungen.[2] Auf dem Gemeindegebiet bewirtschafteten 104 selbstständig erwerbende Landwirte einen Hof.[3] Das lokale Gewerbe und die Industrie zählten 102 Betriebe, von welchen die meisten im Dorfzentrum angesiedelt waren.[4] Der grösste Arbeitgeber war die «Bürstenfabrik A.G. Triengen», die heutige TRISA AG, mit eigenem Elektrizitätswerk, Sägerei und Hölzermacherei.[5] Der Betrieb verzeichnete damals 170 Angestellte.[6] Weitere wichtige Arbeitgeber waren die «Bürstenfabrik Surental AG», zwei Wäschefabriken und das Kaufhaus Moderna.[7]

Die Erwerbstätigen wohnten in der Regel im Dorf. Es gab einige wenige Pendler aus den Nachbargemeinden. Trotzdem ergaben sich zahlreiche Kontakte mit Auswärtigen. In der Zeitspanne von 1894 bis 1910 verzeichnete vor allem die Bürsten- und Zigarrenbranche ein starkes Wachstum. Dies wiederum wirkte sich positiv auf den lokalen Arbeitsmarkt aus. Durch den wirtschaftlichen Aufschwung konnten neue Erwerbsmöglichkeiten im Handwerk und im Gewerbe geschaffen werden. Dies führte seit Beginn des 20. Jahrhunderts zu einem kontinuierlichen Bevölkerungswachstum, das erst in den 1970er Jahren wieder einbrechen sollte. In den 16 Jahren zwischen 1894 und 1910 wurden insgesamt 1354 Zugezogene registriert. Bei den meisten handelte es sich um ledige Handwerksgesellen, welche nach einiger Zeit jedoch wieder weiterreisten. 46 erwarben das Trienger Bürgerrecht und liessen sich langfristig im Ort nieder. Die grosse Mehrheit der Zugezogenen stammte aus Schweizer Kantonen, hauptsächlich aus dem Kanton Luzern. Es kamen aber auch 237 Ausländer ins Dorf,[8] darunter 148 Italiener, 63 Deutsche und sechs Franzosen. Alle Zugezogenen waren europäischer Herkunft. Kontakte zu Menschen aus anderen Kontinenten gab es keine, höchstens indirekt durch Handelsbeziehungen.

Mit dem wirtschaftlichen Aufschwung begann sich Triengen vom Bauerndorf zu einem Gewerbe- und Industrieort zu wandeln.[9] Durch 700 Arbeitende[10] im Sekundärsektor war zwar die ökonomische Dominanz der Landwirtschaft im Jahr 1940 deutlich geschwunden. Die immer noch relativ hohe Anzahl landwirtschaftlicher Betriebe verweist aber auf eine bäuerliche Prägung, zumal angenommen werden darf, dass viele der Arbeitnehmer aus bäuerlichen Verhältnissen stammten. Die auf den ersten Blick erscheinende bäuerliche Prägung spiegelte sich allerdings nicht in den politischen Verhältnissen. Triengen war seit dem 19. Jahrhundert eine liberale Gemeinde. Die Liberale Partei stellte stets die Mehrheit in der Exekutive. Die Konservative Partei war jeweils nur mit einem Gemeinderat vertreten. Die Konservativen konnten zwar nach wie vor auf den Bauernstand zählen, doch das Kleingewerbe war gezwungen, sich der liberalen Herrschaft anzupassen. So getrauten sich nur wenige, offen für ihre konservative Überzeugung einzustehen.[11] Dass sich die Liberale Partei in Triengen im Gegensatz zu den meisten konservativ geführten Luzerner Gemeinden behaupten konnte, hat mehrere Ursachen. Ein wesentlicher Grund liegt darin, dass die «Bürstenfabrik A.G. Triengen» schon seit Anbeginn in liberalen Händen lag. Dies hatte Einfluss auf die Belegschaft. Patrons der Bürstenfabrik wurden mehrmals als Grossräte gewählt und beeinflussten die Lokalpolitik auch im Gemeinderat.[12] Das öffentliche Leben wurde fast ausschliesslich durch liberale Bürger gestaltet, welche im Gemeindehaus, im täglichen Leben und in den Schulhäusern wirkten.[13]

Das Vereinsleben in Triengen war äusserst stark ausgeprägt, was teilweise auf liberale Kräfte des 19. Jahrhunderts zurückgeht. Für die «radikale Bewegung» war die Bildung der Bürger ein wichtiges Anliegen. Kulturvereine wurden gegründet, um zur Verbreitung und Erhaltung des liberalen Gedankengutes beizutragen. 1940 gab es auf liberaler Seite u. a. folgende Vereine: Gemischter Chor, Feldmusik, Theaterverein, Gemeinnütziger Frauenverein.

Doch auch die Konservativen waren in Vereinen organisiert, welche beim Übergang vom 19. zum 20. Jahrhundert von kirchlicher Seite gegründet worden waren. Es handelte sich hierbei um die Musikgesellschaft Harmonie, den Cäcilienverein, den Kirchenchor und den Katholischen Frauen- und Töchterverein. Daneben gab es einige Vereine, die nicht politisch organisiert waren. Für die geistige Weiterbildung war eine Volksbibliothek im Pfarrhaus eingerichtet.[14] Die wichtigste Informationsquelle war der seit 1897 erscheinende «Trienger Anzeiger». Das politisch neutrale Organ berichtete jeden Freitagabend über lokale, kantonale, eidgenössische und weltpolitische Ereignisse.[15] Nach dem Kriegsausbruch 1939 schafften sich die Familien vermehrt Radioempfänger an und verfolgten das aktuelle Geschehen beim Hören täglicher Nachrichtensendungen.[16] Mittelpunkte des geselligen Dorflebens waren fünf gastronomische Betriebe. Neben den drei Gasthöfen «Rössli», «Kreuz» und «Fischerhof» ergänzten die beiden Wirtschaften «Brauerei» und «Bahnhofsbuffet» das Angebot.[17]

Triengen war relativ gut mit öffentlichen Verkehrsmitteln zu erreichen. Ans Eisenbahnnetz war es durch die Triengen-Sursee-Bahn, welche 1912 den Betrieb aufgenommen hatte, angeschlossen. Seit 1924 gab es Postautokurse nach Schöftland, von wo aus man gute Verbindungen nach Aarau hatte.[18] Die Trienger orientierten sich stark an Sursee. Wenn man beispielsweise ins Kino oder ins Theater wollte, fuhr man in der Regel mit der Bahn in das acht Kilometer entfernte Städtchen. 1939 transportierte die Triengen-Sursee-Bahn fast 70 000 Passagiere, was auf regen Verkehr zwischen den beiden Ortschaften schliessen lässt.[19]

Die politische Weltlage wurde auch in Triengen mit Sorge wahrgenommen. Dies sollte sich auch auf das kulturelle Leben auswirken. Mit «Rücksicht auf die ernste Zeitlage» beschloss die Harmoniemusik den traditionellen «Rössliball» im Januar 1940 nicht abzuhalten.[20] Die Fasnachtsbälle im Februar fanden hingegen statt.[21] Im April erhielten der Turnverein und der Schwingklub Surental die Zusage, den kantonalen Schwingertag Ende Mai in Triengen durchführen zu können. Ganz im Zeichen der geistigen Landesverteidigung liess der «Trienger Anzeiger» verlauten: «Gerade in unseren schweren Zeiten heisst es für Volk und Armee, sich nicht entmutigen und den Kopf nicht hängen zu lassen. Wir wollen zeigen, dass wir Vertrauen auf Behörden und Armee haben und keine lähmenden Pessimisten sind. Gerade in diesen schweren Zeiten wollen wir zurückkehren zu unseren alten Bräuchen und unsere echten schweizerischen Spiele fördern, ist doch das Schwingen unser nationaler Sport.»[22] Der Ende Mai vorgesehene Schwingertag musste allerdings wegen der zweiten Kriegsmobilmachung auf vorerst unbestimmte Zeit verschoben werden. Organisatoren und Schwinger wurden zum Dienst herangezogen.[23] Für die schätzungsweise 300[24] Wehrmänner und Hilfsdienstpflichtigen der Gemeinde Triengen hiess es nämlich, Munition fassen und anschliessend am 11. Mai mit dem Extrazug einrücken.

Am selben Tag, nachdem die dienstpflichtigen Männer vormittags das Dorf verlassen hatten, wurden der Trienger Bevölkerung die Gefahr und die Nähe des Krieges unmittelbar vor Augen geführt. Schweizer Jagdflugzeuge hatten einen deutschen Bomber, der über die Landesgrenze geflogen war, verfolgt und beschossen. Der Bomber fing Feuer und stürzte kurz vor 1 Uhr mittags im Trienger Ortsteil Wellnau ab. Nach einer lauten Explosion und einer hohen Stichflamme kennzeichnete eine schwarze Rauchsäule die Absturzstelle.[25] Das Ereignis zog sofort zahlreiche Schaulustige an. Die Zeitzeugen erinnern sich noch gut an den Vorfall. Das Flugzeug sei nur zehn Meter vor einem Bauernhaus zu Boden gegangen, und zwar ganz in der Nähe eines Kinderspielplatzes. Dort hätten vor dem Mittagessen noch die Kinder gespielt. Im Umkreis von mehreren Metern seien die Wrackteile und die Leichenteile der beiden deutschen Piloten gelegen. Der Trienger Pfarrer Franz Holzmann erwähnt in der Pfarreichronik, dass der Absturz noch einem dritten Besatzungsmann das Leben gekostet hatte. Dieser konnte nicht mehr identifiziert werden, «da er in dem vom abgestürzten Flugzeug gemachten Trichter von 2½ m Tiefe zu liegen kam und daselbst total verbrannte».[26] Man habe grosses Glück gehabt, dass das Flugzeug nicht auf ein Haus oder gar ins Dorf abgestürzt sei. Die Zeitzeugin Elsa Wirz meint dazu: «Dann hat man eine Ahnung bekommen, was rundherum in Europa passiert ist.»[27] Und der Pfarrer hielt den Schrecken wie folgt fest: «Eine blutige Visitenkarte des furchtbaren Krieges! Es kam uns allen zum Bewusstsein, wie grausam das Menschenmorden ist. Das Gebet drängte sich uns auf die Lippen: pace domine, pace populo tuo. Ein heilsamer Schreck fuhr allen Pfarrgenossen in die Knochen und wird wohl nicht so schnell verschwinden. Etwas gab und gibt uns noch lange zu denken. Das Kriegsflugzeug war bewaffnet mit einem Maschinengewehr von Oerlikon (Schweiz)! –!»[28]

Mit dem Beginn des deutschen Westfeldzuges veränderten sich Gesicht und Alltag des Dorfes. Die meisten Familienväter waren im Dienst. Zudem wurden Schweizer Soldaten aus anderen Regionen in der Turnhalle einquartiert. Weil die Dorflehrer zum Dienst einberufen worden waren und die Turnhalle belegt war, fiel der Unterricht oft aus.[29] Das Vereinsleben kam zum Erliegen. Sämtliche Wegweiser und Ortsschilder waren von den Behörden entfernt worden, um dem Feind bei einem möglichen Einmarsch die Orientierung zu erschweren.[30] All dies und die Trümmer des abgeschossenen deutschen Bombers vergegenwärtigten den Ernst der Lage. Zwar freuten sich einige Kinder, dass die Schule häufig ausfiel, doch man hatte es auch mit der Angst zu tun. Die Zukunft war ungewiss. Würde der Vater überhaupt wieder heimkehren? Die damals 16-jährige Hildegard Kaufmann erinnert sich an den Tag, als ihr Vater einrücken musste: «Ich weiss noch gut, als er uns ‹ade› gesagt hat. Er hat uns alle umarmt und sagte: ‹Ich glaube nicht, dass ich euch noch einmal sehe›. Das war ein ganz schlimmer Tag.»[31]

Ankunft der Spahis

Leutant Godin und seine Spahis des 2. algerischen Regiments wurden am 24. Juni 1940 von Delémont mit dem Zug nach Sursee gebracht.[32] Nach einer kurzen Nachtruhe marschierten sie mit anderen französischen Einheiten und begleitet von Schweizer Soldaten nach Triengen. Die Ankunft der fremden Soldaten beschrieb Dorfpfarrer Franz Holzmann in der Pfarreichronik: «Am 25. Juni, morgens um ½ 4 kommen von Sursee hergelaufen 470 Mann […]. Unter der Mannschaft befanden sich ein grosses Kontingent Spahis mit ihren malerischen Mänteln, ein Chinese aus Indochina, 4 Neger, weitere Truppen aus verschiedenen Kolonien. In der Hauptsache waren es aber Franzosen aus dem Mutterlande.»[33]

Die Stille der frühen Morgenstunden wurde vom Gesang der heranrückenden Soldaten durchbrochen, und die Dorfbewohner wurden aus ihrem Schlaf gerissen. Eltern weckten ihre Kinder und blickten hinter den Fenstern mit staunenden Augen auf den Einzug der vielen fremden Männer. Die Zeitzeugin Hedi Schneeberger erinnert sich noch gut an die Melodie, welche die Internierten bei ihrer Ankunft im Dorf gesungen hatten. Diese sei ihr wie ein Gebet vorgekommen.[34] Zwei Tage später wurden weitere zu internierende Soldaten ins Dorf gebracht.[35] Hierbei handelte es sich mehrheitlich um Elsässer. Nachdem der damals zehnjährige Alois Fischer erfahren hatte, dass nochmals Franzosen demnächst mit dem Zug eintreffen würden, habe er sich mit anderen Neugierigen unverzüglich zum Bahnhof begeben. Schon von weitem habe man ein Signalhorn gehört. Der herannahende Extrazug habe zwei Lokomotiven gehabt und sei mit seinen zehn bis zwölf Waggons der längste Zug gewesen, der je in Triengen eingefahren sei. Insgesamt trafen etwa 900 Internierte[36] in Triengen ein, was einem Drittel der damaligen Dorfbevölkerung entsprach. Ein Teil davon wurde jedoch unverzüglich in benachbarte Dörfer, etwa Winikon, verlegt. In Triengen blieben 550 Internierte zurück.

Obwohl die Spahis im Vergleich zu den anderen französischen Soldaten schliesslich in Triengen eine kleine Minderheit darstellten, so blieb dennoch nur das Bild ihrer Ankunft im kollektiven Gedächtnis der Zeitzeugen haften. Bei allen Zeitzeugeninterviews wurde keine einzige Aussage gemacht, wie beispielsweise die Elsässer bei ihrem Eintreffen in Triengen ausgesehen oder was für Uniformen sie getragen hatten. Dies mag daran gelegen haben, dass sowohl Uniform und Aussehen der Soldaten der 67. französischen Division im Wesentlichen nicht gross vom Erscheinungsbild Schweizer Armeeangehöriger abwichen. Die Spahis hingegen fielen sofort durch ihre exotische Uniform und wegen ihrer teils dunklen oder gar als schwarz wahrgenommenen Hautfarbe auf. Die leuchtend rote Farbe des Burnus, den sie bei der Ankunft über der Kaki-Uniform trugen, muss geradezu als kontrastierendes Element zu den eintönigen, feldgrauen und dunklen Uniformen der übrigen Soldaten gewirkt haben. Doch auch die Kopfbedeckung der Spahis stach den beim Einmarsch anwesenden Zeitzeugen ins Auge. Hildegard Kaufmann erinnert sich wie folgt: «Ich weiss noch gut, wie wir gestaunt haben. Diese Turbane und die roten Fez, welche einige hatten. Das war sehr eindrücklich.»[37] Bei der ersten Begegnung mit den Spahis wusste die Mehrheit wohl noch nicht, woher diese Soldaten stammten. Ihr Anblick hat neben der Faszination jedoch auch gemischte Gefühle hervorgerufen. Hildegard Kaufmann spricht davon, dass sie dem aussergewöhnlichen Ereignis einerseits mit Freude und andererseits mit Angst gegenübergestanden habe.[38]

Die französischen Armeeangehörigen versammelten sich schliesslich im Dorfkern auf einer Wiese in der Nähe des Gasthofs «Rössli».[39] Bevor die Kantonnemente zugewiesen werden konnten, hiess es zuerst einmal abwarten. Dies gab der Zivilbevölkerung die Möglichkeit, mit den Internierten erstmals ein wenig in Kontakt zu treten. Dabei wurden auch die ersten Fotos geschossen (Abb. 2).[40] Für die Leute hinter der Kamera waren die Spahis die Hauptattraktion schlechthin. Wenn man ausschliesslich die Bilder des Ankunftstages als Quelle zur Verfügung hätte, könnte man annehmen, es seien lediglich Spahis nach Triengen gekommen. Das Verhalten der Fotografen sollte sich in den nächsten Monaten bis zur Abreise der Spahis nicht ändern. Sie waren stets darum bemüht, die exotischen Soldaten vor die Linse zu bekommen, und vernachlässigten es, die anderen französischen Armeeangehörigen abzulichten. Nun wurden den verschiedenen Truppen von der Ortswehr die Kantonnemente in den Sälen der lokalen Gasthöfe und Wirtschaften zugewiesen. Weitere Soldatenunterkünfte im Dorf waren die Turnhalle des Schulhauses, die Scheune der Familie Winiker und die alte Käserei.[41] Die Turnhalle war vorwiegend für Schweizer Soldaten reserviert.[42] Die Spahis wurden im Saal des Gasthofes «Rössli» einquartiert.[43] Die zu Kantonnementen umfunktionierten Räumlichkeiten waren relativ einfach und behelfsmässig eingerichtet (Abb. 3). Abgesehen vom elektrischen Licht dürften sie sich kaum von jenen der Bourbaki-Internierung unterschieden haben. Der Fussboden in den grossen Sälen wurde mit Kanthölzern und Brettern in einzelne Schlafbereiche und schmale Durchgänge unterteilt. Anschliessend wurden die Schlafstellen mit Stroh gefüllt.

Jeder Soldat erhielt eine Wolldecke. Kopfkissen wurden keine verteilt. Die Internierten nahmen daher meist einen Kittel oder ein anderes Kleidungsstück als Kopfunterlage. Latrinen und einfachste sanitäre Anlagen wurden vor den Kantonnementen errichtet. Als Waschtröge dienten zu einem nach oben geöffneten V zusammengefügte Bretter, welche auf Querverstrebungen auflagen; senkrecht darüber war ein schmales Rohr angebracht, durch welches das Wasser hindurchfliessen konnte. In regelmässigen Abständen waren jeweils einzelne Löcher in die Unterseite des Rohrs gebohrt, damit das Wasser dort in den Trog spritzen konnte. Da diese Installation im Freien war, konnten die Internierten beim Waschen beobachtet werden. Die Anlagen waren jedoch nicht an der Hauptstrasse, sondern im Hinterhof eingerichtet, so dass die Internierten bei der täglichen Toilette vor allzu neugierigen Blicken geschützt waren (Abb. 4).[44] Mit komfortableren sanitären Einrichtungen durften die Offiziere rechnen. Sie wurden aufgrund der bereits beschriebenen völkerrechtlichen Grundlagen separiert von den Soldaten in Gasthauszimmern oder Privathäusern untergebracht. Auch Unteroffiziere der Spahis kamen bei Privatpersonen unter.[45]

In den kommenden Monaten sollten die Uniformen der Internierten, der Schweizer Soldaten und von Leuten der Ortswehr das Dorfbild prägen. Da es den Internierten verboten war, das Dorf zu verlassen, konnten sie sich nicht auf dem gesamten Gemeindegebiet bewegen. Diese Einschränkung trug ebenfalls dazu bei, dass sich die Präsenz der Uniformierten im Dorf verstärkte. Das zu einem Interniertenlager umfunktionierte Dorf konnte nicht mit Stacheldraht umzäunt werden. Zwei rote Pfähle links und rechts von Wegen oder Strassen am Dorfrand signalisierten den Internierten jeweils die Grenze ihres Bewegungsfreiraumes.[46] Neben den bereits erwähnten Gebäuden, in welchen die Kantonnemente eingerichtet worden waren, wurden für die administrativen Aufgaben noch weitere Privathäuser beansprucht.

Der für die Schweizer Bewachungstruppen zuständige Ortschef richtete sein Büro in zwei «komfortablen» Räumen in einem Haus im Oberdorf ein. Auch die internierten französischen Offiziere, die auch weiterhin für die Disziplin ihrer Truppen verantwortlich waren, erhielten ein eigenes Büro. Zudem wurden ein Interniertenpostbüro und ein Krankenzimmer eingerichtet. Diejenigen Privatpersonen, welche die dafür notwendigen Räumlichkeiten zur Verfügung stellten, wurden ebenso entschädigt wie die Wirte der Gasthäuser. Während die Privatpersonen davon profitierten, konnten die Wirte ihre Erwerbsausfälle nicht wettmachen. Da die Wirte ihre grossen Säle in den Gasthäusern nicht mehr für gesellschaftliche Anlässe vermieten konnten, entgingen ihnen nämlich wesentliche Einnahmen.[47]

Spassen und Spaziergänge verboten

Für die Dorfbewohner war es unmöglich, sich im Dorf zu bewegen, ohne auf Internierte zu stossen. Die vielen Fremden auf den sonst so vertrauten Strassen und Plätzen lösten eventuell bei einigen Einwohnern etwas Unbehagen aus. Andererseits kompensierte das Auftauchen der Internierten den Mangel an gesellschaftlichen Ereignissen. Abgesehen vom Bomberabsturz, der leicht eine Tragödie hätte auslösen können, war in Triengen schon lange nichts mehr los gewesen. Das Schwingerfest musste abgesagt werden, und manchen war angesichts der dramatischen Weltlage wohl auch nicht zum Feiern zu Mute. Die Internierten sorgten schliesslich wieder einmal für Abwechslung. Und dann waren da noch diese seltsam gekleideten Soldaten, die eine Hautfarbe und eine Kopfbedeckung hatten, wie man sie vorher noch nie gesehen hatte. Ihr Anblick machte wohl viele neugierig. Man kann sich gut vorstellen, dass die Triengerinnen und Trienger herausfinden wollten, was das für Menschen waren und woher sie stammten.

Aus Rundfunk und Presse hatte man erfahren, dass die französischen Soldaten von deutschen Truppen bedrängt worden waren und schliesslich in der Schweiz Asyl suchen mussten.[48] Obwohl es auch in Triengen einige wenige Nazi-Sympathisanten gab, war die Mehrheit der Bevölkerung doch eher antideutsch eingestellt. Die Angst, die Deutschen könnten auch in die Schweiz einmarschieren, war allgegenwärtig. Daher war die Sympathie ganz auf Seiten jener Streitkräfte, die gegen die Deutschen kämpften.[49] Diese spontane Sympathiebekundung für die unbekannten Männer lässt sich entsprechend mit der Einstellung «der Feind meines Feindes ist mein Freund» erklären. Da nun die französischen Soldaten von der deutschen Wehrmacht, die als potentieller Feind wahrgenommen wurde, aus ihrem Land gedrängt worden waren, verglich man ihr Schicksal mit dem von tragischen Helden. Dies wiederum löste Solidarität und Mitleid aus. Fritz Sieber, der bei der Ankunft der Internierten 19 Jahre alt war, beschreibt seine ersten Eindrücke folgendermassen: «Im ersten Moment, nachdem sie gekommen waren, dachte ich, das sind arme Kerle. Sie waren im Krieg und waren nun fern der Heimat, zu welcher sie keinen oder nur noch wenig Kontakt hatten. [...]. Da hatte ich wirklich Mitleid.»[50] Ein letzter, aber nicht zu unterschätzender Punkt ist die Tatsache, dass es sich bei den Internierten in der Regel um junge und kräftige Männer handelte. Speziell für die noch unverheirateten Frauen aus dem Dorf stellten diese Soldaten eine aussergewöhnliche Attraktion dar, vor allem auch dadurch, dass die meisten gleichaltrigen männlichen Dorfbewohner fort waren. Nach einem Monat mit verminderter männlicher Präsenz herrschte von einem Tag auf den anderen ein ‹Überangebot›.

Für die Zivilbevölkerung stellte die Ankunft der Internierten ein ausserordentliches Ereignis dar. Triengen war direkt von den weltpolitischen Auseinandersetzungen und den daraus resultierenden Auswirkungen betroffen. Die Internierten waren von weit her gekommen. Gewiss konnten sie von eigenen Erlebnissen im Kriegsgeschehen ihrer Heimat erzählen. Man brauchte nur auf sie zuzugehen. Die anfangs durch Skepsis hervorgerufene Zurückhaltung vor dem Fremden wurde bald durch verschiedene Faktoren wie Abwechslung im Alltag, Neugier, Mitleid, Sympathie, Exotik und eventuell erotische Anziehung verdrängt. Dies wurde den Behörden und dem Kommando der Schweizer Bewachungstruppen bald bewusst. Vor allem spontane Sympathiekundgebungen, wie sie bereits nach dem Grenzübertritt stattgefunden hatten, konnten Deutschland provozieren und mussten verhindert werden. Die Schweiz wollte nach aussen unbedingt als neutraler Staat wahrgenommen werden. Alles, was die Neutralität belasten könnte, war nicht akzeptabel. Das Eidgenössische Kommissariat für Internierung und Hospitalisierung (EKIH) hatte noch keine schriftlichen Verhaltensmassregeln erlassen. Die nötigen Bestimmungen für die Ordnung im Interniertenlager, das Verhalten der Internierten und den Verkehr mit der Zivilbevölkerung in Triengen waren Sache des Kommandanten der Internierungsregion Napf.[51] Dieser schien die Offiziere der Bewachungstruppen angehalten zu haben, Kontakte zwischen Internierten und Zivilisten so gut wie möglich zu unterbinden. Die grösste Gefahr sah man darin, dass Zivilpersonen den Internierten zur Flucht verhelfen könnten. Dies hätte das geltende Völkerrecht verletzt und zusätzliche Spannungen in den Beziehungen zu Deutschland verursacht.[52]

Pfarrer Holzmann[53] sorgte sich weniger um völkerrechtliche oder neutralitätspolitische Verletzungen als vielmehr um das moralische Verhalten seiner Pfarreimitglieder. Sofort richtete er im «Trienger Anzeiger» eine Mahnung an die Bevölkerung:

> *Unsere Pfarrei hat Einquartierung von Internierten erhalten. Es ist billig und recht und durchaus zu begrüssen, wenn die Pfarrkinder das schwere Los der Bedauernswerten zu erleichtern suchen. […] Bei aller Hilfsbereitschaft sind grosse Vorsicht und Abstand am Platze. Das sittliche und moralische Wohl der Gemeinde darf keinen Schaden nehmen. Das betrifft besonders unsere Frauen, Töchter und Kinder. Die Kinder bedürfen einer besonderen Überwachung der Eltern und der Lehrerschaft. Die Lehrerschaft wird die Güte haben, den Kindern nötige Verhaltensmassregeln zu geben und sie auch täglich ausser der Schule zu überwachen. Es ist verwerflich, wenn Töchter und Frauen leichtsinnig mit Soldaten spassen oder sich gar für Spaziergänge mit Soldaten bereitstellen. Eine ehrbare Tochter, die Anspruch auf Ehre erheben will, bleibt abends in ihrer Familie. Eltern denkt an eure Pflicht und Verantwortung. Übrigens wird auch auf die Verhaltensmassregeln der Bundesbehörde verwiesen.*[54]

Seit der Ankunft der Internierten und dem Verfassen des obigen Artikels waren höchstens zwei Tage vergangen.[55] Hatten sich in dieser Zeit etwa bereits junge Triengerinnen mit den internierten Soldaten zu Spaziergängen verabredet? Möglich wäre es gewesen. Die Schweizer Bewachungstruppen waren rein von ihrer geringen Truppenstärke her gar nicht in der Lage, die über 500 Internierten auf Schritt und Tritt zu überwachen. Selbst wenn für die Bewachung vor Ort eine ganze Kompanie zur Verfügung gestanden hätte, wäre das Verhältnis zwischen Schweizer Soldaten und Internierten immer noch eins zu fünf gewesen. Zudem mussten die Schweizer Armeeangehörigen auch noch andere Dienste wie etwa das Zubereiten und das Verteilen der Verpflegung sowie administrative Aufgaben verrichten.[56] Dazu kommt, dass man noch keine Erfahrungen mit einer zahlenmässig derart grossen Internierungstruppe gesammelt hatte. Es gab noch keine konkreten Regelungen, wie und ob Kontakte zwischen Zivilpersonen und Internierten zu ahnden seien. Ausserdem konnte und wollte man die Internierten nicht in den Kantonnementen gefangen halten. Sie durften sich daher innerhalb des Dorfes frei bewegen und mussten sich nur an die täglichen Appelle sowie Ruhe- und Essenszeiten halten.

Die Mahnung der Kirche hat eventuell bei einigen Gläubigen kurzfristig etwas bewirkt. Der Dorfpfarrer war als strenger und autoritärer Mann bekannt, der seine Meinung mit Nachdruck vertreten konnte. Der Zeitzeuge Alois Fischer äussert, dass die Kirche damals das Zepter fest in der Hand gehalten habe. Das Druckmittel einer Verdammnis in der Hölle sei noch immer vorhanden gewesen. Darum liessen sich die Menschen ins Gewissen reden.[57] Hildegard Kaufmann spricht in diesem Zusammenhang von Beichte. Sie habe regelmässig beichten gehen müssen. Deshalb habe sie versucht, so zu leben, wie es vorgeschrieben worden war, um nicht etwas erzählen zu müssen, was als moralisch verwerflich hätte empfunden werden können.[58] Dass Pfarrer Holzmann die Frauen und Töchter warnte, ist angesichts der abwesenden Trienger Männer nachvollziehbar. Warum er aber die Kinder unbedingt von den fremden Soldaten fernhalten wollte, erschliesst sich nicht auf den ersten

Blick. Um seine Beweggründe nachzuvollziehen, müssen verschiedene Thesen ins Auge gefasst werden. Dass er vor pädophilen Soldaten warnen wollte, kann zwar nicht vollständig ausgeklammert werden, scheint jedoch eher nicht der Fall gewesen zu sein. Betrachtet man die politischen Ereignisse des Zweiten Weltkriegs, so war der Zusammenbruch Frankreichs unmittelbar präsent. Falls der Pfarrer eine Affinität für Deutschland hatte, so wäre es denkbar, dass er die Franzosen als Versager betrachtete, vor denen man sich in Acht nehmen musste. Speziell das exotische Bild der Spahis hat ihn eventuell an die koloniale Ausrichtung der französischen Armee und die damit von den Deutschen in Verbindung gebrachte Schwäche erinnert.[59] Ein anderer Grund für seine Haltung könnte eine latente «Türkenangst» gewesen sein. Als katholischem Priester waren ihm Geschichtsbilder, die Türkengefahren kolportierten, womöglich geläufig.[60] Der Anblick der Spahis konnte ihn an eine Bedrohung der Zivilisation denken lassen. Es ist gut möglich, dass er, ohne mit den Spahis in persönlichen Kontakt getreten zu sein, alle pauschal als Muslime und damit als Ungläubige betrachtete. Vielleicht wollte er deshalb die Kinder vor ihnen bewahren. Diesbezüglich muss zugleich noch ein anderer Aspekt berücksichtigt werden. Überlegt man sich, wo man in der Schweiz überhaupt die Gelegenheit hatte, Menschen aus Afrika zu sehen, so kommen praktisch nur die Völkerschauen in Frage, welche in Basel, Genf oder Zürich gastierten.[61] Hier waren die so genannten «Wilden» jedoch hinter Absperrungen oder wurden nur in einem speziellen Bereich vorgeführt.[62] Das Aussergewöhnliche an der durch die Internierung geschaffenen Situation war, dass sich die dunkelhäutigen Spahis mehr oder weniger frei im Dorf bewegen konnten. Dies bedeutet nicht zwangsläufig, dass der Pfarrer rassistisch veranlagt war. Es war vielmehr eine xenophobe Reaktion auf das bislang Unbekannte oder Ungewohnte. Am plausibelsten kann aber die Mahnung des Pfarrers vor dem Hintergrund seiner sozialen Stellung erklärt werden. Als Geistlicher stellte er eine moralische Autorität dar. Im liberalen Triengen musste er seine moralische Stellung durch einen disziplinierenden und sozialisierenden Anspruch stützen. Durch den Hinweis, dass die Kinder in Gefahr seien, konnte er einen erzieherischen Druck auf die Eltern auswirken.

Die letzte These kann durch einen weiteren Zeitungsartikel gestützt werden. Neben der sonntäglichen Predigt konnte der Pfarrer jeden Freitag im «Trienger Anzeiger» unter der Rubrik «Sonntags-Glocken» seinen Kommentar zu aktuellen Ereignissen veröffentlichen. Am 5. Juli 1940 schrieb er unter dem Titel «Erziehung der Eltern» Folgendes:

Und es klappt tatsächlich heute so vieles nicht mehr in der Erziehung. Wie mancher Lehrer hat schon in allen Tonarten geseufzt: Was nützt im Grunde genommen alle meine Arbeit? Die Eltern müsste man zuerst erziehen und sich dann erst an die Kinder heranwagen. [...] Wie muss man besonders gegenwärtig den Satz hören: Wo haben denn die Eltern ihre fünf Sinne, wenn ihre kleineren und «grösseren» Kinder sich im Umgange mit Soldaten so ausgelassen benehmen? Man verstehe mich nicht falsch! Es gibt unter den vielen Soldaten viele gute, brave, rechtschaffende Menschen. Wie überall und wie immer gibt es aber unter ihnen Elemente, die, wie Bischof Besson von Freiburg sagte: «... welche jenen politischen und sozialen Ideen anhangen, die ihr Vaterland in das Unglück gestürzt haben. Unsere Bevölkerung wird sich von ihnen nicht anstecken lassen.»[63]

Pfarrer Holzmann verfasste den Text, nachdem er trotz seiner ersten Warnung immer noch Kinder beobachten konnte, die auf Soldaten zugingen. Mit seinem Schreiben beabsichtigte er, die Eltern in die Pflicht zu nehmen, und warnte vor möglichen Gefahren. Doch welches waren die «Elemente», die ihr Vaterland ins Unglück gestürzt hatten? Es ist möglich, dass er dabei an Kommunisten dachte. Seine Wortwahl bleibt jedoch unpräzise. Daher kann nicht ausgeschlossen werden, dass er damit die Spahis gemeint hatte. Vielleicht sah er, um nochmals auf das Stichwort «Türkenangst» zurückzukommen, in den nordafrikanischen Soldaten eine tatsächliche Bedrohung für seine Pfarrei. Mangels Französischkenntnissen der Kinder hätten die muslimischen Spahis mit eventuellen Bekehrungsversuchen keinen grossen Erfolg gehabt. Ebenso wenig hätten die Kinder etwas von kommunistischen Ideologien verstanden. Fest steht, dass der Pfarrer in den Internierten eine potentielle Gefahr für das moralische Wohl seiner Gemeinde sah. Die Kinder, die sich in ihrer ‹unschuldigen› Neugier den Fremden näherten, stifteten die ersten Kontakte. Wenn nun die Kinder die fremden Männer als sympathisch erachteten und zuhause begeistert von ihnen erzählten, so konnten sich weitere Kontaktaufnahmen bald über die ganze Bevölkerung erstrecken. Mit seiner Ermahnung an die Eltern wollte er vermutlich bewirken, dass diese ihre Kinder vor den Internierten schützten. So erhoffte er wohl, Kontakte zu vermeiden, welche die innere Stabilität des Dorfes gefährden konnten. Wenn er den Eltern bewusst machen konnte, wie gefährlich einige dieser fremden Soldaten waren, dann würden sie ihre Kinder bestimmt besser beaufsichtigen und auf Distanz zu den Internierten halten.

Leider konnte für die weitere Analyse kein Text einer in jener Zeit gehaltenen Predigt des Priesters herbeigezogen werden. Dies hätte womöglich mehr Aufschluss über seine Denkweise gegeben und das Feindbild präzisieren können. Doch aus einem Buch des Bischofs Besson, den der Geistliche zitierte, können wir uns den damaligen Befürchtungen der Kirche etwas annähern. Bischof Besson attestierte ‹seiner› Zeit einen zunehmenden Sittenzerfall und Unglauben, wovor er ‹das Volk› bewahren wollte:

Ein Grund, der heutzutage besonders häufig mitwirkt, liegt in der sittlichen Entartung, die aus der ungesunden Vergnügungssucht unserer Zeit herausgewachsen ist. [...] Gewiss findet sich auch in unserer Welt manch Erfreuliches; dies darf uns jedoch nicht abhalten, ihre offenbaren Schäden klar ins Auge zu fassen, deren Folgen für das politische und soziale Leben ernst zu überlegen sind und die Verantwortung, die uns auferlegt ist, gewissenhaft zu tragen. [...] Unter der Vorspiegelung, üblen Unsitten Einhalt zu gebieten und die Rasse rein zu bewahren, führt man auf der Leinwand alle Schändlichkeiten vor und reisst den letzten Schleier weg, der sogar bei Wilden die heiligen Geheimnisse des Lebens schamhaft verhüllt. Wir wehren uns zu lässig gegen diese Verirrungen, die eine Grosszahl von Menschen der christlichen Lebensauffassung abwendig machen und uns unmerklich, aber allmählich dem Heidentum zuführen.[64]

Für den Trienger Pfarrer, der vermutlich diese Ansichten teilte, verkörperten einige der Internierten, vielleicht speziell die Spahis oder mutmassliche kommunistische Soldaten, Verführer, welche die einheimischen Frauen vom aufrichtigen Glauben abbringen und somit ins Verderben stürzen konnten. Es war ihm nicht nur ein Anliegen, sondern vielmehr waren es sein Gewissen und seine Pflicht, welche ihn dazu drängten, einer weiteren Verrohung der Sitten entschlossen entgegenzutreten.

Die Mahnungen des Geistlichen hatten sicherlich eine gewisse Wirkung – zumindest, was die darauf folgenden Tage betrifft. Bezüglich der jungen Mädchen schienen einige Eltern sensibilisiert worden zu sein. Hildegard Kaufmann erinnert sich, wie sie von der Mutter aufgefordert wurde, nach der abendlichen Turnerprobe unverzüglich heimzukehren.[65] Die Knaben hatten angeblich eine grössere Freiheit und konnten weiterhin den Internierten ‹nachspionieren›. Hansruedi Neeser, damals sieben Jahre alt, erzählt, wie er die Internierten in ihrem Kantonnement im «Rössli» und an anderen Orten des Dorfes beobachtet hatte.[66] Elsa Wirz, welche bei der Ankunft der Internierten neun Jahre alt war, empfand es als grosse Ungerechtigkeit, dass die Mädchen aufgefordert wurden, heimzugehen, während die Knaben den Internierten etwa beim Schnitzen von Spazierstöcken zuschauen durften.[67] Hildegard Kaufmann kann dies ebenfalls bestätigen. Sie habe die Anweisungen jedoch stets befolgt, da sie so erzogen worden sei.[68]

Ziviler Ungehorsam

Die internierten Soldaten hatten bei ihrer Ankunft auch Mitleid bei der Bevölkerung ausgelöst. Der gemeinnützige Frauenverein und der katholische Frauen- und Töchterverein schlossen sich zu einer Hilfsaktion zusammen. Mit einem Aufruf an die Einwohner der Gemeinden Triengen, Wilihof und Kulmerau forderten sie diese auf, Folgendes zur Verfügung zu stellen: «Seife, Handtüchlein, Waschtüchlein, Taschentüchlein, besonders Hemden u. Socken. Auch für Rauchermaterialien, Schreibmaterialien (Couverts,

Schreibpapier, Bleistifte) und Zeitungen in französischer Sprache sind [wir] sehr dankbar. Die Wäschestücke brauchen nicht neu zu sein, wenn sie nur ganz sind.»[69]

Innerhalb kürzester Zeit kamen viele Utensilien zusammen, welche die beiden Frauenvereine an das Interniertendetachement Triengen-Winikon weiterleiteten. Der für die Bewachungstruppen verantwortliche Schweizer Offizier Oberleutnant Schefer richtete deshalb das nachstehende Dankschreiben an die Bevölkerung von Triengen und Umgebung:

Es sind bei mir in letzter Zeit seitens der Einwohnerschaft von Triengen und Umgebung durch den gemeinnützigen Frauenverein Triengen und den katholischen Frauenverein Triengen grosse Schenkungen an Wäsche, Tabak, Schreibmaterial etc. für die internierten Truppen zugegangen. Ich möchte deshalb im Namen der internierten Truppen Triengen-Winikon hiermit allen lieben Spendern und Spenderinnen für ihre edle Opferbereitschaft herzlich danken. Sie haben dadurch viel dazu beigetragen, die Notlage, in welcher sich die Int. Truppen besonders wegen Mangel an Unterwäsche befinden, zu lindern.[70]

Gegen solche Hilfeleistungen hatte niemand etwas einzuwenden. Schliesslich waren sie Teil des humanitären Selbstverständnisses, das die Schweiz seit der Internierung der Bourbaki-Armee pflegte. Dennoch sollten sich, so die Vorstellung der Behörden, der Kirche und der Armee, die Hilfeleistungen lediglich auf die Abgabe materieller Güter zur Linderung physischer Leiden beschränken. Dass die Internierten vielleicht auch gerne mit ‹Menschen› und nicht nur mit Soldaten gesprochen hätten, daran wollte man nicht denken. Und ebenso hatten die Dorfbewohner das Bedürfnis, sich mit den unbekannten Männern zu unterhalten. Sei es um ihnen Trost zu spenden, um mehr über sie in Erfahrung zu bringen oder einfach um sich mit ihnen auszutauschen. Weil die Internierten mitten im Dorf waren, gab es überall Gelegenheit dazu. Man sprach sie vor den Kantonnementen an, unterhielt sich mit ihnen in den Gasthäusern, grüsste sie auf den Strassen oder traf sie in einem Lebensmittelgeschäft, in welchem sie ihren Sold für Zigaretten ausgaben. Durch die vermehrten Kontakte zwischen Internierten und Zivilbevölkerung geriet die politische Behörde, der Trienger Gemeinderat, unter Druck. An der Gemeinderatssitzung vom 3. Juli 1940 wurde beschlossen, aufgrund «verschiedener Vorkommnisse zwischen der Bevölkerung und der anwesenden internierten Truppe» in der nächsten Ausgabe des «Trienger Anzeigers» folgende «Warnung» zu schalten:

> *Die Bevölkerung wird dringend ersucht, im Verkehr mit den internierten Truppen den notwendigen Abstand zu wahren. Junge Mädchen und Frauen werden darauf aufmerksam gemacht, dass besonders Soldaten der farbigen Truppe in gesundheitlicher und sittlicher Beziehung nicht einwandfrei sind.*
> *Minderjährige Mädchen und Knaben[,] die sich unter gewissen Umständen in Begleitung von Internierten befinden, werden durch die Wachtorgane arretiert und den Eltern zugeführt.*[71]

Dass mit der farbigen Truppe die Spahis gemeint waren, ist evident. Dass diese aber in sittlicher und gesundheitlicher Hinsicht nicht einwandfrei seien, lässt aufhorchen. Impliziert dies etwa eine rassistische Haltung des Gemeinderates? Zudem stellt sich die Frage, was man hinsichtlich «gesundheitlicher Beziehung» meinte. Es mag sein, dass man schon von so genannten Tropenkrankheiten gehört hatte. Daher ist es möglich, dass der Gemeinderat vermutete, die nordafrikanischen Soldaten würden Viren dieser Krankheiten in sich tragen, welche leicht auf die unresistente Trienger Bevölkerung übergreifen könnten. Während der Pfarrer lediglich von ‹unbestimmten Elementen› gesprochen hatte, die Verderbnis bringen konnten, nannten die Trienger Behörden die Gefahr beim Namen. Es kann durchaus sein, dass sich die Gemeinderäte auch von der Kirche hatten beeinflussen lassen. Die These, wonach der Gemeinderat sich von rassistischen Motiven habe leiten lassen, ist jedoch nur auf den ersten Blick nachvollziehbar. Bei näherer Betrachtung scheinen andere Überlegungen zur obigen Formulierung geführt zu haben. Wie die bisherige Untersuchung gezeigt hat, war es die exotische Ausstrahlung der Spahis, welche die Einwohner am meisten faszinierte. Dadurch wurden sie schon bei ihrer Ankunft zum Publikumsmagneten. Die Leute interessierten sich nicht für die Elsässer und schon gar nicht für die Schweizer Soldaten. Ihre Aufmerksamkeit galt hauptsächlich den nordafrikanischen Soldaten und vor allem den dunkelhäutigen unter ihnen. Es kann daher die These aufgestellt werden, dass der Gemeinderat vor den Spahis warnte, um die Bevölkerung abzuschrecken und somit Kontakte generell zu unterbinden. Wenn es gelang, die Leute glauben zu machen, dass sie sich in der Nähe der Spahis in physische und psychische Gefahr begaben, dann würden auch keine weiteren Kontakte mehr entstehen. Mit der Stigmatisierung der Spahis sozusagen als Aussätzige und sittlich verdorbene Menschen wollte der Gemeinderat dem Andrang der Trienger und Triengerinnen wohl Einhalt gebieten und gleichzeitig die herrschende Problematik lösen. Neben dieser Warnung entschloss sich der Gemeinderat für eine weitere Massnahme. Im Einverständnis mit den ortsansässigen Wirtsleuten und auf Anraten der Schweizer Wachtorgane entschied er sich, die Polizeistunde von Mitternacht auf 23 Uhr vorzuverlegen.[72]

Während die neu festgelegte Polizeistunde problemlos durchgesetzt werden konnte, stellt sich die Frage, ob es für eine warnende Publikation nicht schon zu spät war. Obwohl das im «Trienger Anzeiger» fett gedruckte und mehrfach unterstrichene Wort «Warnung» von zwei schwarzen Zeigefingern umrahmt wurde und den Lesern des Blattes somit sofort ins Auge fallen musste, bleibt eine nachhaltige Wirkung zweifelhaft. Seit der Ankunft der Spahis waren bereits elf Tage vergangen. In dieser Zeit wurden nicht nur erste oberflächliche Kontakte zwischen Einheimischen und Internierten geknüpft. Bestimmt hatten schon ausführlichere Unterhaltungen stattgefunden. Französisch als zweite Landessprache war den Triengerinnen und Triengern gut bekannt, und einige konnten sich sogar hervorragend darin verständigen.[73] Als kleine Randbemerkung muss ausserdem festgehalten werden, dass neben der ganzen Exotik und dem speziellen Ereignis einige Triengerinnen und Trienger ihr gelerntes Französisch wieder einmal einsetzen oder gar verbessern wollten. Margrit Thürig, welche damals einen Dorfladen führte, erinnert sich wie folgt: «Ich weiss nur noch, dass ich gedacht habe, […], ich könne Französisch. Ich bin nämlich vom Institut gekommen. Doch ich habe diese Franzosen nicht verstanden! Die haben so schnell gesprochen. […]. Aber nachher war das für mich eine gute Schule, dass diese Franzosen da gewesen sind. Da musste ich einfach wieder lernen.»[74] Leicht war es wohl nicht immer, sich mit den Franzosen zu unterhalten. Doch wenn man einige Grundkenntnisse hatte, war es gut möglich. Eine gewisse Herausforderung schien jedoch der Akzent der Algerier gewesen zu sein. Dazu meint Hildegard Kaufmann: «Diese Algerier hatten einen anderen Dialekt, als wir gelernt hatten.»[75]

Geht man davon aus, dass zwischen Internierten und einigen Trienger Einwohnern schon zahlreiche Gespräche stattgefunden hatten, so kam die Warnung des Gemeinderates in der Tat zu spät. Diese Annahme wird durch die Tatsache bekräftigt, dass die Schweizer Wachtsoldaten noch nicht hart durchgriffen. Wie bereits erwähnt, hatte jeder, der wollte, zahlreiche Gelegenheiten, auf einen Internierten zuzugehen und mit ihm ein Gespräch zu beginnen. Verschärfte Kontrollen und Massnahmen der Wachtsoldaten wurden wohl erst nach der gemeinderätlichen Warnung an die Bevölkerung durchgeführt. Diese betrafen aber in erster Linie vorerst nur die Minderjährigen. Für Kontaktunterbindungen zwischen Internierten und Zivilpersonen fehlte immer noch ein klarer Befehl, und die wenigen improvisierten Weisungen konnten unterschiedlich interpretiert werden. Falls jemand bereits mit einem Spahi eine anregende und interessante Begegnung gehabt hatte, ohne dabei mit einer Tropenkrankheit angesteckt worden zu sein, dann war die Warnung des Gemeinderates für diese Person wohl nicht mehr von Bedeutung. Warum sollte man sich auch nicht weiterhin mit Spahis treffen, wenn man weder Konsequenzen zu befürchten hatte noch strafrechtlich verfolgt werden konnte?

Mit dem «Negerli» wurde Geld für «arme Heiden» gesammelt. Wenn man eine Münze einwarf, nickte es dankend mit dem Kopf.

Fremde Freunde

«Warum ist der eine König schwarz?»

Die meisten Einwohner Triengens hatten bis zur Ankunft der Spahis noch nie Menschen mit dunkler Hautfarbe gesehen. Es war nicht einfach, diese fremdartig erscheinenden Soldaten einzuordnen. Folglich ist es gut denkbar, dass die Spahis nicht in erster Linie als Soldaten betrachtet wurden, sondern als Unbekannte aus einer fremden und weit entfernten Welt. Durch die Umstände des Krieges kamen mit diesen ‹eigenartigen› Männern die ersten Afrikaner mitten ins Dorf Triengen. Welche Bilder mit dem plötzlichen Auftreten der Spahis evoziert oder assoziiert wurden, kann nicht eindeutig rekonstruiert werden. Die befragten Zeitzeugen waren 1940 noch Kinder, Jugendliche oder junge Erwachsene. Niemand der Befragten, wie die meisten Trienger, war zu jenem Zeitpunkt an einer Universität immatrikuliert oder hatte sich wissenschaftlich mit Völkerkunde oder Geografie beschäftigt. Deshalb ist anzunehmen, dass die meisten Dorfbewohner nur rudimentäre und skizzenhafte ethnologische Kenntnisse hatten. Da die Schweiz nie Kolonien besessen hatte, kamen im Vergleich zu Frankreich oder England, wo schwarze Menschen vorwiegend in den Städten zum Strassenbild gehörten, nur selten Menschen aus anderen Kontinenten ins Land. Den ‹Farbigen› kannte man nur vom Hörensagen oder von Fotografien, Illustrationen oder Gemälden.

Zunächst soll das Bild, welches Schulkinder in Triengen von Schwarzen haben konnten, bevor die Spahis im Dorf aufgetaucht waren, nachgezeichnet werden.[1] Der «Trienger Anzeiger» druckte überhaupt keine und die damaligen Luzerner Zeitungen nur vereinzelt Fotografien ab. Die Wahrscheinlichkeit, dass ein Kind in einer Zeitung blätterte und dabei auf das Bild eines Schwarzen gestossen wäre, ist relativ klein.[2] Mehr Bedeutung hat hingegen die Vermutung, dass das Thema «Schwarze Menschen» zuvor in der Primarschule angeschnitten worden war. Dass es schwarze Menschen gab, musste den Kindern beim Betrachten der Weihnachtskrippe aufgefallen sein. Einer der Heiligen Drei Könige wurde seit dem Mittelalter mit schwarzer Hautfarbe dargestellt,[3] und am Dreikönigstag wurde dies vielleicht in der Schule oder zuhause sogar thematisiert. Man kann sich gut vorstellen, dass ein Kind seinen Lehrer oder die Eltern gefragt hat: «Warum ist der eine König schwarz?» Die entsprechende Antwort konnte sehr unterschiedlich ausfallen. Doch ist es denkbar, dass die Lehrperson auf solche Fragen gut vorbereitet war und dem Klassenverband Bilder oder Illustrationen von schwarzen Menschen zeigen konnte.

Während der Schwarze aus der Weihnachtszeit ein König war, gab es zu diesem Prototypen ein kontrastierendes Bild: das «Negerli». Dabei handelte es sich um eine Figur, die mit dem Kopf dankend nickte, wenn man eine Münze hineinwarf.[4] Auf dem Sockel der Figur stand beispielsweise geschrieben: «Willst Du den Heiden Hilfe schicken, dann lass mich Aermsten freundlich nicken.»[5] Bereits im Kindergarten machte man mit diesem schwarzen Figürchen Bekanntschaft. Unterrichtet wurden die Kinder in Triengen von Baldegger Schwestern, welche von verschiedenen Missionen der katholischen Kirche erzählten. Mit dem «Negerli» sammelten sie Geld für arme Menschen in fernen Ländern. Es sollte die Kinder darauf aufmerksam machen, dass beispielsweise in Afrika Menschen lebten, denen es nicht gut ging, die aber auch Heiden waren. Diese sollte man nicht nur bemitleiden, sondern ihnen auch helfen und den richtigen Glauben bringen. Seit dem ausgehenden 19. Jahrhundert waren oft auch Missionsbilder im Umlauf, die von Geistlichen an Schulkinder verteilt worden waren. Diese hatten etwa die Grösse einer Postkarte und waren farbig bedruckt. Als häufiges Motiv dienten schwarze Kinder, die sich von einem weissen Priester taufen liessen. Auf einem Missionsbildchen der Firma Benziger von 1892 hält ein schwarzer Junge ein Schild mit der Aufschrift: «Weisser, kauf mich doch!» Auf der Rückseite dieses für den katholischen «Kindheit-Jesu-Verein» hergestellten Bildchens wurden die Schüler wie folgt aufgeklärt:

Mein liebes Kind! Dieser arme Negerknabe auf diesem Bilde da hat dir was Wichtiges zu sagen. Seine schwarzen Brüderlein und Schwesterchen haben ihn zu dir geschickt. Aber sei mit dem Kleinen ja nicht bös und hör' ihn freundlich an. [...] Ach! Wie sind die lieben Heidenkinder dort so arm! Ihre Väter und Mütter legen sie an die Strassen und gehen davon oder werfen sie noch gar ins Wasser. Und was noch am meisten schmerzt, kommt erst. Diese armen Heidenkinder werden nie den wunderbaren Gott anschauen, weil sie ohne Taufe sterben. O Jammer! Mein Kind, so darfs nicht sein. Darum auf! Kauf diese armen Negerkinder los. Lass dich in den Kindheit-Jesu-Verein aufnehmen und hilf den Missionären das Heidenland erobern. Gib von nun an kein Geld mehr für Zuckerwaren her. Leg all dein Geld für die lieben Heidenkinder zusammen. Das bringt reichen Himmelslohn. Mein Kind! Vergiss es nie mehr, was der arme Negerknabe dir sagte: Weisser kauf mich doch![6]

Wie beim «Negerli» wurde auch hier das Bild eines in materieller wie auch in religiös-moralischer Hinsicht hilfsbedürftigen Wesens vermittelt. Im gleichen Zusammenhang können die aus dem Lied bekannten «Zehn kleinen Negerlein» genannt werden, welche von Strophe zu Strophe immer weniger werden. Das Lied wurde im Kindergarten und in der Schule gesungen.[7] Ein weiteres Bild, das den Kindern von Schwarzen vermittelt wurde, war mit grosser Wahrscheinlichkeit die Geschichte «von den schwarzen Buben» im damals äusserst populären Struwwelpeter. Darin wird ein «Mohr» von drei Knaben verspottet, worauf sie der Nikolaus zur Strafe in ein Fass mit schwarzer Tinte taucht.[8] Die Geschichte lehrte die Kinder, dass man jemanden aufgrund seiner Hautfarbe nicht erniedrigen sollte. Trotzdem fällt auf, dass dieser «Mohr» als stereotyper Schwarzafrikaner dargestellt ist. Er hat Kraushaar, dicke rote Lippen, geht barfuss und ist bis auf eine kurze Hose nackt.[9] Dieses optische Stereotyp erscheint ebenso in weiteren illustrierten Kindergeschichten wie etwa «Globis Weltreise» von 1935[10] oder «Die Rache des Elefanten» von Wilhelm Busch.[11] Schliesslich tauchte der «Neger» noch im Kartenspiel «Schwarzer Peter» und auf den Verpackungen der beliebten «Mohrenköpfe» auf.[12] Thematisiert oder klar zugeordnet wurden diese Erscheinungen jedoch nicht. Im Geografieunterricht standen zuerst die nähere Umgebung, dann die Schweiz und schliesslich die Kriegsfronten in Europa im Vordergrund.[13]

Der Schwarze erschien in der Welt der Schulkinder also nicht als real existierendes Wesen, sondern war eher mit einer Figur aus der Märchenwelt gleichzusetzen, die positiv oder bemitleidenswert schien. Es ist denkbar, dass einem Schulkind beim ersten Blickkontakt mit einem der dunkelhäutigen Spahis am ehesten der schwarze König aus dem Morgenland durch den Kopf ging. Ein Spahi, der eine besonders dunkle Hautfarbe besass, konnte mit seinem roten Umhang und dem Turban auf dem Kopf in den kindlichen Augen durchaus majestätisch erscheinen. Gewiss glich er nicht dem barfüssigen, leicht bekleideten Schwarzen aus der Globi- oder Buschgeschichte. Doch auch wenn das Kind das plötzliche Auftauchen eines dunkelhäutigen Spahis mit dem «Negerli» verband, so löste diese Erscheinung wohl nicht in erster Linie Angstgefühle aus, sondern eher Neugier und Staunen.

Die Wahrnehmung der Jugendlichen und Erwachsenen weicht etwas von jener der Schulkinder ab. Auch die meisten Erwachsenen hatten zuvor noch nie schwarze Menschen gesehen. Doch das Bild, welches sie sich von aussereuropäischen Ethnien machten, war vermutlich eher negativ oder abwertend besetzt. Während Schulkinder beispielsweise die Umstände der Armut fremder Völker nicht oder nur begrenzt reflektierten, versuchten Erwachsene, aufgrund ihrer breiter abgestützten Bildung und der Fähigkeit, Ursachen analytisch zu ergründen, Zusammenhänge zu sehen. Wenn für die Erklärung des Elends sozialdarwinistisch beeinflusste Muster herbeigezogen wurden, wie etwa im nationalsozialistischen Weltbild Deutschlands üblich, dann kann es durchaus sein, dass weniger der Weise aus dem Morgenland, als vielmehr ein unzivilisierter Wilder, ein Heide oder im negativsten Fall ein Kannibale präsent war.[14] Dieser rassistischen Ideologie zufolge war der Farbige ein Unzivilisierter, der sich auf einer archaischen Entwicklungsstufe befand und aufgrund seiner Faulheit für sein Elend selbst verantwortlich war. In einem 1936 veröffentlichten Buch, das der lutherischen Missionsarbeit in Afrika gewidmet ist, vergleicht der Missionar, Ethnologe und Historiker Dr. Heinrich Vedder die Menschen in «Deutsch-Südwestafrika» mit Höhlenmenschen. «Ein Buschmann verschmäht nichts Essbares. In Zeiten der Hungersnot röstet er sogar den Fellschurz, mit dem er sich bekleidet, das

Schlaffell, mit dem er sich in den kalten Monaten des Jahres gegen die Kälte schützt, zerstampft die gerösteten Felle, macht aus dem schwarzen Mehl unter Zusatz von Wasser einen Brei und verzehrt so seine eigene Kleidung.»[15] Dass die Europäer den Afrikanern aus ihrer ‹Misere› helfen sollten, war christliches Selbstverständnis.[16] Dahinter standen aber auch kulturmissionarische und sendungsideologische Rechtfertigungen.[17]

Auch wenn in der Schweiz wohl kein derart rassistisch geprägtes Schwarzenbild wie im nationalsozialistischen Deutschland vorherrschte, so schien dennoch ein gewisses Überlegenheitsgefühl gegenüber Afrikanern zu bestehen.[18] Eine Frau, welche im Sommer 1925 auf einem Schulausflug ein in Altstetten errichtetes «Negerdorf» besuchte, berichtet, welches Bild der Lehrer den Schülern über das Leben in Afrika vermittelt habe. So habe dieser erzählt, dass die «Neger» das ganze Jahr barfuss liefen, fast keine Kleider bräuchten, mit den Händen essen würden und auf dem Boden schliefen.[19] Die Charakterisierung aussereuropäischer Völker und Kulturen als «unterentwickelte und primitive Eingeborene», die in «Stämmen» von einem «Häuptling» regiert wurden, war zu jener Zeit weit verbreitet.[20] Oberst von Tscharner, der am 22. Juni 1940 die durch die übergetretenen französischen Truppen entstandene Situation zu analysieren hatte, schrieb u. a. Folgendes über das 7. Regiment der algerischen Spahis (7. RSA): «Die indigene Truppe, die an ausdauernde Angriffe im afrikanischen Busch gewöhnt ist, versteht nicht, was passiert ist. Sie weiss nicht, was die Schweiz ist, und hat auch keine Ahnung von Geografie und Politik. Sie folgt ihren Kommandanten, gehorcht ihnen blind.»[21]

Die Kenntnis über fremde Völker und daraus entstandene Assoziationen waren zum einen auf die Lektüre von Karl May oder anderer Werke zurückzuführen.[22] Zum anderen vermittelten vielleicht auch Berichte über verschiedene Völkerschauen ein gewisses, jedoch undifferenziertes Bild. Die Völkerschauen waren ebenso wenig authentisch wie etwa Karl Mays Romane «Der Mahdi» oder «Im Sudan».[23] Die Veranstalter der Völkerschauen waren schliesslich auf ein grosses Publikum angewiesen und boten diesem, was es sehen wollte. So kam es zur Inszenierung stereotyper «Schwarzenbilder», die heute bizarr und würdelos wirken.[24]

Juni 1940. Ankunft algerischer Spahis im Seeland (oben) und in Triengen (unten).

Die Kantonnemente boten wenig Komfort, aber wenigstens ein Dach über dem Kopf.

Heilige Handlungen der Spahis. Gebet nach Mekka und scherzhafter Rütlischwur.

7

8

«*In diesen 7 Monaten sind die Schulkinder etwas verroht.*» Pfarrer Holzmann

«*La Suisse pour nous garder, envoya ses soldats. Dès qu'on les eût r'gardés,
nous les aimions déjà.*» Winikoner-Lied

«Spahis zu Ross, die waren wunderschön. Weisse Pferde und rote Pelerinen. Und wir in unseren tristen Uniformen der Schweizer Armee.» Schweizer Wachtsoldat

«Es ist der Zivilbevölkerung verboten, Internierte zu photographieren.» Leutnant Hauser

Gruppenbild mit «Rössli»-Wirtin. Sitzend links neben der Patronin: Nestor Godin; rechts neben ihr: Marcel Barthes; sitzend Dritter von links: Henri Foiselle; hintere Reihe Dritter von links: Jacques Basoin; hintere Reihe Mitte mit Turban: «Blanchet»; rechts daneben: Roger Angelini.

«Das sittliche und moralische Wohl der Gemeinde darf keinen Schaden nehmen. Das betrifft besonders unsere Frauen, Töchter und Kinder.» Pfarrer Holzmann

19

20

«Die Bevölkerung wird dringend ersucht, im Verkehr mit den internierten Truppen den notwendigen Abstand zu wahren.» Gemeinderat Triengen

21

«Es ist verwerflich, wenn Töchter und Frauen leichtsinnig mit Soldaten spassen.» Pfarrer Holzmann

22

23

«Junge Mädchen und Frauen werden darauf aufmerksam gemacht, dass besonders Soldaten der farbigen Truppe in gesundheitlicher und sittlicher Beziehung nicht einwandfrei sind.»
Gemeinderat Triengen

24

25

«*Die Frauen fanden grossen Gefallen an den schönen Spahis, sie reisten ihnen von weit her nach.*»
Kommandant der Schweizer Wachtorgane

Spahis auf Erinnerungsfotos für Trienger Familienalben

Am 7. Oktober wurde das 2. Regiment der algerischen Spahis aus Triengen abgezogen und in die Region Mentue verlegt. Jacques Basoin (vorderste Reihe, 4. v. l.), «Blanchet» (2. Reihe, 3. v. l.), Nestor Godin (2. Reihe, stehend, 3. v. r.)

Ali Sassi (rechts im Bild) schrieb 1941 aus Algerien:
«Oui, ma place sur le mur du jardin est bien triste, sous l'ombre des arbres…»

Faszination des Fremden

Das Interesse an schwarzen Menschen war auf dem westeuropäischen Kontinent schon im Mittelalter bemerkenswert gross: Kaiser und Könige beschäftigten sich mit ihnen, die bildenden und plastischen Künstler haben sie immer wieder dargestellt.[25] Wenn ein Schwarzer unversehens auf dem Land oder in einer Stadt auftauchte, dann beäugten ihn die einfacheren Leute mit neugieriger Verwunderung.[26] Die ersten Schwarzen, welche im Zusammenhang einer Reise in Mitteleuropa eintrafen, waren jene, die der Staufenkaiser Friedrich II. (1194–1250) von Sizilien nach Magdeburg brachte. Friedrich marschierte mit seinem Hofstab, darunter auch einige Schwarze, in die Stadt ein, was für die Einwohner ein sensationelles Spektakel gewesen sein muss.[27] Als Christoph Kolumbus 300 Jahre später von seiner ersten Reise sieben Arawak-Indianer nach Europa brachte, wurden diese zu Sensationen bei Hofempfängen. Auf Umzügen führte man sie einer gaffenden Menge vor.[28] Das Fremde oder Andere scheint jedoch nur zu faszinieren, solange es neu ist. So drehte sich im 16. Jahrhundert in Lissabon schon niemand mehr wegen eines Schwarzen um, während beispielsweise in Niedersachsen Afrikaner noch jahrhundertelang eine Seltenheit darstellen sollten. Der Göttinger Anthropologe Johann Friedrich Blumenbach reiste noch 1790 nach Yverdon, um dort einen «Neger» zu besichtigen.[29] Im 19. und 20. Jahrhundert wurde der Reiz, der von fremden Menschen auf die Europäer ausging, in den bereits erwähnten Völkerschauen kommerziell ausgeschlachtet. Gerade in der Schweiz, wo man nur sehr selten Menschen mit dunkler Hautfarbe zu sehen bekam, waren diese Ausstellungen stets erfolgreich. Das bereits erwähnte «Negerdorf» in Altstetten zog beispielsweise in nur sechs Wochen über 75 000 Besucher an.[30]

Es ist evident, dass Menschen anderer Ethnien wegen ihres Aussehens beim naiven Betrachter Neugier wecken und Faszination auslösen. Dabei steht das Mass an Kuriosität fremder Menschen in direkter Relation zu ihrer Seltenheit.[31] Die in der Schweiz internierten Spahis stellten aufgrund ihrer arabischen Uniform und der zum Teil dunklen Hautfarbe ein für die Bevölkerung faszinierendes Kuriosum dar. Die Berichterstatter, welche über die Internierten schrieben, bezeichneten die Spahis des 7. RSA als «dunkle Burschen der Berberei» mit «funkelnden Augen und gutsitzenden Uniformen».[32] In weiteren Berichten während und nach der Internierung werden des Öfteren die Adjektive «legendär», «exotisch» und vor allem «stolz» genannt.[33] Das Wort «stolz» stand vermutlich im Zusammenhang mit dem Erscheinungsbild der Spahis als Kavallerie-Einheit. Abgesehen von den Artikeln des «Trienger Anzeigers» befassen sich sämtliche Medienberichte und Filmaufnahmen betreffend Spahis mit dem 7. RSA, welches in der Region Seeland interniert war. Während das Detachement des 2. Regiments der algerischen Spahis (2. RSA), wie bereits festgehalten, eine motorisierte Einheit war, handelte es sich beim 7. RSA um ein gesamtes Kavallerieregiment mit etwa 1000 Pferden. Neben den als prächtig beschriebenen Uniformen waren es vor allem die Pferde und die Reitkunst der Spahis, die im Seeland einen bleibenden Eindruck hinterliessen. Der Zeitzeuge Francis Gschwend erinnert sich wie folgt: «Marokkanische Spahis zu Ross, die waren wunderschön. Weisse Pferde und rote Pelerinen. Und wir in unseren tristen Uniformen der Schweizer Armee. Die Mädchen sahen uns nicht mehr an. Die hatten nur noch Augen für die Spahis.»[34]

Neben Bewunderung schwingt bei dem ehemaligen Schweizer Soldaten auch etwas Neid auf die Nordafrikaner mit. Zur Feststellung, dass den übergetretenen Soldaten mehr Aufmerksamkeit und Zuwendung von Seiten der Schweizer Bevölkerung entgegengebracht wurde, kam nun noch die Erfahrung, dass diese auch optisch bevorzugt wurden. Über die Faszination für die Uniform der Spahis sagt Hansruedi Neeser: «Ob es warm oder kalt war, im Sommer und Winter haben sie [die Spahis] die Pelerine angehabt. Das konnten wir nicht verstehen. Wir sind barfuss gegangen und hatten kurze Hosen an, während sie ihre Umhänge und Turbane trugen. Sie waren eigentlich angezogen wie wir im Winter. […]. Und das war faszinierend für mich. Sie hatten einfach nicht unsere Mode.»[35]

Von überall her kamen Leute aus der Bevölkerung in die Dörfer des südlichen Bielerseeufers,[36] in denen die Schwadronen des 7. RSA interniert waren, um die Spahis mit ihren Pferden zu sehen (Abb. 24). Der Zeitzeuge Paul-Henry Glardon schildert die damalige Situation wie folgt: «Jeden Sonntagnachmittag kamen junge Mädchen mit dem Velo, im Sommer in Minishorts und Trägershirts. Bis der Kommandant der Kompanie eines Lagers Röcke am Eingang verteilte und den Mädchen sagte: ‹Zieht das an und wir überwachen. Sonst seid ihr selber schuld.›»[37] Ähnlich wie eine Völkerschau im Basler Zoo oder das Altstettener «Negerdorf» zogen die Spahis jedes Wochenende ganze Heerscharen von Schaulustigen an. Das Eidgenössische Kommissariat für Internierung und Hospitalisierung (EKIH) wollte diesem Zustand nicht länger tatenlos zusehen und suchte nach einer Lösung. Internierungskommissär von Muralt äusserte sich dazu: «Nur zu bald ergab sich die Notwendigkeit, diesen fremdartigen Trp.-Körper muselmanischen Glaubens aus den Dörfern am Südufer des Bielersees entfernen zu müssen, da sich verschiedene sehr schwerwiegende Unzukömmlichkeiten zeigten, die nicht zum kleineren Teil durch die Bevölkerung verursacht, dieser kein gutes Zeugnis ausstellt.»[38]

Die Lösung sah von Muralt in der Unterbringung aller Spahis in einem grossen Zelt, das zwischen dem Areal der Haftanstalt Witzwil und dem Broyekanal errichtet wurde. Die Lage des Zeltes wurde so gewählt, dass ein «hermetischer Abschluss der Spahis» von der Wohnbevölkerung optimal gewährleistet werden konnte. Nachdem von Basel eine Holzkonstruktion mit entsprechender Zeltbedachung, die sonst für Festveranstaltungen gebraucht wurde, gemietet werden konnte, wurden die Spahis des 7. RSA nach Witzwil verlegt.[39] Trotzdem schien sich die Zivilbevölkerung immer noch nicht von den Spahis fernhalten zu lassen, wie folgendes Zeugnis des Lagerkommandanten der Haftanstalt belegt: «Die Anwesenheit der afrikanischen Soldaten brachte aber viel Volk nach Witzwil. Es herrschte insbesondere an Sonntagen gegen den See hin ein Betrieb wie auf einem Jahrmarkt. Die Frauen fanden grossen Gefallen an den schönen Spahis, sie reisten ihnen von weit her nach. Leutnant Stämpfli musste einmal so weit gehen, dass er nicht nur die Spahis, sondern auch einige Frauenpersonen in den Kehrrichtsilo einsperren musste, um sie etwas zur Vernunft zu bringen.»[40]

Obwohl es in Triengen keine Reitkünste zu bestaunen gab, spielten sich dort ähnliche Szenen ab. Hildegard Kaufmann spricht in diesem Zusammenhang von regelrechten ‹Völkerwanderungen›. Sonntags seien zahlreiche Leute, teilweise von weit her, ins Dorf gekommen, um die Spahis zu sehen.[41] Diese Vorkommnisse und die stetige Zunahme an Kontakten zwischen der Zivilbevölkerung und den Internierten waren für die Schweizer Wachtorgane eine Provokation, was sich zwangsläufig auf deren künftiges Verhalten auswirken sollte.

Disziplinarische Massnahmen

Oberstleutnant Locher, der als Kommandant des Infanterie-Regiments 34 für die Bewachung der französischen Soldaten im Abschnitt Nord-Ost der Internierungsregion Napf, zu dem auch Triengen zählte, zuständig war, schrieb am 10. Juli einen Brief an den Gemeinderat. Darin machte er u. a. folgende Feststellung:

Bei der Erfüllung unserer Pflichten müssen wir leider nicht selten feststellen, dass ein grosser Teil der Zivilbevölkerung unsere Aufgabe und den Ernst der Zeit nicht genügend erfasst hat, sonst käme es nicht vor, dass:

a) Schweizerbürger offen zu Gunsten der Internierten und gegen die korrekte Pflichterfüllung unserer eigenen Soldaten Stellung beziehen würden,

b) dass entgegen dem Befehl unseres Herrn Generals die Bevölkerung darauf beharren würde, mit den Internierten den engsten Kontakt anzustreben, der ganz sicher nicht im Interesse unseres Landes und seiner Neutralität liegt.

c) dass den Internierten entgegen den erlassenen Befehlen Zivilkleider und Velos zur Verfügung gestellt würden, die meistens doch nur zur

Umgehung der militärischen Ordnung oder sogar zu Fluchtversuchen dienen.

d) dass den Internierten entgegen den bestehenden Vorschriften immer wieder Alkohol verabreicht wird und Ausrüstungsgegenstände abgekauft werden.

e) dass sich Frauenpersonen in unverständlicher Weise an die Internierten heranmachen, um sich dadurch körperlicher und seelischer Gefahren auszusetzen.

Einzig die Sorge um das Wohl unseres Landes und unseres Volkes drängt mich dazu, die sehr verehrten Gemeindebehörden zu bitten, uns in unserer gemeinsamen Aufgabe durch Aufklärung und Belehrung der Zivilbevölkerung zu unterstützen.

Ich weiss, dass ich mich auf Sie verlassen kann. Sie leisten dadurch unserem Lande unschätzbare Dienste in schwerer Zeit.[42]

Vorkommnisse, wie sie Oberstleutnant Locher aufzählte, gab es in den meisten Lagern, die in Dörfern eingerichtet waren. Oberstleutnant Crasemann, verantwortlich für den Abschnitt Süd der Region Napf, schrieb an die ihm unterstellten Lagerkommandanten:

Verschiedentlich, so z. B. im Lager am [...] Ausgang von Langnau, bei der Sägerei Escholzmatt und in Schüpbach, wurde festgestellt, dass jugendliche weibliche Personen um die Lager herumschlichen oder sich mit Internierten einliessen. Dies widerspricht der Bestimmung, den Verkehr der Int. auf ein Mindestmass zu beschränken, und macht im übrigen einen beschämenden Eindruck. Ich ersuche Sie, u n s e r e Wachen dahingehend zu instruieren, dass sie gegen derartige Vorkommnisse sofort energisch einschreiten. Personen, die für den gebotenen Abstand offenbar kein Verständnis haben, müssen von uns erzogen werden und sollen bei Widerstand ohne weiteres festgenommen werden.[43]

Der Befehl an die Wachtmannschaft ist deutlich. Vermutlich hat Oberstleutnant Locher seinen Soldaten ähnliche Anweisungen gegeben. Vor allem im Lager Triengen war aus militärischer Sichtweise die Situation durch die Attraktion der nordafrikanischen Soldaten besonders prekär und musste unter Kontrolle gebracht werden.

Einen Tag nachdem der Gemeinderat Lochers Schreiben erhalten hatte, verfasste er ein Schreiben an den Ortschef der Bewachungstruppen. Darin ist u. a. Folgendes zu lesen: «Die Truppe gibt bis heute zu keinerlei Klagen Anlass. Die Anordnungen der Behörde, wie Rauchverbote in den Kantonnementen, Einhaltung der Polizeistunde etc., sind bis heute durchwegs beachtet worden. Wir haben den Eindruck, dass sich unter den Internierten eine Grosszahl von sehr seriösen und anständigen Leuten befindet.»[44] Erwähnte der Gemeinderat die «anständigen Leute», um implizit sein Verständnis für das Verhalten der Bevölkerung gegenüber den Internierten auszudrücken? Die Formulierung zeigt, dass sich der Gemeinderat inzwischen selbst ein Bild der Internierten gemacht hatte und ihnen ein gutes Zeugnis ausstellen konnte.

Gemäss Befehl des Internierungskommissärs von Muralt sollte der französische Nationalfeiertag, der auf einen Sonntag fiel, abseits der Ortschaften begangen werden. Er verbot ausdrücklich den Zuzug und die Beteiligung von Zivilisten. Das von ihm verfasste Schreiben ging direkt an die Ortskommandanten.[45] Weder der Kommandant der Trienger Wachtmannschaft noch der Gemeinderat hielten sich jedoch an diese Weisung. Die Feier fand auf der grossen Wiese hinter dem «Rössli» statt (Abb. 8). Zudem bot der Gemeinderat diejenigen Mitglieder der Dorfmusiken auf, welche nicht gerade im Dienst waren, um die Feier musikalisch zu umrahmen. Für diese Geste bedankte sich Capitaine Grand, der für das Internierungslager Triengen zuständige französische Offizier, mit folgenden Worten bei den Behörden: «Ich beehre mich Sie zu bitten, den Herren Musikchefs meinen herzlichsten Dank auszusprechen für die schönen Konzerte, die sie zu Ehren unseres Nationalfestes veranstalteten. Ich benutze die Gelegenheit auch der gesamten Einwohnerschaft TRIENGEN's meine vollste Anerkennung zu bekunden für die Sympathie u. die Liebenswürdigkeit, die sie allen Internierten entgegenbringt.»[46]

Nun waren die Internierten bereits drei Wochen in Triengen. In dieser Zeit beruhte das Verhältnis zwischen ihnen und der Zivilbevölkerung auf gegenseitiger Sympathie. Auch zwischen den Schweizer Wachtmannschaften und den Internierten gab es keine Spannungen. Die Disziplin im Lagerbetrieb scheint gewährleistet gewesen zu sein. Da es sich sowohl bei den Bewachern wie bei den Bewachten um Soldaten handelte, stellte die militärische Organisation der Internierung keine Probleme dar. Schwieriger war hingegen die Beziehung zwischen den Schweizer Wachtsoldaten und der Zivilbevölkerung. Dies lag zum einen daran, dass die Zivilisten, wie bereits erwähnt, den Internierten und insbesondere den Spahis ihre ganze Aufmerksamkeit schenkten. Da sich viele Frauen hauptsächlich für die Nordafrikaner zu interessieren schienen, ist es gut denkbar, dass der eine oder andere Schweizer Soldat auch etwas eifersüchtig war. Hildegard Kaufmann beschreibt das Aussehen der Spahis als «rassiger» als jenes der Schweizer Soldaten, während Alois Fischer von einem regelrechten Kontrast spricht.[47] Zum anderen machten den Wachtsoldaten aber die ständigen Annäherungsversuche und Kontaktaufnahme der Zivilisten mit den Internierten zu schaffen. Die Schweizer Soldaten hatten klare Weisungen und wollten ihre Pflicht gehorsamst erfüllen. Dabei ist es nicht auszuschliessen, dass die eventuelle Eifersucht zu einem rigoroseren Vorgehen gegen Zivilpersonen führte, welche sich nicht an die Verordnungen hielten. Da trotz Warnungen des Gemeinderats und mehrerer Hinweise keine Besserung in Sicht war, wollte man konsequent durchgreifen. Mit einem Rundschreiben an die Bevölkerung sollten die Regeln schwarz auf weiss für alle klar ersichtlich und allgemein verbindlich sein. Am 16. Juli sandte der für Triengen zuständige Ortschef, Leutnant Hauser, eine Liste mit Bestimmungen an den Gemeinderat, damit dieser Abschriften davon an alle Haushaltungen weiterleiten könne. Das Schreiben beinhaltete Folgendes:

Es ist der Zivilbevölkerung verboten:
a) Mit den Internierten zu verkehren,
b) Den Internierten Alkohol zu geben,
c) Lokale der Internierten zu betreten,
d) Ausrüstungsgegenstände Internierter anzukaufen,
e) Internierte zu photographieren oder zu interviewen,
f) Festivitäten für Internierte zu organisieren
g) Internierten Zivilkleider abzugeben
h) Den Internierten Nachtlager zu gewähren.[48]

Ferner wies Leutnant Hauser die Behörden darauf hin, den Wachtorganen keine Hindernisse in den Weg zu legen, weil dieselben lediglich ihre Pflicht erfüllten.

Protest des Gemeinderats

Am Sonntag, dem 21. Juli 1940, kam unerwartet hoher Besuch nach Triengen. Bundesrat Rudolf Minger wollte sich vor Ort ein Bild von der Internierung machen. Für den Gemeinderat muss es ärgerlich gewesen sein, erst im Nachhinein von Mingers Aufenthalt im Dorf erfahren zu haben. Schliesslich lag der letzte Besuch eines eidgenössischen Regierungsmitglieds bereits über zehn Jahre zurück.[49] Der Gemeinderat entschuldigte sich bei Minger mit folgendem Schreiben:

Hochgeachteter Herr Bundesrat!

Nachträglich erfahren wir, dass Sie gestern unserem Dorfe unerwartet einen kurzen Besuch erstattet haben. Wir fühlen uns verpflichtet, Ihnen hochgeachteter Herr Bundesrat, für die Ehre, die Sie damit unserem Dorfe erwiesen haben, in unserem und im Namen der ganzen Bevölkerung den herzlichsten Dank auszusprechen.

Gleichzeitig benützen wir den Anlass, uns höflich zu entschuldigen, weil es unserer Behörde zufolge Ihres unerwarteten Eintreffens leider nicht möglich war, Ihnen den schuldigen Empfang zu bereiten. Wir wären dieser Pflicht und damit dem Wunsche unserer ganzen Einwohnerschaft gerne nachgekommen und wollen nur hoffen, dass sich dazu bei einem andern Anlass Gelegenheit bieten möge. [...][50]

Bundesrat Minger antwortete unverzüglich und liess die Trienger Behörde wissen, dass sein Besuch keinen offiziellen Charakter gehabt habe und er deshalb keinen Empfang erwartet habe. Leider geht aus seinem Brief nichts über die von ihm vorgefundene Situation im Interniertenlager hervor. Der Magistrat freute sich für die ihm entgegengebrachte Aufmerksamkeit und dankte mit «eidgenössischem Gruss und Handschlag».[51]

Der Besuch des Magistrats hatte nicht nur auf die Behörden Eindruck gemacht. Gewiss wurden auch die Bewachungstruppen in Triengen dadurch beeinflusst. Da Rudolf Minger an einem Sonntag das Lager inspiziert hatte, mussten ihm die vielen Menschen aufgefallen sein, die extra wegen der Spahis nach Triengen gereist waren. Es ist naheliegend, dass er daher die Truppen aufforderte, die Internierten vermehrt von der Zivilbevölkerung abzuschirmen. Jedenfalls wurde das Vorgehen der Schweizer Soldaten gegenüber Zivilisten, die mit Internierten verkehrten, zunehmend strenger. Bald befand sich der Gemeinderat in einer unangenehmen Zwickmühle. Einerseits musste er die staatlichen und militärischen Interessen und Verordnungen loyal unterstützen. Andererseits war er sich darüber im Klaren, dass es unmöglich war, die Internierten hermetisch zu isolieren. Das immer vehementere Vorgehen der Wachtorgane gegen die Zivilbevölkerung erschien den Gemeinderäten nicht länger verhältnismässig. Inzwischen handelte es sich nicht mehr ausschliesslich um flüchtige oder oberflächliche Kontakte zwischen Internierten und Zivilisten.

Nach dem ersten Internierungsmonat waren bereits die ersten Freundschaften entstanden. Dies belegen zwei in Triengen aufgenommene Porträts von Spahis, die auf der Rückseite mit persönlichen Widmungen und Datum versehen sind. Der Spahi Henry Foisselle schrieb an die Familie Kronenberg: «Souvenirs d'un séjour à Triengen. Juillet 1940. Respectueuse amitié. H. Foiselle.»⁵² Und der Spahi Russeil notierte: «En souvenirs de mon internement, et remerciement à Mademoiselle Mary, Mademoiselle Aimée et Madame Kronenberg. Triengen, le 28 juillet. Russeil.»⁵³ Elsa Fischer erzählt, dass ihr Vater, der damals im Gemeinderat sass, für eine menschliche Behandlung der Internierten einstand.⁵⁴ In einem dreiseitigen Schreiben an den Schweizer General beschwerte sich der Gemeinderat am 29. Juli offiziell über das aus seiner Sichtweise übereifrige und unpassende Verhalten der Wachtorgane:

Hochgeachteter Herr General!

Gegenstand unseres heutigen Schreibens an Ihre geschätzte Adresse ist eine Beschwerde gegen das Verhalten der hier stationierten Wachttruppe bzw. gegen die Art & Weise, wie diese Truppe der [sic!] übertragene Wachtbefehl ausübt.

Unser Dorf ist seit ca. Monatsfrist mit ungefähr 550 internierten französischen Offizieren, Unteroffizieren und Soldaten belegt. Der Ortskommandant richtete in einem Rundschreiben an alle Haushaltungen, [...] verschiedene Befehle. Nach unserer Auffassung sind einige dieser Befehle durchführbar, andere können hingegen nur erfüllt werden, wenn die internierte Truppe in einem Sammellager zusammengezogen wird & hinter Zaun & Draht abgesperrt wird. Wenn unsere Armee einmal etwas befiehlt, dann sollen diese Befehle aber genau ausgeführt w e r d e n k ö n n e n.

Die Art & Weise wie die Wachtorgane nun diesen Befehlen Nachhaltung verschaffen sucht[,] ist in höchstem Masse unüberlegt und unklug & gibt Veranlassung, dass das Ansehen unserer Armee bei der Zivilbevölkerung herabsinkt. Wir stellen an Sie, hochgeachteter[n] Herr[n] General[,] folgende Fragen:

1. Ist das gänzliche Alkoholverbot tatsächlich gerechtfertigt?
Ist es gerechtfertigt, dass unser Gastgewerbe Sääle [sic!] & Lokalitäten zur Verfügung zu stellen hat & das gegen eine so bescheidene Kantonnementsentschädigung, die in keinem Vergleich steht zur Abnutzung des Mobiliars oder der Unterkunftslokalitäten. […].
2. Ist es angezeigt, dass unsere schweizer [sic!] Wachtorgane in der Ausübung ihrer Aufgabe so taktlos vorgehen, dass man ehrbare Töchter, alte Frauen, [sic!] auf der Strasse belästigt & diese auf die Wachtlokale zu schleppen versucht, weil es nicht gestattet ist mit Internierten zu sprechen. In Triengen führt sich jeder Soldat, ob ihm nun zufällig eine Wachtaufgabe übertragen ist oder nicht, ja selbst in seiner Freizeit als Dorfpolizist auf. Solche Zustände sind unhaltbar.
3. Ist es für unsere schwer betroffene Fremdenindustrie von Vorteil, wenn diese internierten Soldaten ein Andenken mit nach Hause nehmen, an das sie sich nur unangenehm erinnern. Wie rechtfertigen sich da die vielen hunderttausende von Franken, die das Schweizervolk zu propagandazwecken [sic!] schon ausgegeben hat.
4. […]
Auch wir wissen, dass es bei der Bewachung der Internierten um das Ansehen & die Ehre unserer Armee geht. Wir wissen auch, dass die gestellte Aufgabe nicht leicht zu lösen ist & eine grosse Verantwortung in sich schliesst. Militär, Volk und Behörde haben sich hier unbedingt zu finden. Wir glauben aber[,] dass der Fehler nicht so sehr auf Seite von Volk und Behörde zu suchen ist, sondern, [sic!] dass die militärischen Organe tatsächlich Veranlassung geben die Armee von Volk und Behörde zu entfremden. […][55]

Seinem Schreiben legte der Gemeinderat die bereits zitierte «Warnung» aus dem «Trienger Anzeiger» bei. Der General sollte sehen können, dass die Behörde den Ernst der Lage erfasst habe. Unterzeichnet wurde der Brief ebenfalls von über 40 Trienger Bürgern, um dem Inhalt noch mehr Gewicht zu verleihen. Interessant ist neben der detaillierten Schilderung der Situation die Tatsache, dass der Gemeinderat seine Anliegen direkt an den General adressierte. Dies lässt den Schluss zu, dass Aussprachen mit dem Orts- oder gar dem Abschnittskommandanten keine Besserung gebracht hatten. Hinter dem Hinweis auf den Fremdenverkehr verbirgt sich neben Weitsichtigkeit auch etwas Stolz. Anscheinend war man gar nicht so unglücklich darüber, dass die Spahis in Triengen interniert waren. Denn diese brachten viel ‹Volk› ins Dorf und bescherten sogar den Besuch eines Bundesrates. Es wird deutlich, dass die Gemeinderäte die Soldaten auch als Zivilpersonen oder gar als potentielle Touristen betrachteten, welche, wenn sie wieder bei ihren Familien und Freunden waren, über Triengen und die Schweiz berichten würden. Ob und wie der General auf den Brief reagierte, geht aus den Quellen nicht hervor. Jedenfalls wurden die Internierten an die 1.-August-Feier eingeladen.

> *Die Bundesfeier in Triengen nahm einen schlichten[,] würdigen Verlauf. Eingeleitet wurde sie durch eine religiöse Feier in der Kirche, um dem ersten und mächtigsten Beschützer unseres Vaterlandes, Gott, zu danken und ihn auch in Zukunft um seinen Schutz bitten.*
> *Feierlich ertönten dann die Glockenklänge in den sommerlichen Abend hinaus. Bei der Brauerei versammelten sich die Vereine und zogen unter den Musikklängen der vereinigten Musikkorps zum Schulhausplatz, wo eine grosse Zuschauermenge sich eingefunden hatte. Es war ein eigenartiges buntes Bild: Die Schweizer Trachten, Schweizerfahnen und Fähnchen neben den weissen und roten Turbanen der internierten farbigen Truppen; ein Bild das voraussichtlich nie mehr wiederkehren wird.*[56]

In anderen Lagern, wie etwa im benachbarten Winikon, wurden die Internierten ebenfalls zum Feiern mit der Zivilbevölkerung eingeladen.[57] Dass man am französischen Nationalfeiertag Schweizerinnen und Schweizer ausschliessen wollte, ist anhand neutralitätspolitischer Überlegungen nachvollziehbar. Diesbezüglich war die Teilnahme der Franzosen an der Schweizer Bundesfeier unproblematischer. Trotzdem handelt es sich hierbei um eine freiwillige Geste, die zeigt, dass die Trienger Behörden, wohl zur Freude der Zivilbevölkerung, nun offiziell die Distanz zu den Internierten verringert hatten. Elsa Wirz und Alois Fischer erinnern sich an diese 1.-August-Feier, welche auf dem «Turnmätteli» stattgefunden habe. Sie sagen aus, dass neben den Darbietungen des Turnvereins, der Trachtengruppe und der Musikkorps auch die Internierten eine gesangliche Einlage beigetragen hätten.[58]

Es hat den Anschein, als habe sich das Verhältnis zwischen dem Trienger Gemeinderat und der Schweizer Bewachungstruppe im August wieder normalisiert. In den Akten finden sich keine weiteren Hinweise auf eine angespannte Situation. Möglicherweise hat auch eine Ablösung der Wachtmannschaften zur Entspannung beigetragen. In der Regel wurden die Truppen monatlich ausgewechselt.[59] Die Ablösung brachte jedoch nicht nur Vorteile. Der Kommandant eines Bewachungsregiments schrieb in seinen Rapport: «Die neue Truppe braucht wiederum acht Tage, bis sie nur die Verhältnisse kennt, während welcher Zeit wertvoll Erreichtes verloren gehen muss.»[60]

Die tolerante Haltung des Gemeinderats wurde offenbar von der Zivilbevölkerung dahingehend interpretiert, sich unbeschwert mit den französischen Soldaten abgeben zu dürfen. Kontakte zu Internierten wurden Anfang August von den Behörden wieder häufiger festgestellt. Um diesem Verhalten entgegenzuwirken und gegenüber den Wachtorganen Solidarität zu demonstrieren, wandte sich der Gemeinderat am 16. August in einer weiteren Publikation an die Einwohner Triengens: «Es hat sich in letzter Zeit wieder verschiedentlich erwiesen, dass der Kontakt zwischen der Zivilbevölkerung und den Internierten nicht den von der Armeeleitung festgesetzten Vorschriften entspricht. Es wird erneut darauf hingewiesen, dass diese Vorschriften, [...], zu beachten sind. Die Zivilbevölkerung wird erneut darauf aufmerksam gemacht, im Verkehr mit den Internierten den geforderten Abstand zu wahren und den militärischen Wachtorganen keinerlei Schwierigkeiten in den Weg zu legen.»[61] Der nun angeschlagene Ton hatte nicht mehr die autoritäre Schärfe wie in den beiden vorausgegangenen Publikationen. Zudem wurden weder Konsequenzen angedroht noch Warnungen ausgesprochen. Es handelte sich hierbei übrigens um den letzten behördlichen Appell betreffend

Kontakte zwischen Zivilisten und Internierten. Auch die Kirche, welche in den ersten Wochen verschiedentlich gewarnt hatte, sollte diesbezüglich nichts mehr veröffentlichen. Was die Internierten betraf, so war man allseitig zufrieden. Der Gemeinderat meldete dem Ortschef der Trienger Bewachungstruppe am 28. August: «Wunschgemäss erstatten wir Ihnen über das Verhalten der Internierten der Zivilbevölkerung gegenüber folgenden Bericht: Es sind uns bis heute über das Verhalten der Internierten keinerlei Klagen eingegangen. Das Verhalten kann nach wie vor als sehr befriedigend bezeichnet werden.»[62] Bis zur Abreise der Spahis am 7. Oktober gingen seitens Zivilbevölkerung keine Klagen über Internierte ein. Darüber zeigte sich der Gemeinderat stets zufrieden. Im September wies er die Wachtmannschaften darauf hin, dass das Rauchverbot in den Kantonnementen nicht immer konsequent eingehalten würde. Ansonsten gab es nichts zu beanstanden.[63]

Zeichnung «Für Triengen». Mit diesem Geschenk brachten die französischen Internierten der Gemeinde Triengen ihre Dankbarkeit zum Ausdruck.

Alltag, Abschied, Andenken

Lange Tage

Das Leben in Triengen muss Jacques Basoin, dem weissen Spahi, und seinen Kameraden wie eine Gegenwelt zu den intensiven Erlebnissen des Krieges vorgekommen sein. Anstatt der ständigen militärischen Verschiebungen waren sie nun dauerhaft an einem einzigen übersichtlichen Ort einquartiert. Während die körperlichen Belastungen in den Kämpfen überdurchschnittlich hoch waren, waren sie in Triengen auf ein Minimum reduziert. Der Feind war nicht länger die deutsche Wehrmacht, sondern die Langeweile und das Heimweh.

Nach der Tagwache mussten die Internierten vor den Kantonnementen zum Appell in Reih und Glied erscheinen. Sie wurden gezählt, und ihre An- oder Abwesenheit wurde der Lagerleitung gemeldet.[1] Danach wurde gefrühstückt. Mittag- und Abendessen bildeten mit dem Abendappell die weitere Tagesstruktur. Zwischen den Mahlzeiten verbrachten die meisten Soldaten ihre Zeit mit Spaziergängen, Warten, Rauchen, Lesen,[2] Radiohören, Kleiderwaschen[3] oder Nichtstun. Im Lager gab es ausser Holzhacken und verschiedenen Tätigkeiten in der Küche nur wenig zu tun.[4] Das Tagesprogramm hätte eigentlich Sport und Märsche vorgesehen. Viele Internierte besassen jedoch keine brauchbaren Schuhe. Zudem mussten die Kleider bei schlechtem Wetter geschont werden. Folglich konnten die Tagesprogramme nur selten durchgeführt werden, was zu einem monotonen Tagesablauf führte.[5] Ein Schwatz mit passierenden Zivilpersonen oder ein Besuch in einem der Dorfläden waren also durchaus willkommene Abwechslungen. Die damals 26-jährige Margrit Thürig, deren Familie ein Lebensmittelgeschäft in Triengen führte, erzählt: «Sie [die Internierten] kamen in unseren Laden einkaufen, so hatten wir viel Kontakt mit ihnen. Einmal sagte einer, dass er fast sein ganzes Geld bei mir ausgebe, weil er so oft bei mir im Laden sei.»[6]

Das Beschäftigungsproblem war schon seit Beginn der Internierung bekannt. Einerseits wollte man durch die Zuweisung von Arbeit Disziplin und Moral in den Internierungslagern aufrechterhalten. Andererseits musste auch den Bedürfnissen des schweizerischen Arbeitsmarktes Rechnung getragen werden.⁷ Der Gemeinderat versuchte sich ab dem 28. Juni als Arbeitsvermittler einzuschalten und publizierte im «Trienger Anzeiger» ein Inserat:

Bekanntmachung. Eine grosse Anzahl französische Soldaten sucht Arbeitsgelegenheiten. (Berufe aller Gattungen)[.] Der Bevölkerung diene zur Kenntnis, dass das Gemeindeammannamt Triengen solche Arbeitskräfte solange vermittelt, als durch diese Vermittlung keine arbeitsuchenden Schweizerbürger benachteiligt werden.
*Es wird jedoch ausdrücklich darauf hingewiesen, dass diese Leute, deren Los in den meisten Fällen ein sehr hartes ist, nicht ausgebeutet werden dürfen. Eine anständige Arbeitsleistung soll nach den ortsüblichen Ansätzen bezahlt werden.*⁸

Da der «Allgemeine Dienstbefehl Nr. 1» des Eidgenössischen Kommissariats für Internierung und Hospitalisierung (EKIH) erst Anfang Juli erschien, konnten die Trienger Behörden noch nicht wissen, dass die Internierten zunächst ausschliesslich in der Landwirtschaft beschäftigt werden durften.⁹ Wenn ein Arbeitgeber einen Internierten engagieren wollte, musste er beim Gemeindeammannamt eine visierte Bescheinigung einholen und diese auf dem Interniertenbüro abgeben. Der Ortskommandant entschied anschliessend über das Gesuch.¹⁰ Mit der Arbeitsvermittlung und der damit verbundenen komplizierten Rechtsgrundlage beschäftigte sich auch das Staatswirtschaftsdepartement des Kantons Luzern. Ende August versandte dieses eine offizielle Weisung. Grundsätzlich war die Aufbietung von Internierten bei Notfällen wie Rutschgefahr, Überschwemmungen und Feuer erlaubt. Ebenso durften einzelne Internierte beigezogen werden, wenn der Ertrag landwirtschaftlicher Arbeit möglichst schnell eingebracht werden musste. Zudem erachtete man Aufgaben wie das Säubern der Wiesen und Äcker von Unkraut und Steinen, das Ährenlesen und Nachräumen abgeernteter Felder sowie das Sammeln von Leseholz als unbedenklich. Industrielle und Gewerbebetriebe konnten nur in Ausnahmefällen Internierte anfordern, und zwar dann, wenn keine einheimischen Arbeitslosen für den entsprechenden Beruf zur Verfügung standen.[11] Die Gemeinde setzte ein paar Internierte ein, um Arbeiten auszuführen, welche nicht absolut notwendig waren. Auf diese Weise wurden einige Feldwege verbessert, Wiesen entsumpft und Holz für Bedürftige oder die Kantonnementsküchen gesammelt. Die Internierten erhielten als Arbeitsentschädigung täglich mindestens 50 Rappen, welche von den Arbeitgebern ausbezahlt wurden.[12]

In Anbetracht der relativ grossen Anzahl Internierter in Triengen und der beschränkten Beschäftigungsmöglichkeiten ist davon auszugehen, dass nur ein kleiner Teil zu Arbeiten herangezogen wurde. Einige wurden gelegentlich für einen oder mehrere Tage in einem landwirtschaftlichen Betrieb eingesetzt. Die meiste Zeit verbrachten sie jedoch im Dorflager. Am besten erging es den wenigen, die das Glück hatten, in einem Gewerbebetrieb Arbeit zu finden. Diese konnten dort ihren Berufen nachgehen und durften das Mittagessen jeweils bei der arbeitgebenden Familie einnehmen. Die Zeitzeugen berichten über die Beschäftigung Internierter in elterlichen Betrieben. Fritz Sieber arbeitete mit einem französischen Zimmermann namens Martinez aus Toulouse zusammen. Dank seinen guten Französischkenntnissen habe er sich bestens mit ihm unterhalten können.[13] Ebenfalls aus Toulouse stammte Monsieur Baise, der in der Schuhmacherei von Hildegard Kaufmanns Vater arbeitete.[14] Der Vater von Hansruedi Neeser hatte in seinem Malergeschäft drei gelernte Maler aus dem Elsass angestellt.[15]

Die Mehrheit der französischen Soldaten musste sich jedoch anderweitig die Zeit vertreiben. Eine beliebte Freizeitbeschäftigung war das Schnitzen von Spazierstöcken. Besonders die Spahis stellten kunstvoll angefertigte Stöcke her. Meist verwendeten sie Buchen- oder Eschenholz, welches sie im «Eichwald», der noch in der ‹erlaubten› Zone lag, besorgten.[16] Als häufig verwendetes Motiv zierte eine Schlange, welche sich zum Griff emporwand, den Kunstgegenstand.[17] Die Stöcke waren jedoch zum Teil auch mit Kleeblättern, Rosen, Ranken oder gar Kantonswappen verziert.[18] Oft gravierte der Schnitzer noch seine Initialen und eine kleine Inschrift, wie «Souvenir d'un interné français», in das Holz ein. Die angefertigten Stöcke durften nicht offiziell verkauft werden. Trotzdem gaben die Dorfbewohner dafür gelegentlich einen Gegenwert in Form von Naturalien oder ein Taschengeld.[19] Manchmal verschenkten die Internierten ihre Stöcke an ihnen lieb gewordene Personen. Die meisten Zeitzeugen besitzen noch heute einen oder mehrere dieser Spazierstöcke. So bewahrt beispielsweise Hildegard Kaufmann einen Stock auf, dessen Griff den Kopf eines schwarzen Spahis mit Turban darstellt. Die Internierten stellten noch weitere Gegenstände her. Hildegard Kaufmann berichtet von einem Eichenblatt, in welchem ihr Name stand. Ein Internierter hatte mit einer Bürste ihren Namen aus dem Blatt gestanzt.[20] Ein anderes Souvenir besitzt Agnes Fries. Sie hat ein geknüpftes Untersatzdecklein erhalten.[21]

Weitere Freizeitbeschäftigungen der Internierten waren Briefeschreiben oder das Lesen des seit September erscheinenden «Journal des Internés». Viel Zeit konnte damit jedoch nicht vertrieben werden, denn das Journal war rasch gelesen, und monatlich durften die Internierten offiziell nur zwei Briefe und vier Postkarten versenden.[22] Die Organisation der Freizeitgestaltung war der Union Chrétienne des Jeunes-Gens (YMCA) vom Eidgenössischen Kommissariat für Internierung und Hospitalisierung (EKIH) übertragen worden. Gemeinsam mit internierten Mitarbeitern schuf sie anfänglich verschiedene Programme. Darunter waren Vorträge, Gesang- und Theatergruppen, Einrichtung und Führung von Interniertenstuben und Bibliotheken, Filmvorführungen und Diskussionsrunden über religiöse Themen.[23] Daneben organisierte der Armeefilmdienst Vorführungen in den Internierungsregionen, die jedoch nicht überall auf Interesse stiessen.[24] Was genau in Triengen alles geboten wurde, lässt sich nicht mehr rekonstruieren. Eine wichtige Freizeitgestaltung sollten jedoch die Proben und Auftritte des Interniertentheaters werden. Im Vergleich zu anderen Lagern war in Triengen erst relativ spät eine Theatergruppe ins Leben gerufen worden.

In Winikon führten die dort internierten Soldaten bereits am 11. August, einem Sonntagabend, ein reichhaltiges Programm vor etwa 500 Zuschauern auf. Während drei Stunden gaben sie in 18 Nummern Musikstücke, Zaubertricks und kabarettistische Darbietungen zum Besten.[25] «Der Erfolgswiderhall des in Winikon von der dortigen Interniertentruppe gebotenen Abends hatte in manchen Kreisen den Wunsch zur Wiedergabe in Triengen aufkommen lassen, welche am vergangenen Sonntag [18. August] auf dem eigens hergerichteten Turnplatz eine über tausendköpfige, aufnahmefreudige Menge zu besammeln vermocht hatte.»[26] Unter den Höhepunkten des Programms waren die Lieder «Les Fräuleins de Winikon» und «Winikon, nous t'aimons».[27] Letzteres blieb als «Winikoner Lied» in den Erinnerungen der Zeitzeugen haften. Es bestand aus elf Strophen, welche Leutnant Gallé verfasst hatte. Darin beschrieb er die Situation der Internierten in Winikon und drückte seinen Dank an die Bevölkerung aus. Als Melodie diente der französische Schlager «En cueillant la noisette» von Fred Adison aus dem Jahre 1934. Erstaunlicherweise erinnern sich einige Zeitzeugen noch an den exakten Wortlaut des Refrains: «Village de Winikon. Nous t'aimerons toujours. Tes aimables personnes égaient notre séjour.»[28] Da nach jeder Strophe der Refrain wiederholt und das Lied vermutlich mehrmals gesungen wurde, hat sich der Text bis heute eingeprägt.[29] Der ausführliche Bericht des «Trienger Anzeigers» über den Unterhaltungsabend endete mit den Worten: «Triengen und seine Internierenngemeinde waren um einen unterhaltsamen und zum mindesten in dieser Form noch nie dagewesenen Abend-Freilichtanlass reicher geworden.»[30]

Der Unterhaltungsabend war eine durchaus willkommene Abwechslung. Wie bereits erwähnt, war das kulturelle Leben durch die Abwesenheit der eingezogenen Trienger Soldaten fast zum Stillstand gekommen. Im Jahr 1940 hatte es keine Aufführungen der örtlichen Theatergesellschaft gegeben.[31] Die erfolgreichen Darbietungen der Winikoner Internierten hatten schliesslich Auswirkungen auf das Lagerleben der französischen Soldaten in Triengen. Unter dem Namen «Internierten-Theatergruppe-Triengen» fanden sich Soldaten für ein Ensemble zusammen, um ebenfalls künstlerische Darbietungen zum Besten zu geben und sich auf diese Weise die Zeit zu vertreiben. Hauptinitiator war der Spahi-Offizier und Tierarzt Marcel Barthes. Unterstützung und wohlwollendes Entgegenkommen wurden ihm von militärischer und behördlicher Seite sowie von der Zivilbevölkerung zugesichert.[32] Doch nicht nur bei den Internierten kam durch die Gründung der Theatergruppe mehr Schwung in den Alltag. Inzwischen wurden im Dorf die Vorbereitungen für den verschobenen kantonalen Schwingertag getroffen, welcher dank der Teil-Demobilmachung nun auf den 1. September angesetzt werden konnte.[33] Der Schwingertag fand an einem schönen Sommersonntag statt. Etwa 2000 Besucher wohnten dem Anlass bei. Auch die Spahis durften als Zuschauer dem Fest beiwohnen. Neben dem Schwingen sorgten die beiden Trienger Blasmusikvereine und der Luzerner Jodelklub Pilatus für musikalische Unterhaltung.[34] Nach der Feier zum 1. August war dies bereits der zweite Anlass, bei dem die Internierten einer Ausdrucksform traditioneller Schweizer Identität begegneten.

Nach einigen Wochen Proben stand die «Internierten-Theatergruppe Triengen» kurz vor ihrem Auftritt. Der «Trienger Anzeiger» machte die Bevölkerung zwei Tage vor der Aufführung darauf aufmerksam, dass diese am 22. September um 14.30 Uhr im Theatersaal des Gasthofes «Kreuz» stattfinden werde.[35] Der bunte Nachmittag wurde zu einem grossen Erfolg. Der Saal war bis auf den letzten Platz besetzt.[36] Als wollte Barthes mit seinen Leuten die Darbietungen der Winikoner Internierten übertreffen, liess er 32 Nummern aufführen. Er selbst führte als Ansager auf Französisch durch das Programm, während Unterleutnant Daras ins Deutsche übersetzte. Neben vielen instrumentalen und gesanglichen Beiträgen gab es komische Zugnummern, welche beim Publikum besonders gut ankamen.

> *Es bleiben noch drei Ensemblenummern zu erwähnen, welche dank ihrer geschmackvollen und verschiedenartigen Aufmachung lebhaften Anklang fanden: die von der Sportlergruppe des Unterleutnants Lahille mit plastischer Bühnenwirkung dargestellten Turnpyramiden, die singenden und tänzerischen Evolutionen der nordafrikanischen Spahis in ihren malerischen Uniformen, und, zum Abschluss, eine von Kapitän Barthes in Versform verfasste und deklamierte historisch-patriotische Apotheose über die Geschicke Frankreichs betitelt «La France parle». Der ergreifende Schluss mit Fahnenkuss und Marseillaise liess neben einem grossen Beifall in der Zuschauermitte manch verstohlene Träne aufkommen.[37]*

Nach drei Stunden war die Vorführung zu Ende. Das Publikum schien mit dem Gebotenen sehr zufrieden gewesen zu sein. Da viele Personen keinen Platz mehr im «Kreuz»-Saal gefunden hatten, führte die Theatergruppe das Programm am folgenden Sonntag nochmals auf.

Die einzelnen Nummern der Theatergruppe hatten vor allem einen hohen Unterhaltungswert, vermittelten aber teilweise auch französisches Kulturgut sowie nordafrikanische Tradition. Derartige Darbietungen, wie etwa Tanz und Gesang der Spahis, hatte man in Triengen noch nie präsentiert bekommen. Genau wie die Internierten bei der 1.-August-Feier oder beim Schwingfest etwas von der schweizerischen Kulturtradition mitbekommen hatten, erhielten nun die Einwohner Triengens einen kleinen Einblick in eine für sie fremde Kultur. Auch wenn die jeweils andere Kultur nur oberflächlich berührt wurde, kann doch von einer Art kulturellem Austausch gesprochen werden. Triengen glich vor der Internierung einem Soziotop, das gegenüber aussereuropäischer Kultur und nichtchristlicher Religion relativ abgeschirmt war. Das Auftreten der nordafrikanischen Spahis konfrontierte die Bewohner Tag für Tag mit Menschen anderer Hautfarbe und machte ihnen bewusst, dass diese nicht nur ungewohnte Kleider trugen und andere Sitten pflegten, sondern einige auch einer anderen Religion angehörten (Abb. 5).[38] Denn zum ersten Mal überhaupt waren die Trienger mit Moslems in Berührung gekommen, und es ist gut möglich, dass sie später noch mehr über den Islam in Erfahrung bringen wollten. Die Spahis haben offenbar gerne gelegentlich von ihrer Heimat und Kultur erzählt. Der damals 12-jährige Zeitzeuge Jules Steiger berichtet, dass ihm der Spahi Bagdadi aus Oran die Zahlen eins bis fünf auf Arabisch beigebracht habe.[39] Umgekehrt lernten die Spahis neben den offiziellen Sprachkursen auch Deutsch durch die Bevölkerung. Hedi Fries meint, dass der schwarze Spahi, der in einigen privaten Fotoalben «Blanchet» genannt wird, ein besonderes Talent für die deutsche Sprache gehabt hätte.[40]

«La Suisse telle qu'ils l'ont vue»

Um die Internierung aus Sicht der Spahis darzustellen, kann leider nicht auf einen grossen Quellenfundus zurückgegriffen werden. Von den in Triengen internierten Spahis scheinen inzwischen alle verstorben zu sein, so dass keine Zeitzeugeninterviews geführt werden konnten.[41] Das «Journal de marche» von Leutnant Nestor Godin enthält ebenfalls keine Angaben über die Befindlichkeit der Spahis während der Internierungszeit in Triengen.[42] Trotzdem gibt es einige Quellen, die zu einer Interpretation herangezogen werden können. Hier muss das Buch «La Suisse telle qu'ils l'ont vue» genannt werden.[43] Georges Scapini, damaliger französischer Botschafter in der Schweiz, schreibt darin im Vorwort:

Viel Einfühlungsvermögen, viel Takt und viel Grosszügigkeit waren nötig, um die moralischen und körperlichen Wunden unglücklicher Soldaten zu lindern, deren Waffengeschick sich gegen sie gewandt hatte. [...] Die Internierten schöpfen wieder Hoffung im Herzen. Die Tugenden der Rasse gewinnen die Oberhand. Die sanfte Poesie Schweizer Landschaften drückt sich in den Gedanken dieses Bandes aus, dessen literarische Qualität vielschichtig und mannigfaltig ist. Was sie gesehen haben, was sie fühlen, diese Sanftheit, die ihnen so wohltat, bringen sie ganz schlicht zum Ausdruck mit der Unmittelbarkeit ihres jeweiligen Temperaments.[44]

In diesen Worten zeigt sich die Dankbarkeit, welche in den meisten im Buch publizierten Beiträgen von französischen Internierten zum Ausdruck kommt. Soldaten, Unteroffiziere und Offiziere schrieben Erlebtes nieder und geben dadurch jeweils einen kleinen Einblick in ihre persönliche Schweizer Internierungszeit. Auch wenn keiner der Spahis, weder vom 7. noch vom 2. Regiment, einen Artikel beigesteuert hat, so darf doch angenommen werden, dass sie ähnliche Erfahrungen in der Schweiz gemacht haben, wie sie die Autoren in ihren vielschichtigen und abwechslungsreichen Aufsätzen wiedergeben.[45] Während die Zivilpersonen bei der Ankunft der Internierten die schönen Uniformen der Spahis bestaunten, könnten diese umgekehrt einen ähnlichen ersten Eindruck von der Bevölkerung gehabt haben, wie ein französischer Sergent festhält: «Ist das ein Traum? Auf dem Gehsteig stehen Mädchen in Sommerkleidern, weissen Sandalen und bunten Halstüchern, daneben junge Leute in hellen Hosen mit Tennisschlägern unterm Arm; sie verteilen Zigaretten und Schokolade. Haben sie Ferien? Ist hier etwa Friede?»[46] Was in einem solchen Moment durch den Kopf eines Soldaten ging, der kurz zuvor noch in den Wirren des Krieges agierte, seine Heimat verlassen musste, lässt sich wohl nicht in Worte fassen. Die rettende Schweiz, nur einige Kilometer von den Kriegsschauplätzen entfernt, muss manchem wie ein Garten Eden vorgekommen sein. Ein zunächst nicht fassbares Schauspiel zwischen Traum und Wirklichkeit brachte die Gefühle durcheinander. Die des Nachts noch unverdunkelten Häuser, Schokolade, grüssende Menschen in Sommerkleidern, die am Strassenrand standen, anstatt auf der Flucht zu sein. Weder Bomben noch Kanonendonner.

Die Art, wie die Zivilbevölkerung die fremden Soldaten empfangen hatte, vermochte in den ersten Tagen Trost zu spenden. Doch die persönlichen Probleme waren nicht getilgt, und die Realität war kein Paradies. Nach all den Gefechten, Missionen und Märschen ohne genügend Schlaf war zwar Ruhe eingekehrt. Ruhe kann aber auch bedeuten, in sich zu gehen, darüber nachzudenken, was passiert ist. Erinnerungen an gefallene Kameraden liessen Trauer emporsteigen. Während man sich in Sicherheit wähnte, waren andere umgekommen oder in Gefangenschaft geraten. Gedanken wie diese konnten zu Schuldgefühlen führen. Die Ungewissheit über den Verbleib von Verwandten und Freunden in einer vom Krieg versehrten und vom Feind besetzten Heimat hatte eine beunruhigende Wirkung. Heimweh machte sich breit. Ferner schlug die Kapitulation Frankreichs auf das Gemüt. Man war enttäuscht. Es stellten sich Fragen, ob es einen Widerstand gab und ob man wohl dazu gebraucht würde. Die Enttäuschung über die eigene Regierung schlug bei einigen in Wut um. Fritz Sieber erzählt, dass derjenige Internierte, mit welchem er gearbeitet hatte, über die französische Regierung geflucht habe. Diese habe sein Land verraten, und wenn er wieder zurückkehre, dann beteilige er sich an der Revolution.[47] Am schlimmsten aber war vermutlich das Gefühl, nicht mehr gebraucht zu werden, versagt zu haben. Diejenigen, welche eine Arbeit vermittelt bekamen, konnten sich etwas ablenken. Die anderen kämpften gegen die drohende Lethargie an. Mit Rauchen, Schnitzen, Spielen, Sport, Gesprächen unter Kameraden und gegenseitigem Verständnis musste die Zeit vertrieben werden. Denn die Tage waren lang: «Wissen Sie, die Tage sind schwer rumzukriegen, ein wenig besser geht es, wenn man raucht ...»[48]

Ablenkung von Heimweh und Ungewissheit verschafften die vielen neuen Eindrücke, welche die Schweiz und ihre Landsleute vermittelten. Genauso wie die Trienger noch nie einen Spahi-Gesang gehört hatten, war den Spahis das Jodeln, das am kantonalen Schwingertag beispielsweise vom Luzerner Jodlerklub Pilatus dargeboten wurde, etwas Fremdes. Doch auch andernorts hinterliess dieser ursprünglich aus dem Tirol in die Schweiz gekommene Gesangsstil seinen Eindruck: «Später erkannte ich die Jauchzer und Jodler wieder. Und manchmal gefiel mir, wie die Schweizer sangen.»[49] Neben dem Jodeln berichteten die Franzosen über das Jassen, grosse Bierhumpen,[50] imposante 1.-August-Feuer, die Mehrsprachigkeit der Schweiz und ihre ‹Gründung› von 1291,[51] Schweizer Politik[52] und Schweizer Spezialitäten wie Fondue (Abb. 6).[53] Vieles wurde über die Schweizer Kinder und Frauen geschrieben. Mancher internierte Familienvater erinnerte sich beim Anblick der einheimischen Kinder an seine eigenen:

> *Dieser Blondschopf dort mit dem treuherzigen Blick, so lieb, das ist mein René-Claude. Was bist du gewachsen! Und dieses runde Gesicht mit den grossen, schelmischen Augen, das ist ganz sicher Nicole. Sieh an, Monique, jetzt hast du auch Zöpfe, meine sanfte, liebe, ernste Monique. Steht dir gut! Und wer bist du? Dein Name ist Hans, sagst du? Ja, ja, ich sehe schon, Jean-Paul, du bist fast schon ein Mann ...*[54]

Die Schweizerinnen waren bei den Soldaten ein beliebtes Thema. Sie porträtierten sie, schwärmten von ihnen oder stellten humorvoll fest: «Fragt im

Dorf erst gar nicht: ‹Kennen Sie Fräulein Marie?› In der Schweiz gibt es nämlich so viele Maries wie Lévys in Amsterdam.»[55]

Das Interesse an der jeweils anderen Kultur beruhte auf Gegenseitigkeit, wie ein französischer Soldat folgendermassen festhielt: «Sitten und Gebräuche wurden verglichen. Lehrer und Schüler interessierten sich für unser Schulsystem, Landwirte für unser Vieh und die Einrichtung unserer Höfe, Hausfrauen für unsere Küche und deren Gerichte, Händler für unsere Lebensmittel und deren Preise, elegante Damen für die Pariser Mode. Manche Leute, die ihr Land noch niemals verlassen hatten, beschlossen, eine Studienreise nach Frankreich zu machen oder ihre Ferien dort zu verbringen.»[56] Einige Schweizer scheinen den Entschluss gefasst zu haben, die Ferien nach Kriegsende einmal in Frankreich zu verbringen und einen der kennengelernten Internierten zu besuchen.[57] Hansruedi Neeser berichtet, dass nach der Repatriierung mit einigen Franzosen der Kontakt durch Briefwechsel aufrechterhalten wurde. Ende der 1940er Jahre hätte er mit seiner Familie einen ehemaligen Internierten in dessen Heimat im Elsass besucht.[58]

Eine weitere Quelle, welche Einblick in die persönlichen Empfindungen der Internierten geben kann, sind die von ihnen getexteten Lieder, von welchen neben dem bereits erwähnten «Winikoner Lied» noch zwei weitere herangezogen werden sollen. Gemeinsam in den Liedern war zum einen die Dankbarkeit für die freundschaftliche Aufnahme, die man gegenüber der schweizerischen Bevölkerung zum Ausdruck bringen wollte. Zum anderen wurden der Schmerz von Niederlage und Heimweh, aber auch die Hoffnung auf eine baldige Heimkehr zum Ausdruck gebracht. In seinem Lied «Merci, Combremont!» besang Marcel Puech vom 7. Regiment der algerischen Spahis (7. RSA) die Geschichte Frankreichs und der Spahis. Er dankte der Schweiz mit folgenden Worten:

A la Suisse, d'abord, sereine et généreuse,
Qui nous ouvrit, tout grand, son paisible foyer,
Sachons ne point montrer nos âmes douloureuses.
La rancœur n'a pas place où fleurit l'amitié.[59]

Der Schweiz, heiter und grosszügig vor allem,
Die uns ihr friedliches Heim so weit geöffnet hat,
Unsere Seelen voller Schmerz wollen wir ihr nicht zeigen.
Wo Freundschaft blüht, ist kein Platz für Groll.

In einem weiteren Lied drücken sich ebenfalls Schmerz und Hoffnung aus. «Le chant des internés» wurde vom Geistlichen und bekannten Musiker Joseph Bovet aus Fribourg komponiert:[60]

Ton souvenir, mon doux pays de France,
Dans mon éxil [sic!] m'arrache un long sanglot, dans ces vallons, mon vœu.
Les jours troublés d'un malheureux pays sont pour ses fils des heures de souffrance.
Mais si la peine, hélas, les envahit,
L'espoir leur dit que c'est toujours la France.[61]

Die Erinnerung an dich, mein süsses Frankreich,
Entreisst mir einen tiefen Seufzer im Exil und in diesen Tälern meinen Eid.
Die Schicksalstage eines unglücklichen Landes bereiten seinen Söhne kummervolle Stunden.
Wenn der Schmerz sie jedoch erfüllt,
Sagt die Hoffnung ihnen, dass Frankreich immer bleibt.

Als poetischen Kontrapunkt zur französischen Misere wird in der letzten Strophe die Schweiz als mitfühlende und bezaubernde Helvetia dargestellt:

Noble Helvétie, au cœur compatissant,
Tu nous reçus dans tes bourgs, tes campagnes,
Nous garderons le rêve ravissant
De tes cités, tes lacs et tes montagnes.[62]

> Ehrwürdiges Helvetien, mit deinem mitfühlenden Herzen
> Hast du uns empfangen in deinen Dörfern, deinen Landen.
> Hegen werden wir den beglückenden Traum
> Von deinen Städten, deinen Seen und deinen Bergen.

Im «Winikoner Lied» wurden die verschiedenen Aspekte der Internierung und der entsprechende Kontrast zum Kriegsgeschehen beschrieben. Während die Soldaten im Gefecht im Wald schlafen mussten, habe der Gemeindeammann dafür gesorgt, dass sie nun ein Dach über dem Kopf hatten. Etwas Ironie war in der Strophe über die Schweizer Wachtsoldaten herauszulesen, wo es hiess: «Die Schweiz schickte ihre Soldaten, um uns zu bewachen. Kaum hatten wir sie erblickt, hatten wir sie schon ins Herz geschlossen.» («La Suisse pour nous garder, envoya ses soldats. Dès qu'on les eût r'gardés, nous les aimions déjà.»)[63] Ob es sich zwischen den Wachtsoldaten und den französischen Internierten tatsächlich um ‹Liebe auf den ersten Blick› gehandelt hat, bleibt zu bezweifeln. Dass aber den Schweizer Wachtorganen dennoch eine Strophe gewidmet wurde, deutet auf eine entspannte Situation hin, zumindest zum Zeitpunkt, als das Lied verfasst wurde (Abb. 9). Wie bereits erwähnt, entstanden Konflikte in erster Linie zwischen den Schweizer Soldaten und der Zivilbevölkerung. Da die Soldaten gemäss Weisung aber vor allem die weibliche Bevölkerung von den Internierten fernzuhalten hatten, stiessen sie vermutlich nicht nur auf deren Sympathie. In einer weiteren Strophe drückte der Verfasser seine Erleichterung darüber aus, dass es gelegentlich die Möglichkeit gab, einem Bauern bei der Arbeit zu helfen. Zudem schätzte er es, dass die Bevölkerung die Internierten dabei unterstützte, die Zeit zu vertreiben. Etwas gar pathetisch klang folgende Strophe: «Die Schweiz ist jetzt unsere zweite Heimat. Wir sind ihre Kinder. Denn sie hat unsere Herzen im Sturm erobert.» («La Suisse est maintenant notre deuxième Patrie [sic!]. Nous sommes ses enfants. Par elle nos cœurs sont pris.»)[64] Sosehr man der Schweiz und ihrer freundlich wirkenden Bevölkerung dankbar war, sosehr sehnte man sich nach der ersten Heimat, die man bald wiedersehen wollte: «Wir, die französischen Jungs, singen es immerzu. Wir sind voller Hoffnung für unser schönes Land.» («Nous les gars de la France, toujours l'on chante, on rit. Nous sommmes [sic!] plein [sic!] d'espérance, pour notre beau pays.»)[65] Diese Zeilen weisen darauf hin, dass Gallé, als er das Lied Ende Juli, Anfang August schrieb, offenbar an eine baldige Rückkehr glaubte.[66]

«Blanchet» als Postkarte

Der Aufenthalt der Spahis in Triengen prägte sich durch seine Aussergewöhnlichkeit in das kollektive Gedächtnis ein. Da die Spahis im Gegensatz zu den anderen französischen Soldaten etwas noch nie zuvor Gesehenes und Apartes darstellten, wurden sie auch entsprechend häufiger fotografiert. Anhand der erhalten gebliebenen Fotografien könnte man die These aufstellen: Je dunkler die Hautfarbe oder je exotischer die Uniform eines Soldaten, desto grösser die Anzahl überlieferter Anekdoten und Bilder. Ins Familienalbum eingeordnete Fotos von Spahis konnten später beim gelegentlichen Betrachten Erinnerungen wachrufen. Dadurch gerieten die anderen französischen Soldaten, welche im Vergleich zu den Spahis seltener in einem Album auftauchten, in den Hintergrund und teilweise auch ganz in Vergessenheit. Wie bereits erwähnt, waren die Spahis im Gegensatz zu den Elsässern nur eine kleine Minderheit. Und während die Elsässer bis Anfang 1941 im Dorf geblieben waren, mussten die Spahis bereits im Oktober 1940 das Trienger Internierungslager verlassen. Trotzdem blieben sie in den Erinnerungen der Zeitzeugen stärker präsent. Wer nicht gerade persönliche Kontakte mit anderen französischen Internierten hatte, mit denen er etwa zusammenarbeitete, der erinnerte sich hauptsächlich an die Truppe aus Nordafrika. Dies liegt daran, dass sich die damalige Bevölkerung besonders stark für die Spahis interessierte. Durch Neugier motiviert, beobachtete man sie, versuchte Kontakte zu knüpfen, lernte sie kennen und hatte gemeinsame Erlebnisse. All dies sollte fotografisch als Andenken festgehalten werden.

Dass man mit den Spahis als exotischem Sujet Geld verdienen konnte, wurde dem Fotografen Ernst Lüscher aus dem nahe gelegenen Schöftland bewusst. Professionell setzte er die Spahis ins rechte Licht, machte viele Porträts oder Truppenfotos und verkaufte diese Bilder anschliessend als Postkarten für etwa 10 Rappen[67] pro Stück an Interessierte.[68] Da seine Bilder von hoher Qualität waren, konnte er sie nicht nur bei Familien, die keine eigene Kamera besassen, absetzen. In fast allen Fotoalben, welche für die vorliegende Studie herangezogen werden konnten, fanden sich seine Fotografien wieder. Besonders gefragt war ein Truppenfoto, welches die Spahis vor dem Gasthaus «Rössli» zusammen mit der damaligen Wirtin zeigt (Abb. 16).[69]

Wie aus dem Nachlass des Fotografen zu entnehmen ist, hatte er in Triengen bezüglich der Internierung von 1940 fast ausschliesslich die Spahis, besonders die muslimischen und dunkelhäutigen, fotografiert. Da Lüscher das rege Interesse der Bevölkerung für die fremdartige Truppe aufgefallen war, durfte er annehmen, dass er mit den entsprechenden Motiven einen guten Absatz erzielen konnte. So betrachtet, ist dieser ökonomische Aspekt ein Indikator für den hohen Stellenwert der Spahis, welchen sie für Zivilpersonen innerhalb der internierten Truppe einnahmen. Obwohl das Fotografieren der Internierten offiziell verboten war, liess man Lüscher gewähren. Auf der Rückseite einiger Postkarten drückte der Pressechef des Territorial-Kommandos 5 sogar den Stempel «Zum Verkauf freigegeben» auf.[70] Es ist durchaus möglich, dass der Fotograf den Pressechef persönlich kannte. Lüscher hatte nämlich ein weites Netz von Beziehungen. In Triengen und in anderen Dörfern der näheren Umgebung hielt er allerlei Anlässe wie Dorffeste, Umzüge oder Priesterweihen fest. Als renommierter Hochzeitsfotograf lernte er bei seiner Arbeit auch den einen oder anderen Gemeinderat, Polizeichef oder Offizier kennen. Durch seine guten Beziehungen wurde ihm auch die Ehre zuteil, General Guisan bei einem Besuch in Lenzburg zu porträtieren.[71]

Anhand der grossen Menge Fotos, die er angefertigt hat, ist zu schliessen, dass er mehrmals vor Ort war und sich besonders für die Porträts viel Zeit genommen hat (Abb. 12–15). Dabei lernte der äusserst kontaktfreudige und umgängliche Lüscher die Spahis besser kennen und freundete sich bald mit ihnen an. Zwischen ihm und dem Spahi Marcel Guibal sollte eine langjährige Verbundenheit entstehen. Ernst Lüscher sprach zwar französisch, aber bei weitem nicht perfekt, wie seine Witwe Karin Lüscher bemerkt. Trotzdem hätten er und Guibal sich immer bestens über die Sprachbarriere hinweg verstanden. Guibal, der aus dem südfranzösischen Städtchen Millau war, kam nach dem Krieg öfters nach Schöftland zu Besuch. Und auch Lüscher besuchte ihn mehrmals in Frankreich. Karin Lüscher erinnert sich, wie sie ihren Mann in den 1970er Jahren einmal nach Millau begleitete. Die Männerfreundschaft endete erst mit Guibals Tod.[72]

«Blanchet» war einer der beiden Spahis mit besonders dunkler Hautfarbe[73] und fiel entsprechend auf. Sein Auftreten war für damalige Verhältnisse derart aussergewöhnlich, dass Begegnungen und persönliche Erlebnisse mit ihm bei den meisten Zeitzeugen bis heute im Gedächtnis haften blieben. Elsbeth Willimann berichtet, dass «Blanchet» jeweils sonntags zu ihrer Familie auf Besuch gekommen sei. Zunächst habe sie sich vor ihm gefürchtet und immer versteckt. Ihre beiden jüngeren Schwestern hätten jedoch keine Angst gehabt. Die Jüngste, die er oft im Arm gehalten habe, hätte mit ihrer Hand sein Gesicht berührt und geschaut, ob die Finger davon schwarz würden.[74] Die Zeitzeugin erzählt weiter, dass sich ihre Angst mit den regelmässigen Besuchen des schwarzen Spahis gelegt habe. Ihre Familie hätte sich über seine Anwesenheit gefreut. Der Vater machte einige Aufnahmen von ihm mit der Familie. Zwei davon blieben erhalten.[75] Auf einem Bild trägt der Spahi Elsbeths jüngste Schwester auf seiner Schulter. (Abb. 19) Die andere Fotografie zeigt ihn im Garten beim Hühnerfüttern mit Elsbeth und ihren beiden Schwestern, dabei raucht er eine Zigarre (Abb. 20). Auf den Bildern ist von Angst keine Spur. Hätten die Eltern befürchtet, dass ihr afrikanischer Gast in «sittlicher und gesundheitlicher Hinsicht nicht einwandfrei» sei, dann hätten sie ihre Kinder sicher nicht in seine Nähe gelassen. Auch andere Familien kannten keinerlei Barrieren oder Berührungsängste. So sind verschiedene Bilder erhalten, auf denen Spahis im Kreise einer Trienger Familie

Kinder an den Händen halten, die Hand auf ihre Schultern legen oder mit ihnen spielen (Abb. 21).

Andere Zeitzeugen können ebenfalls von persönlichen Erlebnissen mit «Blanchet» berichten. Hedi Fries erzählt folgende Anekdote. Er sei einmal vorbeigekommen und habe gesagt, dass er ihr bei der Gartenarbeit helfen wolle. Dann habe er die Stichschaufel im Boden steckenlassen, habe sie angeschaut und gefragt: «Wollen wir küssen?» Knaben aus dem Dorf hätten ihn Deutsch gelehrt. Hansruedi Neeser erinnert sich noch daran, als «Blanchet» Arrest hatte:

Das [Arrestlokal] war [...] bei der alten Käserei [...] im Dachkämmerchen oben. Ja, eben der Schwarze, der uns da so super gut gefallen hat, der hat manchmal gerne ein Kaffee zu viel genommen. Und die anderen haben ihm gerne eines mehr gegeben. Und dann musste er halt wieder dort rauf zur Strafe. Und dann [...] hat [er] die Beine runterbaumeln lassen. [...] Es war ein Vordach. [Er ist] auf dem Fensterbrett gehockt, Beine aussen runter und hat herunter gewinkt. Und wir von unten rauf. Das war natürlich eine Sensation.[76]

Die besondere Aufmerksamkeit, die der «schwarze Mann» im Dorf auf sich zog, führte dazu, dass er viele Einladungen erhielt. Es macht fast den Anschein, als habe man sich besonders geehrt gefühlt, wenn er auf Besuch kam. Wenn er dann bei einer Familie weilte, wurde er von den sichtlich stolzen Gastgebern umrahmt und fürs Fotoalbum abgelichtet (Abb. 27). Die gelegentlichen Festnahmen erfolgten wohl eher aufgrund dieser Familienbesuche, die von den Wachtorganen nicht gern gesehen wurden, als wegen zu viel Schnaps im Kaffee.

Auch die anderen Spahis waren bei der Bevölkerung gern gesehene Gäste (Abb. 26). Hildegard Kaufmann berichtet, dass hin und wieder ein paar Spahis auf ihrem Abendspaziergang am elterlichen Haus vorbeikamen. Einmal habe der Vater mit ihnen ein Gespräch begonnen. Dabei hätten sie erwähnt, dass sie hungrig seien. Hildegard, die das Gespräch mitbekommen hatte, ging daraufhin zu ihrer Mutter und teilte ihr dies mit. Die Mutter überlegte nicht lange und liess sie hereinbitten. Obwohl sie selbst nicht viel hatte, bereitete sie für die beiden Spahis ein paar «Eierschnittli» zu. Von da an seien sie regelmässig zu Besuch gekommen und hätten «Eierschnittli» und Milchkaffee bekommen.[77]

Vieles bei der Internierung der Spahis in Triengen zeigt eine Divergenz zwischen Rechtsnorm und Rechtspraxis auf. Trotz des Verbots, Internierte zu fotografieren, entstanden zahlreiche Fotografien. Obwohl es nicht gestattet war, Zivilkleider an Internierte abzugeben, trägt «Blanchet» auf einigen Bildern einen Anzug mit Krawatte (Abb. 17, 18). Zwar war es untersagt, Internierte anzusprechen oder mit ihnen zu verkehren; trotzdem entstanden persönliche Kontakte, aus denen teilweise sogar Freundschaften hervorgingen. Obschon Kirche und Behörde besonders die Frauen warnten und mit Nachdruck darauf hinwiesen, sich nicht mit den fremden Soldaten zu verabreden, trafen sich diese mit ihnen, scherzten mit ihnen, probierten sogar den Burnus und den Fez an und liessen sich damit ablichten (Abb. 18, 22, 23, 24, 25). Die Kinder bekamen von den Internierten Helme, Feldflaschen, «Matrosentäschchen» und andere Ausrüstungsgegenstände geschenkt, die eigentlich nicht hätten abgegeben werden dürfen.[78] Zudem schlichen sie in den Kantonnementen herum, welche für Zivilpersonen tabu waren (Abb. 3, 4).[79]

Diese konkreten Beispiele zeigen die Trienger und Triengerinnen als eigenständig handelnde Individuen, die im alltäglichen Bereich und in ihrer unmittelbaren Umgebung Freiräume in den staatlich und militärisch verordneten Einschränkungen suchten und diese zu nutzen wussten. Zu Beginn der Internierung profitierten sie zwar von der Unerfahrenheit der Schweizer Wachtsoldaten und den noch nicht eindeutig festgelegten Bestimmungen. Doch auch nachdem die Verhaltensmassregeln bekannt gegeben worden waren, setzten sie sich teilweise darüber hinweg und riskierten eine militärstrafrechtliche Ahndung ihrer Vergehen. Hätten sich nur wenige Personen nicht an die militärischen Anweisungen gehalten, so wäre es für die Armee ein Leichtes gewesen, die Unbelehrbaren strafrechtlich zu belangen und von weiteren Verstössen abzuhalten. Da die meisten Einwohner aber den Kontakt zu den Internierten suchten, sich verschiedentlich über Massregeln hinwegsetzten und sich sogar gemeinsam gegen das Vorgehen der Wachtorgane zusammenschlossen, wie etwa der bereits zitierte Brief der Gemeinde an den General zeigt, waren der Armee grösstenteils die Hände gebunden.

Militärische Verordnungen, wie mit den Internierten umzugehen sei, liessen den Faktor Mensch teilweise ausser Acht. Das Agieren der «kleinen Leute» in Triengen wirkte diesbezüglich den theoretisch ausgearbeiteten Massregeln der «Kommandohöhen» entgegen.

Die Sehnsucht des Ali Sassi

Trotz der Aufsicht und den Interventionen der Wachtorgane konnte es zu Kontakten zwischen Internierten und Zivilpersonen kommen, welche nicht nur rein oberflächlicher Natur waren. In den ersten Wochen der Internierung entstanden Freundschaften, welche den Krieg teilweise überdauerten. Dies zeigt sich in Briefen des Spahis Ali Sassi, welcher nach seiner Abreise aus Triengen regelmässig der Ärztefamilie Suppiger schrieb. Von der Korrespondenz des algerischen Spahis sind fünf Briefe erhalten.

Ali Sassi, Brigadier des 2. Regiments der algerischen Spahis (2. RSA), wurde gemäss Personaldossier des Eidgenössischen Kommissariats für Internierung und Hospitalisierung (EKIH) im Jahr 1914 in Trézel, im damaligen französisch-algerischen Departement Oran, geboren. Von Beruf war er Landwirt. Laut der im Dossier gemachten Angabe bezüglich Konfession soll er katholisch gewesen sein,[80] was jedoch angezweifelt werden muss. Zur Uniform trug er einen Turban, wie auf zwei Fotografien zu sehen ist (Abb. 29). Dieses Indiz sowie der Name seines Vaters, welcher Sassi Moktar Caid lautete, lassen die Annahme zu, dass Ali Sassi Moslem war. Zudem ist zu berücksichtigen, dass die Personaldossiers in grosser Eile verfasst wurden und daher zahlreiche falsche Angaben und Orthografiefehler enthalten. Dies lässt sich u. a. auf die anfängliche Improvisation und die grosse Anzahl zu internierender Militärpersonen zurückführen.[81]

Ali Sassi hatte sich mit der Familie Suppiger angefreundet. Diese wohnte in unmittelbarer Nähe zum Gasthof «Rössli», dem Spahi-Kantonnement. Der Arzt Heinrich Suppiger war mit Emilie Suppiger, geborene Kaufmann, verheiratet. Die beiden hatten drei Töchter: Mathilde Emilie (genannt Emilie), Beatrice Hermine (genannt Beatrice) und Marie-Louise (genannt Louise). Mathilde Emilie war die älteste. Sie war bei der Ankunft der Internierten 17 Jahre alt. Sämtliche Familienmitglieder sprachen französisch.[82] Sassis Kontakt zur Familie lief vor allem über Frau Suppiger, an welche die ersten beiden Briefe adressiert waren. Danach schrieb er an die ganze «Familie Suppiger».

Aus den Personaldossiers der Spahis des 2. RSA lässt sich entnehmen, dass das Detachement von Triengen am 7. Oktober nach Molondin im Kanton Waadt gebracht wurde.[83] Leutnant Nestor Godin hielt diesbezüglich Folgendes fest: «[…] mit dem Ziel, alle unsere Indigenen in der gleichen Gegend zu gruppieren, werden die Soldaten des Regiments in den Kanton Waadt verlegt, wo sich das 7. Regiment der algerischen Spahis befindet.»[84] Der Leiter des Spahi-Lagers Witzwil, Oberst von Tscharner, bemerkte bereits Ende Juni: «Scheinbar gibt es immer noch Spahis des 2. marokkanischen Spahi-Regiments, die auf verschiedene Internierungsregionen verteilt sind. Ich halte es für notwendig, sämtliche Reiter dieser Spezialtruppe, auch jene ohne Pferd, unter dem Kommando des Oberst [de Torcy] in der Internierungsregion des Oberst Lotz zu vereinen.»[85] Auch wenn von Tscharner anstatt von einem algerischen von einem marokkanischen Regiment sprach, schien er Kenntnis darüber zu haben, dass es sich bei den besagten Spahis um den «train régimentaire» (T. R.), also um ein Detachement ohne Pferde, handelte. Von einer räumlichen Konzentration aller Spahis versprach er sich Disziplin und Ordnung.[86] Dass das Trienger Spahi-Detachement jedoch erst im Oktober in die Nähe des 7. RSA gebracht wurde, scheint mehrere Gründe zu haben. Vorerst wollte man wohl den Dörfern des südlichen Bielerseeufers keine weiteren Spahis zumuten, da diese bereits mit den schon anwesenden genügend Aufmerksamkeit erregten und folglich von zahlreichen schaulustigen Zivilpersonen aufgesucht wurden. Nachdem das für das 7. RSA erstellte

Zeltlager in Witzwil ab August bezogen werden konnte, war der Platz eventuell etwas knapp bemessen. Vielleicht spielte auch die bereits erwähnte Vermutung von Oberstdivisionär von Muralt über das baldige Ende der Internierung eine Rolle. Da die Truppen in Triengen, darunter auch die Spahis des 2. RSA, «zu keinerlei Klagen Anlass» gegeben hatten, bestand kein Grund, die Situation augenblicklich zu ändern.[87] Nachdem jedoch klar wurde, dass sich die Internierung bis in den Winter hinausziehen werde und man das Spahi-Zelt vor Einbruch der Kälte abbrechen müsse, kam man auf den ursprünglichen Plan zurück, alle Spahis in einer einzigen Region zu internieren.[88]

Die Entscheidung, das Detachement des 2. RSA von Triengen nach Molondin zu verlegen, schien also schon vor einiger Zeit getroffen worden zu sein. Für die betroffenen Spahis in Triengen, welche keine Ahnung vom Beschluss des EKIH hatten, kam der Befehl zur Abreise überraschend. Es ist anzunehmen, dass der Truppe die Verlegung nach dem Morgenappell mitgeteilt wurde und sie Triengen vor dem Mittag verliessen. Die Zeit reichte eventuell noch aus, um sich von den anderen französischen Kameraden und den Wachtmannschaften zu verabschieden, welche in Triengen zurückblieben. Ali Sassi drückte sein Bedauern aus, dass er nicht mehr dazu gekommen war, sich bei Frau Suppiger zu verabschieden: «Ich bedaure es sehr, Ihnen nicht Auf Wiedersehen gesagt zu haben, als ich Triengen verliess. Alles kam so überraschend. Seien Sie versichert, Madame, dass ich ein ausgezeichnetes Andenken bewahren werde, eine Erinnerung, die nie vergehen wird.»[89]

Den anderen Spahis, die Freundschaften geschlossen hatten, musste es ähnlich ergangen sein. Zeit, sich bei Zivilpersonen zu verabschieden, wurde beim Verschiebungsbefehl nicht eingeräumt. Offiziell gab es schliesslich keine Kontakte und schon gar keine zwischenmenschlichen Beziehungen. Es mag sein, dass die Verlegung nach Molondin bei den internierten Soldaten die Hoffnung auf eine baldige Heimkehr weckte. Trotzdem tröstete dies einige Spahis nicht unbedingt darüber hinweg, dass sie Menschen, die sie in den letzten 105 Tagen kennengelernt und zum Teil liebgewonnen hatten, mit grösster Wahrscheinlichkeit nie mehr wiedersehen würden. Da Ali Sassi nicht auf eine baldige Abreise aus Triengen vorbereitet war, hatte er die Postadresse der Familie Suppiger nirgends notiert. Für die Trienger kam die Abreise der Spahis ebenso überraschend.[90] Frau Suppiger, und sie war wohl nicht die Einzige, erkundigte sich nach dem neuen Aufenthaltsort. Nach erhaltener Auskunft schickte sie Ali Sassi einen Brief und Fotos, vergass dabei aber ihre Absenderadresse anzugeben. Diesem gelang es schliesslich «nach tagelangen Nachforschungen»[91] die Adresse herauszubekommen.

Nachdem Frau Suppiger eine Antwort von Sassi erhalten hatte, sandte sie ihm ein Paket mit einem beigelegten Brief, worüber dieser sich ausserordentlich freute. Er schrieb umgehend zurück, bedankte sich für alles, was man für ihn getan hatte, und richtete seine Grüsse an «Mesdemoiselles» Emilie, Beatrice und Louise sowie an Monsieur und Madame Suppiger.[92] Er versicherte, dass er bis zu seiner Heimkehr nach Algerien regelmässig schreiben werde. Nun waren die Spahis des 2. RSA schon über ein Jahr in Europa. Sassi und seine Kameraden sehnten sich nach ihrer Heimat:[93] «Alle algerischen Spahis sind jetzt glücklich, ins schöne Afrika zurückzukehren unter einen immer blauen Himmel und eine immer glühende Sonne.»[94] Er rechnete damit, dass die Repatriierung unmittelbar bevorstand, und hoffte, dass es am 8. Dezember so weit sein werde. Dem Brief legte er noch eine Fotografie bei, welche Spahis bei einem Defilee vor General Guisan zeigte. «Dieser grosse Schweizer Staatsmann schätzt die Spahis sehr.»[95] Der General, der sich der Kavallerie stets verbunden fühlte und wenn immer möglich morgens mit seinem Pferd einen Ausritt machte, fand gewiss grossen Gefallen an den Darbietungen der Spahis mit ihren Schimmeln.[96]

Das Ehepaar Suppiger sandte Sassi mit dem nächsten Brief einen Kalender, für den er sich «tausendfach» bedankte. Diesen Kalender, womöglich mit schweizerischen Landschaftsmotiven bebildert, betrachtete er als ein unvergessliches Souvenir. Inzwischen war bereits der 8. Dezember, und die Spahis, wie die übrigen französischen Internierten, waren noch immer in der Schweiz, was Sassi zu schaffen machte: «Wir wissen noch nicht, wann wir zu unseren Familien zurückkehren werden. Die Zeit wird uns lang und auch unseren Familien, die sich danach sehnen, ihre geliebten Söhne wiederzusehen.»[97] Die letzten Wochen bis zur Repatriierung mussten die Spahis Ali Sassi, Jacques Basoin, Roger Angelini, Marcel Barthes, Nestor Godin und ihre Kameraden des 2. RSA mit grosser Geduld ertragen. Es muss enttäuschend gewesen sein, dass angekündigte[98] oder durch Gerüchte zu Stande gekommene Rückreisetermine dementiert wurden. Das Ausharren war bedrückend. Zudem war der Winter angebrochen, und damit waren die Beschäftigungsmöglichkeiten eingeschränkt. Auf die Gespräche zwischen der Schweiz und Deutschland konnte man selbst keinen Einfluss nehmen. Die Ohnmacht verdeutlichte auf unangenehme Weise, dass Frankreich besiegt war und dass die deutsche Regierung die Bedingungen diktieren konnte. Während jedoch für die Polen keine Aussicht mehr auf eine Rückkehr nach Frankreich bestand, was sich auf deren Moral negativ niederschlug, wussten die Franzosen, dass bilaterale Verhandlungen im Gange waren. Die französischen Soldaten waren also trotz allem in einer komfortableren Situation als die Polen, wofür sie von letzteren beneidet wurden. Ali Sassi befand sich, während er seinen Brief verfasste, gedanklich bereits in Algerien und anerbot der Familie Suppiger seine Gastfreundschaft: «Sobald ich in Algerien ankomme, werde ich Ihnen regelmässig schreiben, und sollten Sie jemals den Wunsch haben, Algerien zu besuchen, schreiben Sie mir. Wir werden Sie mit offenen Armen empfangen.»[99] Algerien war nach der Begegnung mit den nordafrikanischen Soldaten kein dunkler Fleck mehr auf der persönlichen Weltkarte dieser und anderer Trienger Familien. Jeder Kontakt, der zwischen Triengern und Spahis aufrechterhalten wurde, gab diesem Land im fernen und bisher fremden Afrika eine Kontur, eine Stimme und ein Gesicht. Da die Beziehung zwischen dem Spahi Ali Sassi und der Familie Suppiger nach dessen Abreise aus Triengen durch regelmässigen Briefkontakt aufrechterhalten blieb, kann in diesem Fall nicht nur von Kulturberührung gesprochen werden. Das freundschaftliche Verhältnis, welches sich auf persönlicher Ebene zwischen Vertretern einer jeweils anderen Kultur etablierte, schuf zumindest auf individueller Ebene die Voraussetzung für einen Kulturkontakt.

Ende Dezember sandte Ali Sassi der Familie Suppiger eine Ansichtskarte von Molondin mit den besten Wünschen für ein «gutes und glückliches Jahr

1941»[100]. Das neue Jahr begann für die Spahis in Molondin mit einer erfreulichen Nachricht. Es hiess, man könne das Lager am Dreikönigstag verlassen. Jeder packte seine Sachen und machte sich marschbereit. Am 6. Januar trafen jedoch keine neuen Befehle ein. «Die Schweizer Behören bleiben stumm. Kein Wort mehr von Heimkehr.»[101] Die Enttäuschung war gross. Doch es sollte vorerst die letzte bleiben. Am 20. Januar wurden die Spahis des 2. RSA mit dem ersten Teil des 7. RSA mit der Bahn von Yvonand nach Satigny bei Genf gebracht. Von dort mussten sie einen 30 Kilometer langen Fussmarsch antreten, um bei Veyrier die Grenze nach Frankreich zu übertreten und nach Annemasse zu gelangen.[102] Seine letzten Eindrücke von der Schweizer Internierungszeit hielt Nestor Godin mit folgenden Worten fest:

Eine riesige Menschenmenge, ein grosses Aufgebot an Sicherheitskräften zeigen uns, dass wir an der Grenze sind. Auf beiden Seiten der Strasse sind Tische aufgestellt. Bei den Organisatoren des Beratungsstabes herrscht reger Betrieb. Die Grenze, die sich ein paar Meter von hier befindet, überschreiten wir aber erst, nachdem jeder von uns noch eine kleine Wegzehrung erhalten hat. Die Schweizer Bevölkerung wollte diese letzte grosszügige Geste – nach so vielen anderen. Dann hebt sich endlich die Barriere. Auf beiden Seiten salutieren schweizerische und französische Soldaten mit ihren Waffen. In die Klänge der Hörner mischen sich Bravo-Rufe aus der Menge, und die Internierten strömen langsam und schweigend vorbei, erfüllt vom bewegenden Eindruck dieses Schauspiels.[103]

Wie bei der Ankunft der Internierten vor sieben Monaten säumten Menschen die Strassen und sorgten mit dieser Geste, dass die Heimkehrer ein letztes positives Bild von der Schweiz und ihrer Bevölkerung mitnehmen konnten. Während die Internierten froh waren, bald zu ihren Familien zurückkehren zu können, waren auch das EKIH und die für die Bewachung zuständigen Offiziere erleichtert, die Internierung der Franzosen zum Abschluss gebracht zu haben.[104] Im Gegensatz zur Bevölkerung, welche die Franzosen als charmant wahrgenommen hatte,[105] hatte man beim EKIH seit

Beginn der Internierung gewisse Vorbehalte gehabt, die man bis zum Schuss beibehalten hatte: «Bei den Franzosen ist die Disziplin mit wenigen Ausnahmen schlecht. Sie sind zu jeder Arbeit zu faul, führen erhaltene Befehle nur widerwillig aus, sind an sich schmutzig, unordentlich und liederlich. Die Moral lässt ebenfalls zu wünschen übrig.»[106]

Als die Spahis bereits wieder in Frankreich und auf dem Weg nach Algerien waren, wurde am 21. Januar 1941 in der Pfarrkirche Triengen für die noch zurückgebliebenen Internierten ein Abschiedsgottesdienst abgehalten. Drei Tage später reisten sie dann in aller Frühe mit einem Extrazug ab. Pfarrer Holzmann hielt das Ende der Internierungszeit mit folgenden Worten fest:

Selbstverständlich hat der Abschied auch Tränen gekostet, einerseits bei der Civilbevölkerung [sic!] von Triengen, zumal bei der Frauenwelt, wo diverse, auch andere Motive den Tränenkanal beeinflussten; andererseits bei den Internierten, die in Dankbarkeit ihre Heimreise einem ungewissen Schicksal entgegen antraten. […]. Die Seelsorger danken Gott, dass nun das normale, ruhige Dorfleben zurückkehrt. In diesen 7 Monaten sind die Schulkinder etwas verroht, Frauen- und Jungfrauenherzen sind, wenn auch nur vereinzelte, ausser Kurs gekommen … Menschen sind die Menschenkinder aller Zeiten, aller Zonen … (W. Weber.) Leider sind in 2 Fällen noch Mehreres zurückgeblieben als eine Verrohung und Ein-Ausser-Kurs-Geraten![107]

Damit spricht der Pfarrer zwei Schwangerschaften an, die aus verbotenen Beziehungen zwischen Elsässer Internierten und Triengerinnen hervorgegangen sind.[108] Doch auch die Spahis kommen in seinen Worten versteckt vor. Denn das von Friedrich Wilhelm Weber entnommene Zitat stammt aus dessen Werk «Dreizehnlinden».[109] In diesem Epos geht es um den im 8. Jahrhundert ausgetragenen Kulturkampf zwischen den christlichen Sachsen und den heidnischen Franken. Obwohl das Christentum schliesslich obsiegt, enthält die Stelle, die Pfarrer Holzmann zitiert, auch einen versöhnlichen

Ton. Dies wird ersichtlich, wenn man die nachfolgenden Zeilen des Trochäus liest:

Menschen sind die Menschenkinder aller Zeiten, aller Zonen,
Ob sie unter Birkenbüschen, ob sie unter Palmen wohnen;
Ob sie vor dem Christengotte, ob vor Wotan sie sich bücken,
Ob sie sich in Lumpen bergen oder sich mit Purpur schmücken.[110]

Der Kommandant der internierten Truppen, Hauptmann Grand, überreichte dem Gemeinderat kurz vor der Abreise ein Gemälde mit folgender Inschrift: «Für die Stadt Triengen von den französichen Offizieren, Unteroffizieren und Soldaten, die in Triengen interniert waren, als Dank für den herzlichen Empfang und die liebevolle Sympathie, die ihnen hier erwiesen wurde.» («A la Ville de Triengen. Les Officiers, Sous-Officiers et Soldats français internés à Triengen en reconnaissance pour l'acceuil cordial et la sympathie affectueuse qui leur ont été témoignés.»)[111] Auf dem Bild bietet ein Schweizer zwei verwundeten französischen Soldaten, welche die Schweizer Grenze überschreiten, Nahrung an. Links ist durch eine Ruine auf verbrannter Erde das kriegsversehrte Frankreich angedeutet, rechts die Rettung bringende Schweiz, in welcher ein Bauer vor dem Hintergrund saftig grüner Wiesen das Heu auf einen bespannten Wagen auflädt. Zwischen beiden Ländern weht eine Schweizer Fahne. Das Gemälde erinnert an den bereits erwähnten paradiesischen Zustand der Schweiz, wie er von den Internierten als Gegensatz zur zerstörten Heimat wahrgenommen wurde. Die abreisenden französischen Soldaten richteten ihre Dankbarkeit zudem im «Trienger Anzeiger» an die Behörden und die Bevölkerung. Sie dankten ebenfalls den «Militärbehörden und Wachtsoldaten für die taktvolle und kameradschaftliche Weise, mit welcher sie ihre Pflicht erfüllt haben».[112] Der explizite Dank an die Wachtorgane verweist auf ein angenehmes Klima im Internierungslager Triengen.

Ergänzend muss an dieser Stelle angefügt werden, dass sich das Verhältnis zwischen den Wachtmannschaften und der Zivilbevölkerung seit Oktober 1940 bis zum Ende der Internierung im Januar 1941 im Vergleich zu den ersten Monaten wesentlich verbessert hatte. Ab dem 22. Oktober leisteten Soldaten aus dem Kanton Uri ihren Aktivdienst als Interniertenwache in Triengen. Diese waren von den Triengern, die mit den vorherigen Bewachungstruppen eher schlechte Erfahrungen gemacht hatten, zunächst skeptisch begutachtet worden. Bald jedoch waren die Urner im Dorf gern gesehen. Auch Pfarrer Holzmann schätzte sie vor allen anderen Überwachungstruppen sehr und dankte es ihnen mit einem Eintrag in der Pfarreichronik: «Lobend sind vom Chronisten die Urner Territorialmannen hervorzuheben, die ihre religiösen Pflichten vorbildlich erfüllen und damit den Pfarrgenossen von Triengen ein gutes Beispiel gaben. Wären nur unsere Mannen und Jungmannen der Pfarrei so religiös gesinnt, wie die wackeren Urner!»[113] Als einzige Bewachungstruppe richteten die Urner vor dem Abtreten in einem ausführlichen Schreiben ihres Wachtmeisters ein persönliches Dankeschön an die Trienger Bevölkerung.[114] Erstaunlicherweise wird darin sogar die Fürsorge einer Triengerin, also einer Zivilperson, für die Internierten mit folgenden Worten gelobt: «Einen besonderen Dank muss ich noch abstatten an Gritli ‹Gilberte›, die durch ihren gütigen Zuspruch auf die bedrängten Gemüter der Internierten einen so grossen Einfluss ausgeübt und manchen von der übereilten Flucht abgehalten, indirekt hat sie die Aufgabe der Bewachungstruppe sehr erleichtert.»[115] Ferner dankte der Wachtmeister für private Einladungen und jeden Jass. Er schloss mit den Worten: «Hab Dank, schönes freundliches Triengen.» Das Beispiel der Urner zeigt, dass es durchaus möglich war, die Bewachungsaufgabe mit Einfühlungsvermögen und Menschlichkeit durchzuführen. Obwohl das EKIH strikte Befehle ausgab, hatte der jeweilige Lagerkommandant einen Ermessensspielraum und musste nicht bei jedem Kontakt zwischen Internierten und Zivilisten sofort zu erzieherischen Massnahmen greifen.

Nach der Abreise der Internierten war wieder Ruhe ins Dorf eingekehrt. Viele Einwohner versuchten, wie die Familie Suppiger, den Kontakt mit befreundeten Franzosen aufrechtzuerhalten. Die Internierten schickten nach ihrer Heimkehr Briefe und Erinnerungsfotos an die Einwohner Triengens. Der Spahi Roger Angelini sandte der Familie Kronenberg eine Fotografie, die anlässlich seines 27. Geburtstags am 20. Oktober 1941 in Marseille aufgenommen worden war.[116] Die Familie Kronenberg blieb ebenfalls mit dem Spahi Henry Foisselle aus Oran in Kontakt. Dieser schickte ein Bild seines damals schätzungsweise dreijährigen Sohnes Hérve.[117]

Die Spahis waren bei Veyrier in die «zone libre» Frankreichs zurückgekehrt. Sie wurden nicht aus dem Militärdienst entlassen, hatten jedoch längeren Urlaub, um ihre Familien wiederzusehen.[118] Die in Algerien beheimateten Spahis kehrten über Marseille dorthin zurück. Ali Sassi erkrankte kurz nach seiner Ankunft in Algerien und kam erst nach zwei Monaten wieder zu Kräften. Im letzten von ihm erhalten gebliebenen Brief beteuerte er nochmals, dass er die Familie Suppiger niemals vergessen werde. Sie hätte einen grossen Platz in seinem Herzen. Er bat sie, ihm bald wieder zu schreiben, denn er erwarte ihre Neuigkeiten, welche für ihn wie Nachrichten eines Vaters oder einer Mutter seien. Seine Freude, wieder in der Heimat zu sein, war gross. Wie sehr er aber die Familie Suppiger vermisste, brachte er mit folgenden Zeilen zum Ausdruck: «Ich habe immer noch die Hoffnung, unser schönes Schweizerland und insbesondere Triengen wiederzusehen. Ich denke, ich sollte dort wohnen, schliesslich steht die Befreiung von meinem Dienst bevor. Es sind nur noch acht Monate, bis er zu Ende ist. Ich beabsichtige zu kommen.»[119]

Die emotionale Bindung an die Familie Suppiger und die schönen Erinnerungen an Triengen machen deutlich, dass es Ali Sassi trotz offiziellen Weisungen des EKIH, die Kontakte zwischen Internierten und Zivilpersonen untersagten, gelungen war, Freundschaften zu schliessen. Ob sein Wunsch, nach der Entlassung aus der Armee nach Triengen zurückzukehren, daher rührte, dass er dort eine heimliche Liebe erlebt hatte, bleibt Spekulation. Doch auch dies wäre möglich. Vermutlich war es aber einfach der Wunsch, jene Menschen wieder zu treffen, welche ihm fern seiner Heimat mit Herzlichkeit und Hilfsbereitschaft zur Seite gestanden waren und Trost gespendet hatten. Auch wenn er wusste, dass er vermutlich nicht mehr nach Triengen zurückkehren würde, waren seine Worte Ausdruck der Dankbarkeit für entgegengebrachtes menschliches Verhalten in einer schwierigen

Zeit. Hinter jeder Uniform eines Internierten stand letztlich ein Mensch. Und Menschen können Freunde werden. Ali Sassi blickte von Algerien nochmals nach Triengen zurück. Er spürte, wie sehr ihn die Familie Suppiger gemocht hatte, und versetzte sich in sie hinein, wie es ihr und anderen Triengern beim plötzlichen Wegzug der Spahis ergangen sein musste: «Keine Gesichter von Freunden mehr, kein netter Handschlag und keine grossen Söhne mit dunkler Hautfarbe und schönen schwarzen Augen. Ja, mein Platz auf der Gartenmauer ist sehr traurig, im Schatten der Bäume.»[120] (Abb. 29)

Schlussbetrachtung

Vergleicht man die Internierung des 45. französischen Armeekorps mit anderen Internierungen in der Schweiz, so zeigt sich, dass jene der Bourbaki-Armee am meisten Parallelen aufweist. Als es um die Frage ging, ob man dem 45. Armeekorps 1940 den Grenzübertritt gewähren wolle, berief sich der Bundesrat auf den Präzedenzfall von 1871. Beide Heereseinheiten traten fast an gleicher Stelle über die Schweizer Westgrenze, wurden entwaffnet und im Landesinneren interniert. In beiden Fällen mussten die Schweizer Behörden und die Armee improvisieren. Auch was den gesamten Ablauf der Internierung bis zur Repatriierung angeht, gibt es Gemeinsamkeiten. Alltag sowie Möglichkeiten zur Freizeitgestaltung spielten sich bei den Bourbaki-Soldaten ähnlich ab wie bei den Angehörigen des 45. Armeekorps.

Dennoch gibt es einige wesentliche Unterschiede zwischen den beiden Internierungen. Während die Bourbakis nur wenige Wochen in der Schweiz blieben, dauerte der Aufenthalt der Franzosen im Zweiten Weltkrieg sieben Monate. Zudem betrachteten sich die Soldaten der Bourbaki-Armee als Franzosen oder dienten Frankreich als Angehörige der französischen Armee. Mit dem 45. Armeekorps kamen erstmals Angehörige mehrerer Nationen gleichzeitig in die Schweiz. Dies wurde bei der Abreise der Franzosen deutlich, als die Polen und Engländer knapp weitere fünf Jahre interniert blieben. Dabei ist aber auch festzuhalten, dass es den zum französischen Armeekorps gestossenen Polen, Engländern oder Belgiern weniger darum ging, für Frankreich als vielmehr gegen Nazideutschland in den Krieg zu ziehen.

Ein weiterer Unterschied waren die militärischen Bestimmungen für das Verhalten der Zivilpersonen gegenüber den Internierten. Von Deutschland respektive Preussen ging 1871 keine direkte Bedrohung für die Schweiz aus. Diesbezüglich wurden die Bourbakis nicht als tragische Helden wahrgenommen. Ihr physischer Zustand, der bei weitem nicht zuletzt wegen der Kälte gravierender war als jener der Soldaten des 45. Armeekorps, löste grosses Mitleid und Solidarität aus. Um während der Internierung die Pflichten der Neutralität nicht zu verletzen, durften die Bourbaki-Soldaten nicht frühzeitig nach Frankreich zurückkehren. Schweizer Wachtsoldaten mussten sie an einer möglichen Flucht hindern. Der Umgang mit den Zivilpersonen war jedoch nicht explizit verboten. Ein letzter nennenswerter Unterschied liegt in der Verteilung der Internierten auf das Schweizer Staatsgebiet. Die Bourbakis wurden in allen Kantonen mit Ausnahme des Tessins untergebracht. Die Angehörigen des 45. Armeekorps kamen ausschliesslich in die drei Internierungsregionen Oberland, Napf und Seeland.

Die Aufnahme von bedrängten oder kriegsverwundeten Soldaten war für die Schweiz stets mit Prestige verbunden. Die Institution des Roten Kreuzes und die Internierung der Boubaki-Armee prägten ihr Selbstbild humanitärer Tradition. Immer, wenn es um die Aufnahme von Militärpersonen ging, profilierte sich die Schweiz und legitimierte dadurch ihren neutralen Status. Anders sah es bei der Aufnahme von Zivilflüchtlingen während des Zweiten Weltkriegs aus. Im Gegensatz zu den Armeeangehörigen waren sie meist in ihrem Herkunftsland nicht länger geduldet oder wurden sogar verfolgt. Sie waren auf der Flucht und wurden im Asylland Schweiz nicht wie die fremden Soldaten als Helden wahrgenommen. Ihre Aufnahme versprach für die Schweiz zumindest kurzfristig kein Renommee. Während internierte Soldaten in der Regel wieder in denjenigen Staat zurückkehren wollten, für welchen sie gekämpft hatten und wo ihre Familien zurückgeblieben waren, hatten die Zivilflüchtlinge ihre Heimat aufgegeben. Da sich die Schweiz aber als Durchgangsland betrachtete, war ein längerer Aufenthalt nicht erwünscht. Man wollte sich ihrer so rasch wie möglich entledigen und forderte sie permanent zur Weiterreise auf. Das Bild, welches einige Flüchtlinge von der humanitären Schweiz hatten, konnte der Realität somit nicht entsprechen, weil es auf Leistungen beruhte, die hauptsächlich im militärischen Bereich erbracht worden waren.

Nur etwa fünf Prozent der in Triengen internierten Soldaten waren Spahis. Die in der Schweiz aufgenommenen Juden machten dagegen etwa zehn Prozent aller aufgenommenen Asylsuchenden aus. Beide Gruppen waren Minderheiten und repräsentierten eine der Schweizer Bevölkerung fremde Kultur. Während die Spahis von den Triengern positiv wahr- und aufgenommen wurden, hatte die Schweizer Bevölkerung gegenüber den Juden konkrete Vorbehalte. Im Gegensatz zu den Spahis, die von weit her kamen und faszinierend und attraktiv wirkten, kannte man sie bereits. In räumlicher und kultureller Hinsicht waren sie vertrauter. Ostjuden wurden als Nicht-Assimilierbare schlechthin betrachtet. Doch auch andere Juden galten als verdächtig. Dadurch boten sie Projektionsflächen für Feindbilder, die wiederum von politischen Gremien zur Schürung von Überfremdungsangst instrumentalisiert wurden. Vermutlich spielten hier ebenfalls negative Erfahrungen hinein, die man mit den wenigen politischen Flüchtlingen während des Ersten Weltkriegs gemacht hatte. Die Öffentlichkeit störte sich am Auftreten der Juden. Folglich sollten sie vom Gemeindegebiet ferngehalten werden. In militärisch geführten Arbeitslagern mussten sie einen für Zivilisten unbekannt rauen Umgangston über sich ergehen lassen. Sie blieben auf sich allein gestellt. Es gab keine Menschen, die ihnen am Strassenrand zujubelten oder Schokolade entgegenstreckten, wie dies beim Eintritt der geschlagenen Franzosen in die Schweiz geschehen war.

Das Schicksal der Juden war ein anderes als das der in Triengen internierten Spahis, die von der klaren völkerrechtlichen Regelung ihrer Internierung profitierten und zudem den Bonus des Neuen, Unbekannten und Faszinierenden hatten. Sie konnten in ihr Heimatland zurückkehren, wo sie keine Verfolgungen zu befürchten hatten. Die Eindrücke aus ihrer Internierungszeit hinterliessen positive Erinnerungen und reihten sich in die idealisierte humanistische Tradition der neutralen Schweiz ein. Juden und andere bedrohte Minderheiten wie Sinti, Roma und Jenische hatten in diesem militärisch-humanistischen Paradigma keinen Platz.

Das 2. Regiment der algerischen Spahis bestand aus sehr unterschiedlichen Charakteren mit verschiedenen Lebensgeschichten. Das Gruppenbild des Regiments (Abb. 28) zeigt das ganze Spektrum der Typen und Persönlichkeiten. Soldaten aus Afrika und Europa ordneten sich hier einer gemeinsamen Aufgabe unter, die ihnen wichtiger war als die individuelle Herkunft. Nachdem die Waffen gestreckt werden mussten, verband sie das Schicksal der Internierung, wobei jeder Einzelne einen anderen Hintergrund hatte. Jacques Basoin verbrachte als gebürtiger Franzose seine Jugend in Frankreich. Ali Sassi wurde in Algerien geboren. Die Vorfahren des dunkelhäutigen «Blanchet» stammten aus Schwarzafrika. Als junge Männer leisteten sie alle ihren Dienst im selben algerischen Spahi-Regiment und waren damit alle Stellvertreter einer imperial konzipierten und global agierenden Armee.

Nach Hitlers Westfeldzug bestanden die Streitkräfte des Freien Frankreich zeitweise mehrheitlich aus Afrikanern. Auch in der britischen Armee kämpften fünf Millionen Soldaten jeder Couleur aus allen Gebieten des Empire, darunter nepalesische Gurkhas und australische Aborigines. Selbst die Deutsche Wehrmacht rekrutierte Tausende von Soldaten aus Nordafrika, Indien und dem Nahen Osten. Ferner zog sie Hunderttausende aus den besetzten muslimischen Gebieten im Süden der Sowjetunion für Fronteinsätze heran. Dennoch wird der Zweite Weltkrieg häufig aus einer rein eurozentrischen Perspektive betrachtet, während in der Erinnerungskultur nationalstaatliche Sichtweisen dominieren. Oft wird nur die eine Seite des Krieges thematisiert, welche die europäischen Staaten und die USA in den Vordergrund rückt. Symptomatisch dafür ist die in fast allen Geschichtsbüchern und im allgemeinen Verständnis festgehaltene Datierung des Kriegsausbruchs auf den 1. September 1939. Dabei herrschte in Afrika seit dem italienischen Überfall auf Äthiopien im Oktober 1935 ein Krieg, an dem bis zur italienischen Kapitulation 1941 Soldaten aus 17 Ländern und drei Kontinenten beteiligt waren. Und in Asien hatte Japans brutale Expansionspolitik bereits seit Sommer 1937 Millionen Tote gefordert. Doch erst seit den ersten Kriegshandlungen in Europa wird offiziell von einem Weltkrieg gesprochen.

Angesichts dieser Aspekte muss der Zweite Weltkrieg sowohl geografisch als auch historisch in einem grösseren Zusammenhang betrachtet werden. Die Ausstellung «Die Dritte Welt im Zweiten Weltkrieg», die von 2009 bis 2011 u. a. in Berlin, Tübingen, Köln und Luzern zu sehen war, präsentierte die vergessene Seite des Zweiten Weltkriegs erstmals einer breiten Öffentlichkeit. Initiiert wurde sie vom Rheinischen JournalistInnenbüro aus Köln, das damit einen wichtigen Beitrag zur Überwindung des eurozentrischen Geschichtsbildes leistete. Es zeigt sich, dass die im Weltkrieg entfesselte, alle

Menschlichkeit zermalmende Bestie bereits im Kolonialismus geboren und von imperialistischem Machtstreben gemästet wurde. Die Europäisierung der Welt hat unzählige Opfer gefordert. Dass aber Unterdrückte mithalfen, ihre Unterdrücker zu befreien, wie im Falle der Armee des Freien Frankreich, blieb lange unbeachtet und wird noch immer nur zögerlich akzeptiert. Tatsächlich waren es nicht allein die USA und die Sowjetunion, die Europa von Nationalsozialismus und Faschismus befreiten, sondern Millionen Kolonialsoldaten aus aller Welt haben dazu beigetragen. Viele, die auf diesem Weg unabhängig werden wollten, bezahlten diesen Traum mit ihrem Leben. Da schwarze Soldaten als Befreier ihrer weissen Herren nicht in das Ideal der europäischen Kulturbringer passten, setzte schon früh Verdrängen ein. Als 1944 die Befreiung von Paris unmittelbar bevorstand, liess General de Gaulle den Grossteil der schwarzen Soldaten, die für das Freie Frankreich gekämpft hatten, kurzerhand durch weisse ersetzen. Während junge Franzosen triumphierend über die Champs-Élysées marschierten, wurden ihre afrikanischen Kameraden in erbärmliche Durchgangslager abgeschoben, wo sie auf den Rücktransport in die Heimat zu warten hatten.

Obwohl bislang nicht erforscht, kann davon ausgegangen werden, dass auch einige der in Triengen internierten Spahis nach ihrer Rückkehr nach Algerien an der Befreiung Europas beteiligt waren. «Blanchet» könnte durchaus unter den späteren Befreiern gewesen sein. Als einer unter Millionen wurde er durch erhaltene Fotografien und überlieferte Anekdoten für einen kurzen Moment aus der Anonymität der Geschichte herausgerissen. Nach seiner Abreise aus Triengen verlieren sich seine Spuren. Es waren Männer wie er, denen Europa und darin die Schweiz ihre Freiheit mit zu verdanken haben.

Der mikrohistorische Fokus auf Triengen hat gezeigt, wie die Bewohner auf die kriegsbedingte Internierung einer grossen Anzahl fremder Soldaten reagiert haben. Da die französischen Armeeangehörigen gegen die Deutschen gekämpft hatten, welche für die meisten Trienger eine Bedrohung darstellten, kamen ihnen grosse Sympathien entgegen. Warum aber die Spahis im

Gegensatz zur grossen Mehrheit der übrigen Franzosen viel stärker beachtet wurden, liegt zunächst – wie oben ausgeführt – an der Exotik, die mit ihnen Einzug ins Dorf genommen hatte. Ihr ungewohntes Erscheinungsbild zog die Blicke derart stark auf sich, dass die anderen Soldaten beinahe ausgeblendet wurden. Die Einwohner liessen sich trotz verschiedener Warnungen von kirchlicher und behördlicher Seite sowie Androhungen der Schweizer Bewachungstruppen nicht davon abhalten, mit den Spahis in Kontakt zu treten. Neugierde und die Faszination des Fremden drängten sämtliche Ängste und Bestimmungen bald in den Hintergrund. Die vielen Leistungen der so genannten «kleinen Leute», die von der Makrohistorie in der Regel ausgeblendet werden, haben den «Kommandohöhen» erfolgreich entgegengewirkt.

Die Untersuchung hat gezeigt, dass es Triengern und Triengerinnen als eigenständig handelnden Individuen gelungen ist, Freiräume innerhalb der staatlich und militärisch verordneten Einschränkungen zu finden. Fast alle Verbote, die das Eidgenössische Kommissariat für Internierung und Hospitalisierung im Zusammenhang mit den Internierten erliess, konnten umgangen werden. Möglich wurde dies vor allem dadurch, dass sich eine Mehrheit der Einwohner ähnlich verhielt und den auf dem Papier entstandenen Sollzustand in eine gewollte und annehmbare mehrschichtige Wirklichkeit transponierte. So entstand durch kollektive Zivilcourage eine Realität, in welche die Bevölkerung selbst als Akteur involviert war. Die grosse, aktiv herbeigeführte Differenz zwischen Rechtsnorm und Rechtspraxis führte schliesslich dazu, dass Triengen hinsichtlich seines wertrationalen kulturellen Selbstverständnisses bereichert wurde. Selbst wenn sich der physische Bewegungsradius des Einzelnen nicht vergrösserte, machten das historische Ereignis und der damit verbundene geistige Austausch dennoch weit reichende Erfahrungen möglich, die einzelne Personen nachhaltig prägen konnten.

Die Vorstellungen von Afrikanern, die vor der Ankunft der Spahis in Triengen kursierten, müssen vor allem vor einem christlich und missionarisch geprägten Hintergrund betrachtet werden. Schwarzafrikaner wurden in diesem Zusammenhang stets als in materieller und moralisch-religiöser

Hinsicht hilfsbedürftige Wesen angesehen. Aus der Sicht eines universell agierenden Christentums waren sie allerdings nie hoffnungslos verlorene und verdammte «Halbmenschen». Schliesslich konnten sie durch die Taufe und eine christliche Lebensgestaltung wenigstens in moralischer Hinsicht zu den Europäern aufsteigen. Die armen «Negerkinder» würden zwar nie Könige aus dem Morgenland werden, doch der Eintritt ins Königreich Gottes war ihnen nach christlicher Auffassung immerhin möglich.

Die erste reale Begegnung mit Männern dunkler Hautfarbe löste in Triengen zunächst Befremden aus. Bald schon kam es aber zu sozialen Annäherungen. Dass zwischen katholischen Triengern und muslimischen bzw. dunkelhäutigen Spahis wie Ali Sassi oder «Blanchet» Freundschaften entstehen konnten, lag sicher auch daran, dass das Dorf nicht von sozialdarwinistischer Propaganda und rassistischem Überlegenheitsdenken kontaminiert war. Auch wenn zu Beginn gewisse Vorbehalte bestanden haben mögen, so war Ali Sassi nicht als «Bastard» vorverurteilt. Und in «Blanchet» sah man keinen abscheulichen Kannibalen. Die Begegnung mit Männern eines anderen Kulturkreises eröffnete den Triengern neue Horizonte. Dadurch, dass das Andere nicht automatisch ausgegrenzt wurde, fand das Eigene in vielerlei Hinsicht Bereicherung. Das Stereotyp des Mitleid erregenden «Negerli» konnte wohl nicht vollständig überwunden werden. Der Kontakt und die zwischenmenschlichen Begegnungen mit Männern dunkler Hautfarbe war jedoch ein erster Schritt weg von einer naiven Verniedlichung hin zum Erkennen des Schwarzen als leibhaftig existierenden ebenbürtigen Menschen.

Auf diese Weise erhielten die Spahis und die damit verbundene Exotik Einzug ins kollektive Gedächtnis der Trienger. Die gemeinsamen Erinnerungen bildeten einen Rahmen, in den verschiedene individuelle Erlebnisse eingeflochten wurden. Zusammen zeigen sie ein sehr vielschichtiges Bild, ein einzigartiges Bild, das in der Geschichte nie mehr wiederkehren wird. Doch seine Auf- und Nachzeichnung kann zu einem besseren Verständnis der früheren Generation beitragen und die eigene kulturelle Identität verstehen helfen, die immer auch durch das Andere, das zunächst Fremde geprägt ist.

Nach 66 Jahren kam es am 10. Juni 2006 zu einer neuen Begegnung zwischen Spahis und Triengern, als die Vereinigung der ehemaligen Spahis der Gemeinde ihre Ehrenmedaille verlieh. Jacques Basoin wäre an diesem Tag 86 Jahre alt geworden.

Wir lernen, dass in jenen Jahren der Gefahr, neben unmenschlicher Bürokratie, auch persönliche Menschlichkeit gedieh. Wir lernen, dass man den geschlagenen Fremden, auch in Zeiten eigener Not, eine sichere Bleibe bot. Wir lernen ein Land, ein Dorf und Menschen kennen, die Ängste, Vorurteile und Vorbehalte hatten; wir lernen ein Land, ein Dorf und Menschen kennen, die fähig waren, ihre Ängste, Vorurteile und Vorbehalte beiseite zu legen. In Triengen entstanden Freundschaften, es wurde musiziert, Theater gespielt, die Spahis waren bald zur Dorfattraktion geworden. Vielleicht hat mein Vater, haben alle unsere Väter und Mütter zu wenig erzählt aus jener Zeit vor gut sechzig Jahren. Was wir heute erfahren und lernen, ist es wert, nicht vergessen zu gehen. Selbst Sohn eines Internierten, freut es mich ganz besonders, dass die Gemeinde Triengen heute von den Kindern der Spahis die Ehrenmedaille des Burnous verliehen bekommt: als Zeichen gegen das Vergessen und als Dank für Menschlichkeit!

Claude Janiak, Nationalratspräsident, am 10. Juni 2006 in Triengen

Anmerkungen

Vorwort

1. Soyinka, Wole: *Die Last des Erinnerns. Was Europa Afrika schuldet – und was Afrika sich selbst schuldet.* Düsseldorf 2001.
2. Rheinisches JournalistInnenbüro. Recherche International e.V. (Hg.): *Unsere Opfer zählen nicht. Die Dritte Welt im Zweiten Weltkrieg.* Berlin 2005, und speziell für den Schulunterricht auch: Rheinisches JournalistInnenbüro. Recherche International e.V. (Hg.): *Die Dritte Welt im Zweiten Weltkrieg. Unterrichtsmaterialien zu einem vergessenen Kapitel der Geschichte.* Köln 2008.
3. An die Rolle schwarzer US-Soldaten bei der Befreiung Nord- und Mittelitaliens erinnert auch der 2008 in die Kinos gekommene Spielfilm «Miracle at St. Anna» von Starregisseur Spike Lee.
4. Scheck, Raffael: *Hitlers afrikanische Opfer. Das Massaker der Wehrmacht an schwarzen französischen Soldaten.* Berlin 2009.
5. Vgl. z.B. Kreis, Georg: *Der Pass mit dem Judenstempel. Eine Familiengeschichte in einem Stück Weltgeschichte 1925–1975.* Wien/Linz 2001, und mit Abstrichen Picard, Jacques: *Gebrochene Zeit. Jüdische Paare im Exil.* Zürich 2009.

Einleitung

1. Salis, Jean Rudolph von: *Weltchronik 1939–1945.* Zürich 1966.
2. Bitterli, Urs: *Die «Wilden» und die «Zivilisierten». Die europäisch-überseeische Begegnung.* Zürich 1977, Erster Teil, II. Europäer und Eingeborene: Formen der Begegnung, S. 81–173.
3. Bitterli: *Wilde,* S. 81.
4. Bitterli: *Wilde,* S. 95.
5. Die Begriffe «Kulturzusammenstoss» und «Akkulturation» eignen sich nicht für eine weitere Analyse, da dies, auch im Gedankenexperiment, zu weit führen würde. Die relativ kurze Dauer der Internierung, die politischen Umstände sowie die Gesamtsituation des Ereignisses schliessen eine weitere Analyse in diesen Perspektiven von vornherein aus. Denn sowohl der Kulturzusammenstoss als auch die Akkulturation setzen das ständige Heim- und Wiederkehren der Ankömmlinge voraus. Zudem bleibt es nicht bei einer definierten Gruppe von «Eroberern», sondern immer mehr «Kulturvertreter» kommen ins fremde neue Land.
6. Daniel, Ute: *Kompendium Kulturgeschichte. Theorien, Praxis, Schlüsselwörter.* Frankfurt am Main 2001, S. 13. Wenn man Kultur als all das bezeichnet, was der Mensch aufgrund seiner spezifischen Fähigkeiten hervorbringt, wie etwa auch Deutungen

und Handlungen, und diesen «Kreationen» Bedeutung entgegenbringt, so wird ersichtlich, worum es in der kulturgeschichtlichen Betrachtungsweise letztlich geht. Dazu: Dressel, Gert: *Historische Anthropologie. Eine Einführung.* Wien/Köln/Weimar 1996, S. 168.

7 Dressel: *Anthropologie,* S. 19.
8 Arnold, John H: *Geschichte. Eine kurze Einführung.* Stuttgart 2001, S. 114.
9 Arnold: *Geschichte,* S. 122.
10 Arnold: *Geschichte,* S. 15, S. 122.
11 Arnold: *Geschichte,* S. 138.
12 Oft wird der «Oral History» vorgeworfen, dass die Erinnerungen, die aus lebensgeschichtlichen Interviews gefördert werden, Artefakte sind, welche mehr das Hier und Jetzt der Interviewsituation als das Dort und Damals aufgreifen. Diese Kritik kann aber auch auf andere historische Quellen wie Fotografien, Statistiken oder Protokolle angewandt werden, da diese stets selektiv und perspektivengebunden sind. Es ist daher wichtig, sich dieser Tatsache bewusst zu sein. Daniel: *Kompendium,* S. 306 f.
13 Daniel: *Kompendium,* S. 19.
14 Seit den späten 1970er Jahren wurde die Alltags- und Mikrogeschichte vielerorts zur Leitlinie sozial- und alltagshistorischer Forschung. Besonders der italienische Historiker Carlo Ginzburg hat mit seiner «Spurensicherung» und der Rekonstruktion eines Inquisitionsprozesses einem darin angeklagten frühneuzeitlichen Müller eine Stimme gegeben und dadurch die Diskussion über Mikrohistorie angeregt. Dazu: Lüdtke, Alf: Alltagsgeschichte, Mikro-Historie, historische Anthropologie, in: Goertz, Hans-Jürgen (Hg.): *Geschichte. Ein Grundkurs.* Reinbek bei Hamburg 2001, S. 567. An dieser Stelle sei zudem darauf hingewiesen, dass der Begriff «Mikrohistorie» in diesem Buch für Alltagsgeschichte und im weiteren Sinne für historische Anthropologie verwendet wird. Diese historischen Perspektiven unterscheiden sich nicht fundamental. Sie sind in den 1970er Jahren entstanden und wurden von unterschiedlichen Historikergruppen getragen, wobei sich Strömungen herausgebildet haben, welche für die jeweiligen Bezeichnungen verantwortlich waren. Gemeinsamer Angelpunkt all dieser Richtungen ist die Konzentration auf das Einzelne und die Rückkehr zum Detail.
15 Medick, Hans: Mikrohistorie, in: Jordan, Stefan (Hg.): *Lexikon Geschichtswissenschaft. Hundert Grundbegriffe.* Stuttgart 2002, S. 217.
16 Dressel: *Anthropologie,* S. 249.

17 Lüdtke, Alf: *Alltagsgeschichte,* in: Jordan, Stefan (Hg.): *Lexikon Geschichtswissenschaft. Hundert Grundbegriffe.* Stuttgart 2002, S. 21.
18 Iggers, Georg G.: *Geschichtswissenschaft im 20. Jahrhundert. Ein kritischer Überblick im internationalen Zusammenhang.* Göttingen 1996, S. 74 f.
19 Daniel: *Kompendium,* S. 302.
20 Dressel: *Anthropologie,* S. 249.
21 Kreis, Georg: Zwischen humanitärer Mission und inhumaner Tradition. Zur schweizerischen Flüchtlingspolitik der Jahre 1938 bis 1945, in: Sarasin, Philipp/Wecker, Regina (Hg.): *Raubgold, Reduit, Flüchtlinge.* Zürich 1998, S. 121.
22 Stadelmann, Jürg: *Umgang mit Fremden in bedrängter Zeit. Schweizerische Flüchtlingspolitik 1940–1945 und ihre Beurteilung bis heute.* Zürich 1998, S. 7: «Der ‹Flüchtlingsverkehr› im Landesinnern ist praktisch unerforscht. Es fehlt auch eine Untersuchung über Lagerstandorte und Betriebe. Selbst über das alltägliche Zusammenleben mit Flüchtlingen ist wenig bekannt […], [etwa wie] die schweizerische Bevölkerung mit den Flüchtlingen umgegangen [ist].» Dazu auch: Kreis, Georg: *Zwischen humanitärer Mission,* 135 f. Nach Kreis sind folgende Detailfragen in der Forschung noch zu klären: Einzelschicksale der Zurückgewiesenen (mit Hilfe von grenznahen ausländischen Archivbeständen), Praxis der Visumserteilung der schweizerischen Aussenstellen, familiengeschichtlicher Kontext von so genannten Mischehen, insbesondere das Schicksal der Exschweizerinnen, Umgang mit den für Flüchtlinge bezahlten Kautionen, Engagements der Hilfswerke und des Schweizerischen Roten Kreuzes sowie private Engagements derjenigen, die Flüchtlinge bei sich aufnahmen.
23 Einige Arbeiten thematisierten etwa das «Concentrationslager» Büron an der Aare, so etwa Stadelmann, Jürg/Krause, Selina: *«Concentrationslager» Büron an der Aare 1940–1946. Das grösste Flüchtlingslager der Schweiz im Zweiten Weltkrieg.* Baden 1999, sowie der gleichnamige Dokumentationsfilm von Beat Regli und Jürg Stadelmann. Dieses Lager wird weiter unten noch ausführlicher beschrieben.
24 Volland, Bettina: *Polen, Schweizerinnen und Schweizer. Militärinternierte und Zivilbevölkerung 1940–1945,* in: *Jahrbuch 1993 der Historisch-antiquarischen Gesellschaft von Graubünden.* Chur 1994. Die Zeitspanne von 1940 bis 1945 teilt Volland in drei Abschnitte ein. Sie zeigt auf, wie die Polen mit den Franzosen in die Schweiz kamen und von der Schweizer Bevölkerung zunächst als tapfere, aber tragische Kriegshelden herzlich empfangen wurden. Die zweite Phase bahnte sich mit der Repatriierung der Franzosen im Januar 1941 an und erreichte ihren Höhepunkt mit der Einführung des «Orange-Befehl» vom November desselben Jahres. Dieser Befehl schränkte die Bewegungsfreiheit der Polen stark ein. Darin enthalten war auch

ein Heiratsverbot. Die letzte Phase bildete die Zeit nach 1944, als Verstösse gegen den «Orange-Befehl» nicht mehr konsequent geahndet wurden.

25 Lassere, André: *Frontières et camps. Le refuge en Suisse de 1933 à 1945.* Lausanne 1995. Der Autor bleibt nahe an den Quellen und geht sparsam mit Interpretationen um. Dafür liefert er exakte Zahlen zu den Bereichen Flüchtlingskategorien, Belegungen von Berufsbildungskursen, Sammelaktionen, Unterhaltskosten und u.a. zu Destinationen der gewünschten Weiterreise.

26 Stadelmann: *Umgang mit Fremden.*

27 Stadelmann/Krause: *Concentrationslager.* Das Interessante an dieser Studie ist, dass sie unterschiedliche Wahrnehmungen aufgreift. Während Schweizer Verantwortliche von einer wahren Meisterleistung sprachen, sahen sich die Polen nun plötzlich als Gefangene und waren äusserst unzufrieden mit der neuen Situation. Wie so oft bei auf Schreibtischen konzipierten Lösungen, welche die Unterbringung und Versorgung einer grösseren Anzahl von Menschen gewährleisten sollen, geht der Faktor Mensch als individuelles Wesen vergessen. Gerade die Raumberechnung und die für Menschen wichtige Privatsphäre gingen bei der Planung völlig unter. Schliesslich wurden die unzumutbaren Bedingungen auch auf Schweizer Seite erkannt. Viele der Lagerinsassen kamen bereits im Jahre 1941 nach Graubünden oder ins Tessin. Das Lager wurde jedoch anschliessend als Notbehelf für die Einquartierung von Zivilflüchtlingen gebraucht. Erst 1946 wurde es abgebaut.

28 Mullis, Ruben: *Die Internierung polnischer Soldaten in der Schweiz 1940–1945.* Bern 2003. Interessant an dieser Publikation ist, dass sie die Beziehungen zwischen der Schweiz und Polen im Laufe der Geschichte thematisiert. Problematisch ist hingegen, dass die Publikation ausschliesslich die Erlebnisse der Polen berücksichtigt. Die polnische Internierung wird beispielsweise nicht mit jener der jüdischen Flüchtlinge verglichen. So läuft der Autor Gefahr, dem nicht spezialisierten Leser ein beschönigendes Bild der Schweizer Flüchtlingspolitik des Zweiten Weltkriegs zu vermitteln. Trotz dieses kleinen Einwandes dient die Schrift in ihrer sehr gut gestalteten Übersichtlichkeit einer Veranschaulichung der komplexen makrohistorischen Zusammenhänge, vor allem was die militärhistorischen Komponenten betrifft.

29 Erlanger, Simon: *Nur ein Durchgangsland. Arbeitslager und Internierungsheime für Flüchtlinge und Emigranten in der Schweiz 1940–1949.* Zürich 2006.

30 *Veröffentlichungen der Unabhängigen Expertenkommission Schweiz – Zweiter Weltkrieg.* Zürich 2001.

31 Picard, Jacques: *Die Schweiz und die Juden 1933–1945. Schweizerischer Antisemitismus, jüdische Abwehr und internationale Migrations- und Flüchtlingspolitik.* Zürich

1994; Kury, Patrick: *Über Fremde reden. Überfremdungsdiskurs und Ausgrenzung in der Schweiz 1900–1945.* Zürich 2003.

32 Koller, Christian: *Von Wilden aller Rassen niedergemetzelt.* Die Diskussion um die Verwendung von Kolonialtruppen in Europa zwischen Rassismus, Kolonial- und Militärpolitik (1914–1930). Stuttgart 2001. In seiner Dissertation zeigt Koller auf, wie koloniale Truppen seit der zweiten Hälfte des 19. Jahrhunderts in Europa eingesetzt wurden. In quantitativer Hinsicht erreichten koloniale Truppenkontingente in Europa zwischen 1914 und 1930 (Westfront des Ersten Weltkriegs und anschliessende Besetzung des Rheinlands) ihren Höhepunkt. Koller bearbeitet die Thematik mentalitäts-, geistes-, kultur- und politikgeschichtlich und gibt die Bilder von den Kolonialsoldaten in der damaligen öffentlichen Diskussion wieder. Dabei vergleicht er die Darstellungsmuster einzelner europäischer Staaten und stellt vor allem die deutsche Betrachtungsweise der französischen gegenüber.

33 Geertz, Clifford: *Dichte Beschreibung. Beiträge zum Verstehen kultureller Systeme.* Frankfurt am Main 1987, S. 9.

34 Daniel: *Kompendium,* S. 249.

35 Welskopp, Thomas: Erklären, in: Goertz, Hans-Jürgen (Hg.): *Geschichte. Ein Grundkurs.* Reinbek bei Hamburg 2001, S. 158 f.

36 Jaeger, Friedrich: Geschichtstheorie, in: Goertz, Hans-Jürgen (Hg.): *Geschichte. Ein Grundkurs.* Reinbek bei Hamburg 2001, S. 725.

Geschichte der Spahis

1 Willi, J.-J.: *Die Spahis in der Schweiz,* in: *Schweizer Kavallerist.* 26.6.1980, S. 26.

2 Rosière, Pierre: *Spahis. La Garde Rouge de Dakar.* Paris 1984, S. 22. Ferner steht hier: «Certaines affirmations donnent comme éthimologie [sic!], le mot arabe ‹Sbah›: matinal, d'où ‹des cavaliers du matin›.» Weitere Anmerkung: Da es im Arabischen kein P gibt, müsste eigentlich von «Sibahi» gesprochen werden. Dieses Wort hat sich jedoch in den Lexika nicht durchsetzen können. Aus «Sibahi» entstand vermutlich durch die Deformation der französischen Aussprache das Wort «Sipahi» und später «Spahi». Dazu auch: http://www.histoiredumonde.net/article.php3?id_article=1259 &var_recherche=Spahis (7.3.10).

3 Dufour, Pierre: *Le 1er SPAHIS. Des origines à nos jours.* Barcelona 1990, S. 5. Dazu auch: http://www.turkin.net/kunst/osmanen_hereswesen.htm (7.3.10).

4 http://www.algerie-ancienne.com/Salon/Turque/003.htm (7.3.10): «LES JANISSAIRES: (YENI-TCHERI: nouvelle troupe). Recrutés d'abord parmi les enfants trouvés ou enlevés à leur famille dans les pays conquis, formés par une éducation

appropriée, isolés du reste de la société, ils acquièrent un esprit de corps très puissant. Ils n'ont qu'une religion: l'Islam; qu'une famille: leur régiment.»

5   Matschke, Klaus-Peter: *Das Kreuz und der Halbmond. Die Geschichte der Türkenkriege.* Düsseldorf/Zürich 2004, S. 54.
6   Janitscharen, die sich auf dem Schlachtfeld ausgezeichnet hatten, konnten jedoch zu Sipahis befördert werden. Ebd.
7   Ebd. S. 51. Zum «Timar»-System siehe auch: http://i-cias.com/e.o/sipahi.htm (7.3.10): «A sipahi was a person who had been granted with a fief, called timar, ziamet or hass. In this county the sipahi could collect all the income in return for military service. The peasants living in the timar were serfs and attached to the land.» – «Timar», «Ziamet» oder «Hass» unterschieden sich in der Grösse der jährlich generierten Einkünfte. Ein Sipahi konnte aus einem Timar jährlich 10 000 «Akçe», was etwa dem Zwei- bis Vierfachen eines Lehrerverdienstes entsprach, bekommen. Ein Ziamet warf über 100 000 Akçe ab und ein Hass noch etwas mehr. Ziamet und Hass waren für Offiziere bestimmt. Ein «Timar-Sipahi» musste mit fünf ausgebildeten Soldaten («Cebeli») in den Kriegsdienst einrücken, ein Ziamet mit bis zu 20 und ein Hass mit noch mehr.
8   http://www.turkin.net/kunst/osmanen_hereswesen.htm (7.3.10).
9   Dufour: *SPAHIS,* S. 5.
10 http://www.osmanischesreich.com/Geschichte/Armee/Heerwesen_I/heerwesen_i.html (7.3.10).
11 http://www.tuerkenbeute.de/kun/kun_kri/HeerwesenOsmanen_de.php. (7.3.10). Ergänzend kann Folgendes festgehalten werden: Auch der Feuerkampf gewann Ende des 17. Jahrhunderts an Bedeutung. Von nun an wurden möglichst viele Gewehre gleichzeitig ins Gefecht geführt. «Hier dominierten Europas Heere aufgrund der sich rasant entwickelnden Schusswaffentechnologie. Unterstützend hinzu kam die beginnende Lineartaktik mit ihrer höheren Beweglichkeit, dem schnellen Schwenken und Ablösen von sich gegenseitig unterstützenden Abteilungen. Da diese Entwicklungen von den Osmanen nicht mehr mitvollzogen wurden, degenerierte deren militärische Schlagkraft.» Ebd.
12 http://www.turkin.net/kunst/osmanen_hereswesen.htm (7.3.10).
13 Dufour: *SPAHIS,* S. 5.
14 http://www.tuerkenbeute.de/kun/kun_kri/HeerwesenOsmanen_de.php (7.3.10).
15 Rosière: *Spahis,* S. 22.
16 Stora, Benjamin: *Histoire de l'Algérie coloniale (1830–1954).* Paris 2004, S. 8.

17 Arnold, Adolf: *Algerien. Eine frühere Siedlungskolonie auf dem Weg zum Schwellenland.* Gotha 1995, S. 20.
18 Guggenheim, Willy: *3mal Nordafrika. Marokko, Algerien, Tunesien.* München/Zürich 1985, S. 13. Ergänzend zu den Berbern: Die Ursprünge dieser Volksgruppe liegen im Dunkeln. Sie waren jedoch schon den Griechen und Römern bekannt. Diese bezeichneten sie als «Barbaren», wovon sich der Name «Berber» ableitet. Sie selbst nannten sich «Imazighen», was «freie Männer» bedeutet. Berberstämme lebten und leben u.a. in Marokko im Atlasgebirge, an der Atlantikküste und am Rif-Gebirge. In Algerien besiedeln sie hauptsächlich das Aurèsgebirge und die Kabylei. Guggenheim: *Nordafrika,* S. 12 f.
19 Arnold: *Algerien,* S. 20. Während Arnold von einer zunehmenden Kulturprägung spricht, hält Jörg-Dieter Brandes dagegen, dass die Araber im Maghreb zwischen dem 7. und 11. Jahrhundert keine nennenswerte Rolle spielten. Bei den Arabern habe es sich lediglich um eine dünne Oberschicht gehandelt, welche rasch vom Berbertum aufgesogen worden sei, ohne machtpolitische oder ethnische Spuren zu hinterlassen. Dazu: Brandes, Jörg-Dieter: *Geschichte der Berber. Von den Berberdynastien des Mittelalters zum Maghreb der Neuzeit.* Gernsbach 2004, S. 150.
20 Guggenheim: *Nordafrika,* S. 18.
21 Arnold: *Algerien,* S. 21. Nach Willy Guggenheim liegen die Ursachen für den Erfolg der arabischen Invasion in den Affinitäten der Lebensweise der Araber, welche jener der Berber ähnlich war. Die Araber seien zu ihrem Siegeszug aus der Wüste aufgebrochen. Folglich wäre der Islam eine Form der Religion, die auf die Bedürfnisse der Berber zugeschnitten sei. Dazu: Guggenheim: *Nordafrika,* S. 14.
22 Guggenheim: *Nordafrika,* S. 11. Dazu auch: Renz, Alfred: *Algerien.* München 1986, S. 9: «Als ‹Nahen Westen› bezeichneten sie [die Araber] – den römischen Namen Africa zu Ifriqiya verwandelnd – die küstennahen Gebiete des heutigen Libyen und Tunesiens. ‹Ferner Westen›, Maghrib al-Aqsa, nennt sich noch heute das Königreich Marokko. Das Bindeglied zwischen diesen beiden Nachbarn [Algerien], [c], bekam den Namen ‹Mitte des Maghrib›, ‹Maghrib el-Awsat›.» Schliesst man die Länder Mauretanien und Libyen mit ein, so kann vom «Grossen Maghreb» gesprochen werden. Dazu: Herzog, Werner: *Der Maghreb. Marokko, Algerien, Tunesien.* München 1990, S. 8 f.
23 Arnold: *Algerien,* S. 22.
24 Arnold: *Algerien,* S. 22.
25 Beide Söhne wurden wegen ihres kupferfarbenen Bartwuchses «Barbarossa» ge-

nannt. Die französische Übersetzung der arabischen Namen lautet «Arouj» und «Khaïreddine». Rosière: *Spahis*, S. 28.

26 Matschke: *Kreuz*, S. 273.
27 Rosière: *Spahis*, S. 28.
28 Matschke: *Kreuz*, S. 273 f.
29 Rosière: *Spahis*, S. 28. Zu den Begriffen «Bey» und «Beylerbey»: S. 29 – «BEYLERBEY – Expression turque signifiant ‹le bey des beys› c'est le titre des gouverneurs d'une des grandes divisions de l'empire ottoman, telle la Syrie ou l'Algérie.» […]«BEY ou BAI – du turc ‹Beg› qui signifie ‹Seigneur›.» 1534–1587: Regentschaft der Beylerbeys (23 Beylerbeys waren nacheinander an der Macht); 1587–1659: Regentschaft der Paschas (40 Paschas nacheinander); 1659–1671: Regentschaft der Aghas (4 Aghas nacheinander); 1671–1710: Regentschaft der Pascha-Deys (11 Paschas nacheinander); 1710–1830: Regentschaft der Deys (18 Deys nacheinander). Dazu: http://www.algerische-botschaft.at/start/geschichte.html (7.3.10). Im 16. Jahrhundert erwirkten die in Algier stationierten Janitscharen vom Sultan das Recht, einen aus ihren Reihen zum Dey zu bestimmen. Dieser Herrscher sollte neben dem Pascha die Macht ausüben dürfen. Im frühen 18. Jahrhundert konnten sich die Deys dann als Alleinherrscher durchsetzen. Renz: *Algerien*, S. 22.
30 Arnold: *Algerien*, S. 22 f. Dazu auch: Guggenheim: *Nordafrika*, S. 49: «Die einheimischen Moslems riefen gegen die Eindringlinge türkische Korsaren zu Hilfe. […] Das weckte auch den Appetit des Türkensultans Selim I. (1512–1522), der nun beschloss, Algerien unter seine Fittiche zu nehmen.»
31 In Algerien war der Dey ein Stadthalter des Sultans.
32 «Agha» war der Titel eines ranghohen Offiziers des Osmanischen Heers. Auch er war in Algerien ein Stadthalter des Sultans.
33 Rosière: *Spahis*, S. 28–30. Der Dey war ein autokratischer Herrscher, der von den höchsten Offizieren aus ihren Reihen auf Lebzeiten gewählt wurde. Von den 30 Deys, welche zwischen 1671 und 1818 an der Macht waren, wurden 14 nach der Ermordung ihres Vorgängers eingesetzt. Rosière: *Spahis*, S. 29.
34 Arnold: *Algerien*, S. 22 f.
35 Guggenheim: *Nordafrika*, S. 50.
36 1561: Vernichtung eines spanischen Expeditionskorps bei der Stadt Mostaganem; 1655 und 1669: englische Schiffe beschiessen dieselbe Stadt; 1682: der französische Admiral Duquesne bombardiert mit 25 Schiffen Algier als Reaktion auf Korsaren-

übergriffe auf die Provence; der Dey lässt daraufhin den französischen Konsul Vacher in eine Kanone stecken und zur feindlichen Flotte hinüberschiessen; 1775: die Spanier unternehmen die letzte grosse Expedition gegen Algier, die allerdings «blamabel» endet. Dazu: Renz: *Algerien*, S. 23.

37 Renz: *Algerien*, S. 23 f.
38 So schreibt Le Moniteur im Juni 1793: «Tandis que l'Europe se coalise contre la France libre, une puissance africaine (Alger), plus loyale et fidèle, reconnait la République et lui jure amitié.» Stora: *Histoire*, S. 12.
39 Meyer, Jean/Tarrade, Jean/Rey-Goldzeiguer, Annie/Thobie, Jacques: *Histoire de la France coloniale. Des origines à 1914.* Paris 1991, S. 327.
40 Herzog: *Maghreb*, S. 56.
41 Stora: *Histoire*, S. 12.
42 Herzog: *Maghreb*, S. 56.
43 Duden: *Das Neue Lexikon.* Mannheim 1996, S. 1871: Ein Kontor ist eine Handelsniederlassung im Ausland. Weitere Informationen dazu: http://www.meinebibliothek.de/Texte5/html/hanse3.html (7.3.10).
44 http://lexikon.meyers.de/meyers/Hohe_Pforte (25.9.2007, Webseite am 23.3.2009 eingestellt): «Hohe Pforte, Pforte, ursprünglich (nach der Eingangspforte) Bezeichnung für den Sultanspalast in Konstantinopel, 1718–1922 für den Sitz des Grosswesirs beziehungsweise für die Regierung (besonders für das Aussenministerium) des Osmanischen Reiches.»
45 Renz: *Algerien*, S. 24 f.
46 Bezbakh, Pierre: *Petit Larousse de l'histoire de France. Des origines à nos jours.* Paris 2003, S. 352.
47 Arnold: *Algerien*, S. 23 f.
48 Braunstein, Dieter: *Französische Kolonialpolitik 1830–1852. Expansion – Verwaltung – Wirtschaft – Mission.* Wiesbaden 1983, S. 51.
49 Stora: *Histoire*, S. 13. Stora nennt Toulon als Ausgangsort der militärischen Offensive. Entgegen anderer Berichte spricht er vom 16. Mai und von 500 Schiffen. Dazu auch: http://encyclopedie.pieds-noirs.info/index.php/1830-1879_HISTOIRE_ALGERIE_GOUVERNEURS_MILITAIRES (7.3.10): Hier wird der Beginn der Offensive mit dem 25. Mai 1830 in Toulon angegeben.
50 Rosière: *Spahis*, S. 34. Dazu auch: Dufour: *SPAHIS*, S. 6. Auch Dufour nennt den 26. Mai 1830 als Ausgangsdatum.
51 Dufour: *SPAHIS*, S. 6.

52 General de Bourmont, der als Oberbefehlshaber die Algerienmission leitete, hiess mit ganzem Namen Louis Auguste Victor, Comte de Ghaisnes de Bourmont (1773–1846). Er wurde nach erfolgreicher Mission zum Maréchal de France befördert. Nach der Julirevolution legte er das Kommando nieder und folgte der Königsfamilie nach England. Dazu: http://susi.e-technik.uni-ulm.de:8080/Meyers2/seite/werk/meyers/band/3/seite/0284/meyers_b3_s0284.html (26.9.2007, Webseite eingestellt) und Rosière: *Spahis,* S. 34.

53 Yusuf ist auch heute noch eine wichtige Schlüsselfigur der Spahis. Mitglieder des «Burnous», der Vereinigung aller ehemaligen Spahis, unterzeichnen ihre Briefe oder E-Mails teilweise mit dem Gruss «par Yusuf». Dazu aus: Rosière: *Spahis,* S. 42; Simon, Patrick (Hg.): *Centenaire du Burnous. Les Spahis.* Paris 1996, S. 21.

54 Rosière: *Spahis,* S. 34, und Dufour: SPAHIS, S. 7.

55 Bertrand Comte Clauzel (Clausel) (1773–1842) wurde nach der Julirevolution Gouverneur von Algerien und unternahm im November 1830 den siegreichen Zug in die Provinz Titteri, wofür er die Marschallswürde erhielt. Dazu: Rosière: *Spahis,* S. 37.

56 Willing, Paul: *Origine et historique des Spahis de 1830 à 1872,* in: *Les Spahis. Carnet de la Sabretache. Bulletin de collectionneurs de figurines et des amis de l'histoire militaire. Nouvelle série Nr. 65.* Paris 1982, S. 157 f.

57 Rosière: *Spahis,* S. 36 f.

58 Die hinzugezogenen Soldaten werden im Folgenden als «Indigene», d.h. Einheimische bezeichnet. Die Bezeichnung «Araber» wäre unpassend, da sich hier die Frage stellt, inwiefern es sich bei den Soldaten tatsächlich um Araber handelte. Die berberischen Wurzeln einiger Soldaten sind ethnologisch eventuell stärker zu bewerten als die arabischen. Ein Arabertum im Maghreb zu definieren, ist problematisch. Dazu: Brandes: *Berber,* S. 204–207.

59 Bènavente, J. P./Dubois, Philippe: *Les Spahis. Fils de Yusuf et de la France,* in: *Revue d'histoire militaire.* Nr. 6/7 (1976), S. 64.

60 Zusätzlich zu den «Spahis réguliers» gab es auch die «Spahis irréguliers», welche nur während Kriegseinsätzen aufgeboten wurden und im Gegensatz zu den «Spahis réguliers» in friedlichen Zeiten keinen monatlichen Sold beanspruchen konnten. Rosière: *Spahis,* S. 37.

61 Die Schwadronen in Oran wurden Yusuf unterstellt.

62 Paul Willing spricht vom 21. Juli, die anderen Quellen datieren jedoch die Ausstel-

lung der königlichen Ordonnanz auf den 24. Juli. Willing: *Spahis,* S. 159; Rosière: *Spahis,* S. 52 und Dufour: *SPAHIS,* S. 11.

63 Willing: *Origine,* S. 158 f.

64 Im Original: «Le corps de la cavalerie indigène, créé en Algérie par notre ordonnance du 7 décembre 1841, recevra une nouvelle organisation. Les escadrons qui le composent serviront à former trois régiments de cavalerie indigène, dénommés: Le 1er régiment de Spahis à Alger. Le 2e régiment de Spahis à Oran. Le 3e régiment de Spahis à Constantine. Chacun de ces régiments aura six escadrons. […] Dans les trois régiments de Spahis, les emplois d'officier supérieur, de capitaine, d'officier comptable, de chirurgien, de vétérinaire, et la moitié des emplois de lieutnant et de sous-lieutnant sont exclusivement réservés aux officiers et aux sous-officiers français; l'autre moitié des emplois de lieutnant et de sous-lieutnant appartiennent aux indigènes. Toutefois, les officiers indigènes peuvent obtenir le grade et l'emploi de capitaine, dans les régiments de Spahis lorsqu'ils ont mérité cet avancement par la distinction de leurs services.» – Abdruck der «Ordonnance du Roi portant réorganisation de la Cavalerie en Algérie. Au palais de Tuileries, le 24 juillet 1845. LOUIS-PHILIPPE, Roi des Français» in: Rosière: *Spahis,* S. 52 f.

65 Moné, Thierry/Tixier, Jean-François: *Les insignes des Spahis.* Panazol 1999, S. 12. Hinweis: In diesem Buch sind sämtliche Regimenter der algerischen, tunesischen und marokkanischen Spahis kurz beschrieben; dazu sind zu jeder Einheit die entsprechenden Abzeichen und Standarten farbig abgebildet.

66 Moné et al.: *Insignes,* S. 82. 1912 wurde Marokko durch die Konvention von Fès französisches Protektorat. Nach Meutereien in Fès wurde die «Armée chérifienne» aufgelöst. Es kam fortan zur Gründung marokkanischer Reservetruppen, welche die französische Armee unterstützen sollten. Beim Ausbruch des Ersten Weltkriegs standen den Franzosen bereits elf Reserveschwadronen zur Verfügung, die jedoch alle unabhängig voneinander agierten. Diese wurden zu einem «Régiment de marche» mit vier marokkanischen Spahi-Schwadronen zusammengefasst. 1920 entstand aus diesem Regiment das erste reguläre marokkanische Spahi-Regiment.

67 Rosière: *Spahis,* S. 60. Hinweis: Das Buch von Rosière beschreibt die Geschichte der senegalesischen Spahis von 1843 bis 1927 sehr ausführlich und beleuchtet die daraus von 1928 bis 1960 generierte «Gendarmerie Coloniale», welche Vorläuferin der «Garde Rouge» des heutigen Senegals war.

68 Es ist im Rahmen dieser kurzen Darstellung nicht möglich, alle Kriegseinsätze und

-missionen genauer zu beschreiben. Eine ausführliche Schilderung findet sich in: Dufour: *SPAHIS*.

69 Aouli, Smaïl/Redjala, Ramdane/Zoummeroff, Philippe: *Abd el-Kader.* Paris 1994, S. 384. Abd el-Kader wurde 1808 im algerischen Guetna geboren. Nach der französischen Invasion gelang es ihm, einige Berberstämme gegen die Eindringlinge zu vereinen und ein stehendes Heer zu errichten. Von diesen Stämmen zum Emir gewählt, kämpfte er von 1832 bis 1847 gegen die Franzosen, wobei Yusuf in dieser Zeit sein persönlicher Hauptfeind wurde. Ab 1843 regierte er sein Territorium mittels der «Smala», einer «beweglichen Stadt». Als die Franzosen diesen Regierungssitz lokalisieren und erobern konnten, gelang ihm die Flucht nach Marokko, wo er sich ergeben musste, da die dortigen Truppen («chérifiennes») ihn an der Grenze zurückhielten und er nicht mehr nach Süden ausweichen konnte. Er wurde daraufhin im Schloss Amboise im Loiretal gefangen gesetzt. Napoleon III. begnadigte ihn jedoch 1852. 1883 starb er in Damaskus. Heute wird er in Algerien als Nationalheld verehrt. In der Stadtmitte Algiers steht eine Bronzestatue, die ihn hoch zu Ross mit erhobenem Schwert zeigt. Dazu: Stora: *Histoire*, S. 15–17, und Herzog: *Maghreb*, S. 57.

70 Die französische Armee rekrutierte ihre Kavallerie-Regimenter auch aus Einheimischen anderer Länder ausserhalb Nordafrikas. Einige dieser Regimenter trugen ebenfalls den Namen «Spahis», etwa die «Spahis auxiliaires de la colonne Humbert» (1891–1892), die «Spahis bleus de Sansanding» (1892–1896), die «Spahis bleus de Bandiagara» (1893–1896), die «Spahis auxiliaires de Ouagadougou» (1897–1898) und die «Spahis auxiliaires de Dori et Say» (1897–1900). Für die vorliegende Studie sind diese Einheiten jedoch nicht von Bedeutung. Eine Auflistung dieser Truppen findet sich in: Heurley, Alain: La cavalerie indigène, in: *Les Spahis. Carnet de la Sabretache. Bulletin de collectionneurs de figurines et des amis de l'histoire militaire.* Nouvelle série Nr. 65. Paris 1982, S. 183.

71 Willing, Paul: *Origine et historique des Spahis de 1830 à 1872,* in: *Les Spahis. Carnet de la Sabretache. Bulletin de collectionneurs de figurines et des amis de l'histoire militaire.* Nouvelle série Nr. 65. Paris 1982, S. 61.

72 Wie bereits erwähnt, waren diese wie folgt nummeriert: 1er in Algier, 2e in Oran und 3e in Constantine.

73 Mac Carthy, M. D.: *Historique des Régiments de Spahis de 1872 à 1939,* in: *Les Spahis. Carnet de la Sabretache. Bulletin de collectionneurs de figurines et des amis de l'histoire*

74 *militaire.* Nouvelle série Nr. 65. Paris 1982, S. 170. Hier werden die meisten Einsätze der verschiedenen Regimenter zwischen 1872 und 1939 beschrieben.
74 Simon: *Centenaire,* S. 5 – 15.
75 Willi: *Spahis,* S. 26.
76 Sicard, Jacques: *Les derniers Spahis montes en France,* in: *Militaria Magazine* Nr. 134. Paris 1996, S. 50.
77 Moné et al.: *Insignes,* S. 77.
78 Moné et al.: *Insignes,* S. 13, 77 u. 83. Dazu auch: Simon: *Centenaire,* S. 5 – 15; Willing: *Historique,* S. 188 f. Eine ausführliche Beschreibung der Kavallerie- und Panzerregimenter der Spahis während des Algerienkriegs sind folgende beiden Dokumentationen: Mehu, G./Simon, P. (Hg.): «*Spahis blindés en Algérie*». *Le Burnous.* Paris 2002, und Meyer, F./Simon, P. (Hg.): «*Spahis à cheval en Algérie*». *Le Burnous.* Paris, 2004.
79 Stand: 2010.
80 Garnisonsstädte waren beispielsweise Speyer (21e marocains), Lächen (3e RSA), Pforzheim (24e marocains). Willing: *Historique,* S. 189 f.
81 Moné/Tixier: Insignes, S. 122; Simon: *Centenaire,* S. 15, S. 64. Weiter Informationen zum 1er Régiment de Spahis finden sich unter folgendem Link: http://www.1er-regiment-de-spahis.fr/ (5.4.10).
82 http://www.defense.gouv.fr/terre/decouverte/presentation_de_l_armee_de_terre/armes_et_composantes/arme_blindee_cavalerie/copy_of_13e_base_de_soutien_du_materiel (7.3.10).
83 Eine gute Beschreibung zu den meisten Tenues findet man in: Mac Carthy, M. D.: *Uniformes des Spahis de 1900 à 1940,* in: *Spahis. Carnet,* S. 172 – 179, und Willing, Paul: *Uniformes, équipements et armement des Spahis 1940 – 1963,* in: Ebd. S. 190 – 198.
84 Bènavente et al.: *Spahis,* S. 68.
85 Herzog: *Maghreb,* S. 8.
86 Bènavente et al.: *Spahis,* S. 68. An dieser Stelle können nicht alle Kleidungsstücke beschrieben werden. Es sei aber darauf hingewiesen, dass die Uniform sehr bunt ausfiel. Offiziere trugen seit 1842 französische Uniformen, den Burnus behielten sie aber bei. Dieser wurde zur Ausgangsuniform getragen. In den Jahren 1876 und 1905 gab es erneut Anpassungen der Kleidung. Auch gab es kleine Unterschiede zwischen den einzelnen Regimentern. Farbige Abbildungen finden sich in: Rosière: *Spahis,* S. 54 f., und Simon: *Centenaire,* S. 31 f.

87 Bènavente et al.: *Spahis,* S. 71.
88 Borel, Denis: *Blick auf die 1940 in der Schweiz internierten algerischen Reiter,* in: *Der «Tanzbödeler»* Nr. 50 (1995), S. 13 f.
89 Willing: *Uniformes,* S. 190.
90 Borel: *Blick,* S. 17.
91 Borel: *Blick,* S. 18.
92 Willi: *Spahis,* S. 26.
93 Personaldossiers der 1940 in der Schweiz internierten Spahis geben darüber Auskunft. BAR E 5791 (-): EKIH, Namenkartei der Militärinternierten, 1939–1946.
94 Willi: *Spahis,* S. 26.
95 Braunstein: *Kolonialpolitik,* S. 368: «[...] in der Verfassung vom 4. November 1844 wurde Algerien zum ‹territoire français› erklärt und in drei Departemente mit Präfekten und Unterpräfekten gegliedert. Die Algerienfranzosen erhielten sofort das allgemeine Wahlrecht und drei Repräsentanten in der neuen Nationalversammlung in Paris.»
96 Braunstein: *Kolonialpolitik,* S. 368.
97 Mündliche Information von Dominique Vanthier, ehemaliger Spahi-Offizier und offizieller Vertreter des «Burnous» in der Schweiz.
98 Morgenrath, Birgit/Rössel, Karl (Redaktion): *«Unsere Opfer zählen nicht». Die dritte Welt im Zweiten Weltkrieg.* Berlin/Hamburg 2005, S. 91 f. Wie weit dies die Spahis betrifft, bedarf weiterer Abklärungen. Es stellt sich grundsätzlich die Frage, wer überhaupt nach welchen Kriterien bei den Spahis aufgenommen wurde. Nach 1841 bis 1900 scheint es sich bei den rekrutierten Spahis neben französischen Staatsbürgern hauptsächlich um gesellschaftlich gut gestellte Männer aus der indigenen Bevölkerung Nordafrikas gehandelt zu haben.
99 Morgenrath et al.: *Opfer,* S. 91.
100 Mündliche Information von Dominique Vanthier.
101 Reinwald, Brigitte: *Reisen durch den Krieg. Erfahrungen und Lebensstrategien westafrikanischer Weltkriegsveteranen.* Berlin 2005, S. 21.
102 Reinwald: *Reisen,* S. 22.
103 http://www.hls-dhs-dss.ch/index.php (3.7.10). Im *Historischen Lexikon der Schweiz* ist unter dem Artikel «Kolonialismus» zu lesen, dass Schweizer Söldner im 18. und 19. Jahrhundert in kolonialen Kriegen gekämpft haben. Obschon der Bundesrat 1882 ein Verbot erlassen hatte, liessen sich 420 Schweizer für die Europäer-Garde des Khediven Tewfik (ägypt. Vizekönig) in Kairo anwerben.

Internierungen in der Schweiz von 1871 bis 1941

1 De Weck, Hervé: *Historisches Lexikon der Schweiz,* http://www.hls-dhs-dss.ch/index.php, Internierung.
2 De Weck: *Lexikon,* S. 32.
3 Strässle, Paul Meinrad: *Grenzbesetzung 1870/71 und die Internierung der Bourbaki-Armee. Dokumentation,* in: *Militärgeschichte zum Anfassen* Nr. 13. Militärische Führungsschule Bern 2002, S. 32.
4 Der Text aller Konventionen kann unter http://www.yale.edu/lawweb/avalon/lawofwar/lawwar.htm nachgesehen werden (26.3.10). Im Nachfolgenden sind die beiden Artikel 11 und 12 der V. Konvention wiedergegeben. Art. 11: «A neutral power which receives on its territory troops belonging to the belligerent armies shall intern them, as far as possible, at a distance from the theatre of war. It may keep them in camps and even confine them in fortresses or in places set apart for this purpose. It shall decide whether officers can be left at liberty on giving their parole not to leave the neutral territory without permission.»
Art. 12: «In the absence of a special convention to the contrary, the neutral Power shall supply the interned with the food, clothing, and relief required by humanity. At the conclusion of peace the expenses caused by the internment shall be made good.»
Wie mit Kriegsflüchtlingen zu verfahren sei, wird in Art. 13 festgelegt: «A neutral power which receives escaped prisoners of war shall leave them at liberty. If it allows them to remain in its territory it may assign them a place of residence. The same rule applies to prisoners of war brought by troops taking refuge in the territory of a neutral power.»
5 Mullis, Ruben: *Die Internierung polnischer Soldaten in der Schweiz 1940–1945.* Bern 2003, S. 16.
6 Erlanger, Simon: *Nur ein Durchgangsland. Arbeitslager und Internierungsheime für Flüchtlinge und Emigranten in der Schweiz 1940–1949.* Zürich 2006, S. 83 f.
7 Steiner, Max: *Die Internierung von Armeeangehörigen kriegsführender Mächte in neutralen Staaten, insbesondere in der Schweiz während des Weltkriegs 1939/45.* Dissertation. Zürich 1947, S. 63 f. «Gestützt auf Art. 3 des Militärstrafgesetzes vom 13. Juni 1927/41 und Artikel 102, Ziff. 9 der Bundesverfassung, verfügte der Bundesrat in seinem Beschluss vom 29. 8. 1939 betreffend den Aktivdienstzustand die Ausdehnung des persönlichen Geltungsbereiches des Militärstrafgesetzes.»
8 Werenfels, Samuel: *Die schweizerische Praxis in der Behandlung von Flüchtlingen,*

Internierten und entwichenen Kriegsgefangenen im Zweiten Weltkrieg, in: Bindschedler, Rudolf L. (Hg.) et al.: *Schwedische und Schweizerische Neutralität im Zweiten Weltkrieg*, S. 378. «Der behördliche Wille, in der Ausübung des Ermessens frei zu bleiben, führte allerdings dazu, dass man teilweise die tatsächliche Gefährdung eines Flüchtlings im Ausland als verbindlichen Grund für die Asylgewährung nicht mehr anerkannte.»

9 Steiner: *Internierung*, S. 34–36.
10 Werenfels: *Praxis*, S. 392–396. Für eine ausführliche Beschreibung der Kategorien von Militärpersonen: Steiner: *Internierung*, S. 72–89. Einen guten Überblick über die Internierung der italienischen Militärflüchtlinge gibt folgende Broschüre: Bieri, Jean/Corrà, Bernardino: *Die italienischen Internierten in der Schweiz 1943–1945*. Thun 1991.
11 Während Werenfels drei Hauptkategorien nennt, erweitert Jürg Stadelmann diese durch die Kategorien der Kinder und der Grenz- und Ausweichflüchtlinge. Vgl.: Werenfels: *Praxis*, S. 390; Stadelmann, Jürg: *Umgang mit Fremden in bedrängter Zeit. Schweizerische Flüchtlingspolitik 1940–1945 und ihre Beurteilung bis heute*. Zürich 1998, S. 121 f. Carl Ludwig beziffert in seinem Bericht die Anzahl Kinder auf 59 785. Diese wurden vom Schweizerischen Hilfswerk für Emigrantenkinder und vom Schweizerischen Roten Kreuz betreut. Die Grenzflüchtlinge werden auf 66 549 beziffert. Diese suchten nur jeweils für kurze Zeit Zuflucht in der Schweiz. Dazu: Ludwig, Carl: *Die Flüchtlingspolitik der Schweiz seit 1933 bis zur Gegenwart. Bericht an den Bundesrat*. Zürich [ohne Datum], S. 318.
12 Werenfels: *Praxis*, S. 390. Anmerkung: Vor dem Krieg unterschied man nur zwischen «gewöhnlichen» und politischen Flüchtlingen. Erst mit einem Bundesratsbeschluss vom 17. Oktober 1939 wurde die Kategorie der Emigranten geschaffen. Dazu auch: Erlanger: *Durchgangsland*, S. 173. Erlanger hält fest, dass für die ab Sommer 1942 in die Schweiz geflüchteten Zivilpersonen eine neue amtliche Kategorie geschaffen wurde. In den offiziellen Dokumenten erscheinen sie als «Flüchtlinge». Sie unterstanden direkt den Bundesbehörden. Flüchtlinge waren Ausländer, die nach dem 1. August 1942 ohne Visum in die Schweiz gekommen waren. Während die Emigranten noch gewisse Rechte hatten, waren die Flüchtlinge fast ohne Rechte.
13 Stadelmann: *Umgang*, S. 118 f.
14 Erlanger: *Durchgangsland*, S. 48.
15 Werenfels: *Praxis*, S. 391.

16 Werenfels: *Praxis,* S. 391.
17 Stadelmann: *Umgang,* S. 120.
18 Ludwig: *Flüchtlingspolitik,* S. 318.
19 Keller, Stefan: *Grüningers Fall. Geschichten von Flucht und Hilfe.* Zürich 1993. Dazu auch: Ders.: *Festung Schweiz,* in: *Die Zeit* Nr. 34 (13.8.2008), S. 80.
20 Krummenacher, Jörg: *Der grosse Flüchtlingsstrom zum Ende des Zweiten Weltkriegs,* in: *Neue Zürcher Zeitung* Nr. 300 (27.12.2007), S. 15. Ferner stellt der Autor fest: «50 Jahre nach Erscheinen des Ludwig-Berichts lässt sich eine exaktere Schätzung über die Grenzübertritte in der Schweiz anstellen. Sie beruht auf den nach dem Krieg erstellten und erhalten gebliebenen Schlussberichten der 16 Territorialkreise, auf regionalen Flüchtlingsstudien, auf Dokumenten lokaler Archive sowie auf Aussagen von Zeitzeugen.»
21 Strässle: *Grenzbesetzung 1870/71,* S. 7–9. Jezler, Peter R./Jezler, Elke; Bosshard, Peter: *Der Übertritt der Bourbaki-Armee in die Schweiz. Asyl für 87 000.* Zürich/Stuttgart 1986, S. 26: Die Problematik dieser Armee war es, dass sie trotz ihrer zahlenmässigen Grösse in sich keine starke Einheit bildete, da sie aus verschiedenen Truppen zusammengestellt war, die nicht aufeinander eingestimmt gewesen waren. Zudem hatten viele Soldaten, die in der Not herbeigezogen worden waren, nur eine schlechte oder gar keine Ausbildung.
22 Jezler et al.: *Übertritt,* S. 8: Der Selbstmordversuch misslang und der General wurde als Schwerverwundeter mit in die Schweiz genommen. Er wurde wieder gesund und starb 1887 mit 81 Jahren. Sein Name blieb mit der französischen Ostarmee untrennbar verbunden. Diese Ostarmee wird in einigen Quellen (u.a. Steiner: *Internierung*) auch als Loirearmee bezeichnet.
23 Steiner: *Internierung,* S. 20.
24 Steiner: *Internierung,* S. 20 f. Die Vereinbarung enthielt zehn Punkte, die Steiner auf S. 22 auflistet. Darin waren alle weiteren Massnahmen, wie etwa die Rückerstattung der eingezogenen Waffen nach Bezahlung der Internierungskosten durch Frankreich oder die Bestimmung der Internierungsorte durch die Schweiz, für die anschliessende Internierungszeit geregelt.
25 Strässle: *Grenzbesetzung,* S. 23.
26 Deicher, Patrick: *Die Internierung der Bourbaki-Armee 1871 und ihre Auswirkungen,* in: *Historische Gesellschaft Luzern.* Jahrbuch 22 (2004), S. 23. Interessant ist auch die Feststellung, dass am 7. Februar 1871 die insgesamt 58 preussischen Soldaten, die als Kriegsgefangene der Ostarmee in die Schweiz kamen, über die deutsche Grenze

zurückkehren konnten. Um der Neutralität Rechnung zu tragen, wurden im Gegenzug 58 internierte Franzosen an Frankreich zurückgestellt. Siehe dazu: Steiner: *Internierung*, S. 23 f. Auguste Bachelin malte dazu ein Bild: Schweizer Soldaten, internierte Franzosen und preussische Kriegsgefangene zeigen sich in friedlicher Runde. Der Maler hob dadurch die schweizerische Neutralität und den Vermittlungsdienst hervor. Vgl. dazu: Jezler et al.: *Übertritt,* S. 26, Abb. 38.

27 Meyer, André/Horat, Heinz: *Bourbaki. Episoden und Erlebnisse aus der Internierungszeit der Bourbaki-Armee 1871.* Bern 1981, S. 53.

28 St. Gallen, Zürich, Baden, Interlaken, Luzern oder Freiburg. Steiner: *Internierung,* S. 23.

29 Strässle: *Grenzbesetzung,* S. 25. Die Mannschaften wurden anteilsmässig zur jeweiligen Kantonsbevölkerung aufgeteilt. Der Kanton Luzern erhielt etwa 5300 Internierte, wovon 222 noch am 25. Februar 1871 in Spitalpflege waren. Folgende Luzerner Ortschaften beherbergten französische Soldaten: Beromünster, Entlebuch, Escholzmatt, Heidegg, Hohenrain, Luzern, Rathausen, St. Urban, Schüpfheim, Sempach, Sursee und Willisau. Dazu: Jezler et al.: *Übertritt,* S. 86.

30 Strässle: *Grenzbesetzung,* S. 49.

31 Strässle: *Grenzbesetzung,* S. 26.

32 Jezler et al.: *Übertritt,* S. 66. Dazu auch S. 65: Das Rote Kreuz wurde im Deutsch-Französischen Krieg, dessen beide Kriegsparteien die Genfer Konvention von 1864 ratifiziert hatten, vor eine Bewährungsprobe gestellt. Beide Armeen führten ihren Sanitätsdienst unter dem Zeichen des Roten Kreuzes und wurden von internationalen Ambulanzen mit freiwilligen Helfern unterstützt. Am 22. November wurde das «Internationale Hilfscomite für Kriegsgefangene in Basel» gegründet. Als Abzeichen wurde ein grünes Kreuz auf weissem Hintergrund gewählt. Seine Aufgabe bestand darin, nicht erkrankte Soldaten zu versorgen, wenn diese beispielsweise in Kriegsgefangenschaft geraten oder interniert waren.

33 Finck, Heinz Dieter/Ganz, Micheal T.: *Bourbaki Panorama.* Zürich 2000, S. 18.

34 Deicher: *Internierung,* S. 24 f.

35 Deicher: *Internierung,* S. 28 f. Dazu auch: Meyer et al.: *Bourbaki,* S. 69: Die Bevölkerung brachte den Internierten Kleider, Wolldecken, Stroh, diverse Nahrungsmittel, Wein, Tabak und sogar bares Geld.

36 Koller, Christian: *Von Wilden aller Rassen niedergemetzelt. Die Diskussion um die Verwendung von Kolonialtruppen in Europa zwischen Rassismus, Kolonial- und Militärpolitik (1914–1930).* Stuttgart 2001, S. 49 f.

37 Jezler et al.: *Übertritt*, S. 79.
38 Deicher: *Internierung*, S. 31.
39 Jezler et al.: *Übertritt*, S. 79.
40 Deicher: *Internierung*, S. 36, Abb. 4. Das Bild wurde in einem Aufnahmestudio gemacht. Da sich in der damaligen Zeit keine Aktionen in Bewegung fotografisch festhalten liessen, wurden die Bourbakis hauptsächlich in Unterkünften, Lazaretten oder Ateliers abgelichtet. Die Fotografie konnte bei Berichterstattungen mit der Zeichnung noch nicht mithalten, denn auch das Abbilden von Grautönen war in Zeitschriften noch nicht möglich.
41 Meyer et al.: *Bourbaki*, S. 70 f.
42 Deicher: *Internierung*, S. 32.
43 Finck et al.: *Panorama*, S. 22.
44 Meyer et al.: *Bourbaki*, S. 74.
45 Deicher: *Internierung*, S. 34.
46 Die Problematik mit der Unterbringung und Versorgung der Pferde oder der Zürcher Tonhallekrawall wurden u. a. weggelassen.
47 Bourbaki Panorama. Broschüre. Luzern 2007, Download unter: http://www.bourbakipanorama.ch/pdf-de/Rundbild.pdf (25.3.2010).
48 Strässle: *Grenzbesetzung*, S. 30.
49 Deicher: *Internierung*, S. 41.
50 Um das Publikumsinteresse zu wecken, nutzte der Künstler die Freiheit zur Veränderung und zeigte eine Illusion, die dem Geschichtsbild künftiger Generationen entsprechen sollte. Nur ein kommerzialisiertes Bild konnte die Erwartungen der Besucher erfüllen. In diesem Kontext stehen die einheitlich uniformierten Schweizer Soldaten, die damals noch unterschiedliche Uniformen trugen, oder der Handschlag der beiden Generäle Herzog und Clinchant, die sich nie getroffen hatten. Dazu: Broschüre Bourbaki Panorama.
51 De Weck: *Lexikon*.
52 Da manche Kurorte infolge des Krieges menschenleer waren, wurden die Hotels zu Sanatorien umfunktioniert. Vuilleumier, Marc: *Flüchtlinge und Immigranten in der Schweiz. Ein historischer Überblick*. Zürich 1992, S. 70.
53 Volland, Bettina: *Polen, Schweizerinnen und Schweizer. Militärinternierte und Zivilbevölkerung 1940–1945*, in: *Jahrbuch 1993 der Historisch-antiquarischen Gesellschaft von Graubünden*. Chur 1994, S. 221.

54 Favre, Eduard: *L'internement en Suisse des prisonniers de guerre, malades ou blessés 1918–1919. Troisième rapport.* Bern 1919, S. 37.
55 Trechsel, Max: *Die Liebestätigkeit der Schweiz,* in: Ruchti, Jakob: *Geschichte der Schweiz 1914–1919.* Bd. II: *Kriegswirtschaft und Kulturelles.* Bern 1930, S. 408–411.
56 Stadelmann: *Umgang,* S. 180. Anmerkung: Hervé de Weck beziffert die Zahl der im Ersten Weltkrieg internierten oder hospitalisierten Kriegsgefangenen auf 12 000. Eventuell sind darunter nur die Kriegsverletzten zusammengefasst, welche an die Schweiz übergeben wurden. Die Mehrheit der Internierten scheinen aber Kriegsgefangene gewesen zu sein, die aus den Lagern der Nachbarländer in die Schweiz geflohen waren. Dazu: De Weck, Hervé: *Historisches Lexikon der Schweiz,* http://www.hls-dhs-dss.ch/index.php, Internierung; und: http://briefmarken-nidwalden.ch/presse/11062004.html (26.3.10).
57 Volland: *Polen,* S. 221.
58 Stadelmann: *Umgang,* S. 179.
59 Vuilleumier: *Flüchtlinge,* S. 66.
60 Lenin befand sich bei Kriegsausbruch in Galizien. Als feindlicher Ausländer wurde er von den österreichischen Behörden verhaftet. Zwei sozialdemokratische Abgeordnete setzten sich für ihn ein und erwirkten seine Freilassung. Am 5. September 1914 kam Lenin mit seiner Frau und seiner Schwiegermutter in Buchs an. Da er jedoch im Gegensatz zu seinen Begleiterinnen keinen Pass besass, wurde er zunächst aufgehalten. Schliesslich gewährte man ihm aber dennoch Einlass, da verschiedene Personen (Greulich, Grimm) für ihn bürgten. Gautschi, Willi: *Lenin als Emigrant in der Schweiz.* Zürich 1973, S. 95.
61 Vuilleumier: *Flüchtlinge,* S. 66 f.
62 Gysin, Roland: *Die Internierung fremder Militärpersonen im 1. Weltkrieg. Vom Nutzen der Humanität und den Mühen der Asylpolitik,* in: Guex, Sébastien et al. (Hg): *Die Schweiz 1798–1998: Staat – Gesellschaft – Politik.* Bd. 2: *Krisen und Stabilisierung. Die Schweiz in der Zwischenkriegszeit.* Zürich 1998, S. 39. Gysin zeigt auf, wie bürgerliche Kreise während des Krieges in den Deserteuren und Refrakteuren eine erste «Überfremdungsgefahr» ausmachten. Da diese Flüchtlinge nicht als Kranke oder Verletzte erschienen, wurden sie als unerwünschte Ausländer wahrgenommen. Die Zahl dieser «zweifelhaften Elemente» stieg stetig an, und man befürchtete durch ihre Umtriebe eine Gefahr für die öffentliche Sicherheit.
63 Stadelmann, S. 180.

64 Volland: *Polen,* S. 221.
65 Stadelmann: *Umgang,* S. 181.
66 Stadelmann: *Umgang,* S. 180.
67 Gysin: *Internierung,* S. 43.
68 Gysin: *Internierung,* 183 f.
69 Vuilleumier: *Flüchtlinge,* S. 71 f. Über den Landesstreik empörten sich vor allem die herrschenden Klassen, die Bauern und gewisse Schichten der städtischen Bevölkerung.
70 Zenoni, Felice (Regie): *Der General.* SRG SSR idée suisse und Mesch & Ugge Filmproduktionen, 2010.
71 Hoerschelmann, Claudia: *Exilland Schweiz. Lebensbedingungen und Schicksale österreichischer Flüchtlinge 1938–1945.* Innsbruck/Wien 1997, S. 17.
72 Kreis, Georg: *Zwischen humanitärer Mission und inhumaner Tradition. Zur schweizerischen Flüchtlingspolitik der Jahre 1938 bis 1945,* in: Sarasin, Philipp/Wecker, Regina (Hg.): *Raubgold, Reduit, Flüchtlinge.* Zürich 1998, S. 125.
73 Roschewski, Heinz: *Heinrich Rothmund in seinen persönlichen Akten. Zur Frage des Antisemitismus in der schweizerischen Flüchtlingspolitik 1933–1945,* in: Koller, Guido et al.: *Die Schweiz und die Flüchtlinge. La Suisse et les réfugies. 1933–1945.* Bern/Stuttgart/Wien 1996, S. 109.
74 Roschewski: *Rothmund,* S. 120. Roschewski zitiert aus einem Schreiben Rothmunds an Bundesrat J. Baumann, Vorsteher des EJPD, vom 15. September 1938. Ebd. S. 130: Rothmunds Antisemitismus richtete sich in erster Linie gegen die «Ostjuden». Er forderte deren Ausschaffung und Einreiseverbot. Im Gegensatz zu ihnen waren die «Schweizer Juden» und «Westjuden» gemäss seiner Auffassung gut assimilierbar.
75 Ludwig: *Flüchtlingspolitik,* S. 318. Ludwig hält fest, dass von den 9909 Emigranten 6654 und den 55 018 Zivilflüchtlingen 21 858 Juden waren.
76 Koller, Guido: *Entscheidung über Leben und Tod. Die behördliche Praxis in der schweizerischen Flüchtlingspolitik während des Zweiten Weltkrieges,* in: Koller, Guido et al.: *Die Schweiz und die Flüchtlinge. La Suisse et les réfugies. 1933–1945.* Bern/Stuttgart/Wien 1996, S. 98, S. 100: Nach Koller wurden etwa 24 400 weggewiesen. Zudem verweigerten die Schweizer Aussenstellen etwa 14 500 Einreisebegehren.
77 Roschewski: *Rothmund,* S. 108, S. 111: Es muss auch berücksichtigt werden, dass eine antisemitische Haltung sogar bei Bundesräten und manchen Militärfunktionären vorhanden war.

78 Roschewski: *Rothmund*, S. 52, S. 71: Der «Anschluss Österreichs» an das Deutsche Reich im März 1938 führte zur Massenflucht österreichischer und deutscher Juden vor allem auch in Richtung Schweiz. Diese reagierte im August 1938 mit einer ersten Grenzsperre und schliesslich mit jenen Bemühungen zur Einschränkung des Flüchtlingsstroms, die zu Verhandlungen mit Berlin führten, die Ende September mit der Einführung des verhängnisvollen J-Stempels in den Pässen deutscher und österreichischer Juden zu Ende gingen.

79 Erlanger: *Durchgangsland*, S. 46f. Siehe auch: Kreis: *Mission*, S. 131: Finanziell musste jeder Flüchtling für sich selbst aufkommen. Hatte er kein Geld, so hatte die ihm zugehörige Gruppe Unterstützung zu leisten (Juden für Juden, Katholiken für Katholiken). Erfolglos versuchte die 1936 gegründete Dachorganisation der Schweizerischen Zentralstelle für Flüchtlingshilfe 1939, Bundeshilfe zu bekommen. Erst 1942 erhielten Juden auch von protestantischen Organisationen Geld.

80 Kreis: *Mission*, S. 129.

81 Erlanger: *Durchgangsland*, S. 78 u. 80.

82 Ludwig: *Flüchtlingspolitik*, S. 171.

83 Vuilleumier: *Flüchtlinge*, S. 92.

84 Hoerschelmann: *Exilland*, S. 39. Zur ZL siehe: Erlanger: *Durchgangsland*, S. 22f.: Entwicklung der ZL von Frühjahr 1940 (4 Mitarbeiter) bis Januar 1944 (500 Mitarbeiter, 37 Lager, 31 Heime, 8689 Flüchtlinge und Emigranten). Die ZL wurde 1950 aufgelöst.

85 Erlanger: *Durchgangsland*, S. 118f.

86 Erlanger: *Durchgangsland*, S. 106.

87 Ludwig: *Flüchtlingspolitik*, S. 180. Ludwig hält fest, dass die ZL den Einkauf der Arbeitsausrüstung und des Werkzeuges übernahm, um eine gleichmässige Belieferung zu garantieren. Die Flüchtlinge erhielten diese Utensilien gegen eine Ablösesumme von 65 Fr. von den Hilfswerken.

88 Erlanger: *Durchgangsland*, S. 161.

89 Erlanger: *Durchgangsland*, S. 163.

90 Walter, Hans-Albert: *Deutsche Exilliteratur 1933–1950*. Bd. 3: Internierung, Flucht und Lebensbedingungen im Zweiten Weltkrieg, S. 392.

91 Walter: *Exilliteratur*, S. 395. Die «St. Galler Volksstimme» konnte zwar nachvollziehen, dass in der kurzen Periode der Ernte von rasch verderblichem Gemüse Überstunden gemacht werden müssten, trotzdem sei eine derartige Überbeschäftigung ein Raubbau an der Gesundheit der Arbeitenden.

92 Erlanger: *Durchgangsland*, S. 106.
93 Walter: *Exilliteratur*, S. 389 f. Die Flüchtlinge erhielten zwar genügend Nahrung, doch über die Qualität des Essens gingen die Meinungen auseinander. Über den Alltag in den Arbeitslagern gibt Claudia Hoerschelmann einen differenzierten Einblick, indem sie u. a. Betroffene über die Themen Organisation, Verpflegung, Arbeitseinsätze, psychische Auswirkungen und die Freizeitgestaltung zu Wort kommen lässt. Hoerschelmann: *Exilland*, S. 129–159.
94 Erlanger: *Durchgangsland*, S. 163.
95 Erlanger: *Durchgangsland*, S. 47.
96 Ludwig: *Flüchtlingspolitik*, S. 276–278.
97 Zeder, Eveline: Ein Zuhause für jüdische Flüchtlingskinder. Lilly Volkart und ihr Kinderheim in Ascona 1934–1947. Zürich 1998, S. 35, S. 52 f.: Auch die Kinder kamen in Auffanglager, in welchen sie teilweise mehrere Monate auf einen freien Platz in einer Gastfamilie oder einem Heim warten mussten. In einem Protokoll der Zentralstelle (SZF) vom 16.10.1943 ist u. a. Folgendes festgehalten: «Sehr bedauerlich ist, dass für die meisten der Kinder der erste Eindruck in der Schweiz ein Schock war. Es war keine sehr glückliche Lösung, die Kinder so lange Zeit in den Auffanglagern zu belassen. Zu vieles haben sie dort zu sehen bekommen, was für Kinderaugen nicht bestimmt ist, zu ungünstig hat sich für sie das Leben in diesen Auffanglagern ausgewirkt.»
98 Erlanger: *Durchgangsland*, S. 124 u. 129 f. Auf S. 129 wird ausführlich berichtet, wie es aussah, wenn der «Cafard» ausbrach.
99 Erlanger: *Durchgangsland*, S. 124 f.
100 Ludwig: *Die Flüchtlingspolitik*, S. 185 f. Diese Flüchtlinge konnten jedoch nach einigen Monaten die Schweiz bereits wieder verlassen.
101 Stadelmann, Jürg/Krause, Selina: *«Concentrationslager» Büren an der Aare 1940–1946. Das grösste Flüchtlingslager der Schweiz im Zweiten Weltkrieg*. Baden 1999, S. 81 u. S. 121.
102 Kreis: *Mission*, S. 130.
103 Erlanger: *Durchgangsland*, S. 110. Zu den ab 1944 neu verordneten Massnahmen der ZL notierte der betroffene Flüchtling Felix Stössinger in sein Tagebuch: «Mit ironischer Gelassenheit haben wir Flüchtlinge in den letzten Monaten bemerkt, dass das Justiz- und Polizeidepartement (Ministerium) eine Höflichkeitswoche für uns vorbereitete und die Behörden instruiert sind, 2mal wöchentlich 15 Minuten sich für eine Radioreportage ‹sei lieb mit Flüchtlingen› zur Verfügung zu halten.»

104 Weber, Charlotte: *Gegen den Strom der Finsternis. Als Betreuerin in Schweizer Flüchtlingsheimen 1942–1945.* Zürich 1994, und Hoerschelmann: *Exilland,* S. 310. Das Lager Gordola war ein Speziallager, in dem Kommunisten untergebracht waren. Weitere Informationen zu den Speziallagern in: Erlanger: *Durchgangsland,* S. 137–140.

105 Edith Diez schildert in ihrer Autobiografie eine Spannung zwischen Dankbarkeit und Verletztheit. Gleich nach ihrer Ankunft in der Schweiz wurde sie in einem kleinen Gasthof aufgenommen. Es gab Kuchen und Bohnenkaffee. Am nächsten Morgen holte sie ein Schweizer Polizist ab und brachte sie in ein Frauengefängnis. Dort wurde sie verhört. Nach ein paar Tagen in Haft erfuhr sie, dass ihr der Aufenthalt in der Schweiz gewährt wurde. Dazu: Dietz, Edith: *Den Nazis entronnen. Die Flucht eines jüdischen Mädchens in die Schweiz. Autobiographischer Bericht 1933–1942.* Frankfurt am Main 1990, S. 131, und dies.: *Freiheit in Grenzen. Meine Internierungszeit in der Schweiz 1942–1946.* Frankfurt am Main 1993, S. 11–15.

106 Willi, J.-J.: *Die Spahis in der Schweiz,* in: *Schweizer Kavallerist* (26.6.1980), S. 25, sowie Léderry, E: *Die Internierung des 45. französischen Armeekorps,* in: Vaterländischer Verlag Murten (Hg.): *Grenzbesetzung 1940. Die Schweiz in Waffen.* Murten 1941, S. 73 f.

107 Rings, Werner: *Schweiz im Krieg 1933–1945. Ein Bericht.* Zürich 1985, S. 219–231. Der Autor spricht von geheimen Abmachungen zwischen den Armeestäben Frankreichs und der Schweiz, wonach französische Truppen die Schweiz im Kriegsfalle unterstützt hätten. Am 15. Mai hätte eine Aufklärungsabteilung der 27. französischen Division bei Lützel in die Schweiz einrücken wollen, weil der Kommandant dieser Truppe der Meinung gewesen wäre, Basel sei bereits von deutschen Einheiten besetzt. Nach telefonischen Abklärungen mit dem schweizerischen Oberkommando, konnte das Missverständnis aufgeklärt werden, woraufhin sich die Truppe zurückzog. Der Fall sollte absoluter Geheimhaltung unterliegen. Daraufhin zog Frankreich einen Grossteil der Streitkräfte, die für das «Manöver Schweiz» bereitstanden, aus dem Jura zurück. Rings fährt fort, dass das nach seiner Meinung schlagkräftige 7. Armeekorps durch das zweitrangige 45. Armeekorps ersetzt wurde.
Dazu auch: Gautschi, Willi: *General Henri Guisan.* Zürich 1989, S. 198. Gautschi spricht von der «Ironie des Schicksals» und bezieht dies auf die Internierung jener Truppe, die der Schweiz bei einem deutschen Angriff hätte zu Hilfe kommen sollen.

108 Mullis: *Internierung,* S. 4–9. Der Autor beschreibt den deutschen Angriff auf Polen

und fasst die wichtigsten Ereignisse des deutschen Westfeldzugs anschaulich zusammen.
109 Léderry: *Internierung,* S. 73 f.
110 Volland: *Polen,* S. 224 f.
111 Mullis: *Internierung,* S. 9.
112 Willi: *Spahis,* S. 25.
113 Léderry: *Internierung,* S. 74.
114 Borel, Denis: *En Juin 1940. La Suisse interne 44 000 militaires étrangers le long du Jura.* Neuchâtel 1990, S. 6.
115 Borel, Denis: *Blick auf die 1940 in der Schweiz internierten algerischen Reiter,* in: Der «Tanzbödeler» Nr. 50 (1995), S. 12.
116 Stadelmann et al.: *Concentrationslager,* S. 17.
117 Mullis: *Internierung,* S. 9.
118 Stadelmann, Jürg: *Auf der Flucht vor deutschen Panzern. Internierung von 50 000 Personen in der Schweiz im Juni 1940,* in: *Neue Zürcher Zeitung* Nr. 137 (16./17.6.1990), S. 23.
119 BAR 27/14481: Sitzung des schweizerischen Bundesrates, Protokoll vom Dienstag, 18. Juni 1940.
120 Léderry: *Internierung,* S. 74.
121 Mullis: *Internierung,* S. 10. Unter diesen Einheiten befand sich u. a. der Regimentszug des 2. RSA.
122 Mit dem 45. Armeekorps gelangten auch einzelne (vermutlich fünf) Frauen, die als Krankenschwestern ihren Dienst leisteten, in die Schweiz. Diese Frauen werden im EKIH-Schlussbericht erwähnt, da sie mit dem überzähligen Sanitätspersonal die Schweiz bereits im Oktober 1940 wieder verlassen konnten. Vgl.: Probst, René: *Schlussbericht des Eidg. Kommissariats für Internierung und Hospitalisierung über die Internierung fremder Militärpersonen von 1940–1945.* Bern 1947, Probst, René, S. 39.
123 Ludwig: *Flüchtlingspolitik,* S. 184.
124 Léderry: *Internierung,* S. 74.
125 Thévoz, Jean-Pierre: *60 ans après avoir échappé à la captivité en Allemagne. Le 7e régiment de Spahis algériens n'oublie pas la Suisse hospitalière.* Privatkopien des Autors, S. 40. An dieser Stelle sei darauf hingewiesen, dass es sich hier eindeutig um ein algerisches Regiment handelte und nicht wie in vielen Forschungsarbeiten oder Zeitzeugenberichten, u. a. auch im Bergier-Bericht oder in Gautschi: *Guisan,* S. 197, um ein

marokkanisches. Neben den Spahis des 7. RSA waren diejenigen des 2. RSA die einzigen Spahis, die in der Schweiz interniert wurden. Die Spahis des 2. RSA werden an dieser Stelle jedoch nicht behandelt, da sie nicht Teil des 45. französischen Armeekorps waren, sondern als versprengte Einheit den Weg in die Schweiz fanden.

126 Léderry: *Internierung,* S. 74.
127 Steiner: *Internierung,* S. 44.
128 Scheck, Raffael: *Hitlers afrikanische Opfer. Das Massaker der Wehrmacht an schwarzen französischen Soldaten.* Berlin 2009, S. 53. Für die Kriegsgefangenen bedeutete dies eine grosse Tortur, da es an Unterkünften und Verpflegung mangelte. Zudem hatte die Wehrmacht nicht genügend Personal zur Bewachung und Versorgung der Gefangenen zur Verfügung.
129 Volland: *Polen,* S. 224. Vor allem die polnische Schützendivision war schlecht und mit veraltetem Material ausgerüstet.
130 Mullis: *Internierung,* S. 9.
131 Frankreich kapitulierte bereits am 22. Juni 1940. Sämtliche Waffen, auch jene der in der Schweiz zurückbleibenden Polen, wurden bei der Repatriierung der Franzosen an Deutschland ausgeliefert. Dazu: Stadelmann: *Flucht.*
132 Probst: *Schlussbericht,* S. 1 f: «Irgend welche [sic!] Unterlagen oder Vorsorge in Bezug auf Personal, Unterkunft, Baracken, Material, geistige und seelische Fürsorge, Arbeitseinsatz, Rechtsdienst waren nicht vorhanden.» Anmerkung: Die Internierung des 45. Armeekorps kann in zwei Phasen eingeteilt werden. Die erste bildete eine improvisierte und kurzfristig gedachte Notaufnahme (cf. Bourbaki-Internierung) während des Sommers 1940. In einer 2. Phase führte eine längerfristige Planug dazu, im Spätherbst die Internierten in winterfeste Lager umziehen zu lassen.
133 Bonjour, Edgar: *Geschichte der schweizerischen Neutralität.* Bd. VI. Basel 1970, S. 50. Die Region Oberland (BE) existierte bereits vor 1940. Sie unterstand der «Sektion Gefangene und Internierte», der Vorläuferorganisation des EKIH. Die Region Seeland (BE) umfasste den Bieler See und dehnte sich bis zum nördlichen Murtenseeufer aus. Die Region Napf umschloss an ihrer westlichen Grenze den Sempachersee und erstreckte sich von dort ostwärts ins Luzerner Hinterland sowie in Gebiete der Kantone Aargau, Bern und Solothurn.
134 Ludwig: *Flüchtlingspolitik,* S. 185 f.
135 Filmdokument ZEM, AF 297: Grenzübertritt französischer und polnischer Truppen.
136 Stadelmann: *Flucht.*

137 Léderry: *Internierung,* S. 75; Stadelmann et al.: *Concentrationslager,* S. 17, Abb.: Nach dem Bezug des Reduits im August 1940 musste die Region Oberland aufgelöst werden. Die Soldaten aus dieser Region wurden in die neuen Internierungsregionen Tessin, Graubünden und Thur gebracht. Die Verteilung der internierten Militärpersonen sah Ende August wie folgt aus: Seeland (5000), Napf (25 000), Thur (10 500), Graubünden (1650) und Tessin (810).

138 Mullis: *Internierung,* S. 13. Nicht überall konnten Internierungslager eingerichtet werden, da weder Gebiete in Grenznähe noch grosse Städte in Frage kamen. Ebenso mussten militärische Sperrzonen berücksichtigt werden. Die zur Beherbergung der internierten Soldaten umfunktionierten Räumlichkeiten wurden als «Kantonnemente» bezeichnet.

139 Probst: *Schlussbericht,* S. 11–17.

140 Probst: *Schlussbericht,* S. 39–46. Hier werden die Massnahmen betreffend Repatriierung ausführlich wiedergegeben. Ferner können das Presse-Communiqué von Bundesrat Pilet-Golaz vom 15. Januar 1941 sowie ein Dankesschreiben von Marschall Pétain an das Eidgenössische Politische Departement nachgelesen werden.

141 Dies gilt ebenso für die 99 britischen Soldaten, welche der 51. schottischen Division angehörten und beim Abzug dieser Heereseinheit in Frankreich zurückgelassen wurden. Über ihr Schicksal scheint in der schweizerischen Forschung noch nichts publiziert worden zu sein. Dazu: Steiner: *Internierung,* S. 52, Anm. 115.

142 Stadelmann et al.: *Concentrationslager.* Im Speziellen sei auf die Kapitel Planung und Bau des «Concentrationslagers» (S. 18–33); Eskalation (S. 41–46) und Ende des Polenlagers (S. 70–74) hingewiesen. Die Planung setzte bereits im Juli 1940 ein, als man noch annahm, die Franzosen könnten bald repatriiert werden. Mitte September war das Lager schon so weit errichtet, dass bereits 800 Mann untergebracht werden konnten.

143 Eine erste Ausweitung der Ackerfläche war vom Bund für 1939 und 1940 noch im Rahmen der Krisenbewältigung und Kriegsvorsorge verfügt worden. Am 15.11.1940 brachte Friedrich Traugott Wahlen, der Chef der Abt. für landwirtschaftl. Produktion und Hauswirtschaft im Eidg. Kriegsernährungsamt, in einem Vortrag seinen seit 1935 vorbereiteten, erweiterten Anbauplan vor eine breitere Öffentlichkeit. Dazu: http://www.hls-dhs-dss.ch/index.php

144 Mullis: *Internierung,* S. 35–37.

145 Mullis: *Internierung,* S. 32–34. Gemäss Statistik im Anhang des EKIH-Schlussbe-

richts befanden sich am 1. Januar 1946 noch 1297 Polen in der Schweiz. Probst, René: *Schlussbericht des EKIH,* Anhang 5.

146 Bergmann, Charles: *Wauwilermoos.* Basel 1947; Culler, Dan: *Black hole of Wauwilermoos. An airman's story.* Green Valley (Arizona) 1995. Beide Autoren waren zeitgleich im Wauwilermoos interniert. Bergmann verfasste seinen Bericht unmittelbar nach dem Krieg. Seine Erinnerungen wirken um einiges klarer als jene von Culler, der erst zu Beginn der 1990er Jahre seine Memoiren niederschrieb. Beide Texte decken sich jedoch, was die Beschreibung des Lagerkommandanten Béguin angeht. Béguin, der nach dem Krieg verurteilt wurde, scheint sadistische Züge gehabt und willkürliche Befehle erteilt zu haben. Wenn ihm jemand unangenehm war, fand er oft einen harmlosen Grund, diesen mit dem «Loch» zu bestrafen. Hierbei handelte es sich um eine völlig dunkle, enge Einzelzelle.

Die Spahis im Gefecht

1 Loti; Pierre: *Le roman d'un spahi.* Paris 1990 (Erstausgabe 1881).
2 Duvivier, Jules (Regie): *Pépé Le Moko.* Mit Jean Gabin, Mireille Balin, Gabriel Gabrio, Marcel Dalio. Frankreich 1937 (93 min). Pépé Le Moko war ein Gangster aus Paris, der in einer Casbah in Algerien Zuflucht fand.
3 Basoin, Marc: *L'histoire d'un spahi.* Privatarchiv von Marc Basoin. Talence 2006. Ergänzend dazu eine E-Mail von Marc Basoin vom 3. Februar 2008. Die hier wiedergegebenen Erklärungen sind ein Versuch, die Beweggründe von Jacques Basoin so plausibel wie möglich zu rekonstruieren. Die genauen Gründe, weshalb sich Jacques Basoin bei den Spahis rekrutieren liess, bleiben jedoch im Dunkeln, da Quellen fehlen.
4 Sicard, Jacques: *Les derniers Spahis montes en France,* in: *Militaria Magazine* Nr. 134. Paris 1996, S. 50. Montauban befindet sich 200 km von Bordeaux in Richtung Toulouse.
5 Marcel Puech war der letzte lebende Spahi, der mit dem 7. RSA in der Schweiz interniert war. Er starb am 19. Januar 2008 im Alter von 91 Jahren. E-Mail von Dominique Vanthier vom 1. Februar 2008.
6 Wenn im Folgenden von algerischen Spahis die Rede ist, dann ist nicht die militärische Einheit gemeint, sondern die Herkunftsbezeichnung. Im französischen Militärfachjargon werden die Mutterlandfranzosen als «métropolitains» und die Einheimischen als «indigènes» oder im vorliegenden spezifischen Fall auch als «Algériens» bezeichnet.

7 Basoin: *Histoire*, S. 14 f.
8 Basoin: E-Mail, 3.2.2008. Angelini liess Jacques Basoin ein Heft führen, in dem sämtliche technische Eigenschaften und Funktionen der Armeefahrzeuge einzutragen waren und wo nötig auch mit Skizzen ergänzt werden mussten. Der Ausbilder kontrollierte dieses Heft und bemängelte am 3. Oktober 1939, dass noch einige wenige Skizzen und Ausführungen fehlen würden. Das Notizheft «Le cahier des classes du spahi Jacques BASOIN» blieb erhalten und befindet sich im Privatarchiv von Marc Basoin.
9 Basoin: *Histoire*, S. 17.
10 Ein Regiment entspricht einem Bataillon der Infanterie. Eine Schwadron kann mit einer Kompanie gleichgesetzt werden.
11 Mündliche und schriftliche Informationen von Dominique Vanthier. Ergänzung: Neben den Schwadronen gab es in jedem Regiment noch einen Stab (état-major/E.M.) sowie einen Sanitätszug (santé). Jede Kampfschwadron setzte sich wiederum aus vier Einsatzzügen (pelotons de combat) sowie einem Kommandozug (peloton de commande) zusammen und führte einen Granatwerfer (mortier de 60 mm) mit sich. Die schwere Schwadron besass vier Maschinengewehr-Gruppen (groupes de mitrailleuses) und war mit fünf Kanonen (4 canons de 25 mm, 1 canon de 37 mm) ausgerüstet.
12 Basoin: *Histoire*, S. 18.
13 Basoin: *Histoire*, S. 18. Das 2. RSA zählte einen Bestand von 1228 Mann mit schätzungsweise 1000 Pferden. Die Aufteilung zwischen indigenen (I) und französischen (F) Spahis sah bei den entsprechenden Dienstgraden wie folgt aus: 30 (F) und 2 (I) Offiziere, 71 (F) und 37 (I) Unteroffiziere, 66 (F) und 59 (I) Brigadiers sowie 123 (F) und 840 (I) Spahis. Basoin: *Histoire*, S. 14. Anmerkung: Die Bezeichnung Brigadier aus der Kavallerie entspricht einem Korporal der Infanterie und ist nicht mit einem Brigadekommandanten gleichzusetzen. Soldaten ohne weitere Gradierung wurden als Spahis bezeichnet.
14 Basoin: *Histoire*, S. 18: Die anderen Schwadronen (escadrons) des 2. RSA wurden in folgenden Dörfern untergebracht: 1. und 2. Schwadron in Hautes Rivières, die 3. Schwadron in Haulmes und die 4. Schwadron in Tournaveaux. Der Kommandoposten (poste de commandement/P.C.) der Brigade wurde in Montherme eingerichtet.
15 Nachdem die letzte polnische Armee am 6. Oktober 1939 gegenüber Deutschland kapituliert hatte, markierten französische Truppen an der Grenze zu Deutschland entlang der Maginotlinie eine erhöhte Präsenz. Dadurch kam es zum so genannten «drôle de guerre» oder auch «Sitzkrieg».

16 Basoin: *Histoire*, S. 26 f.
17 Im Original: «‹Bonjour ma brave dame, c'est-y que vous auriez une grange pour loger des soldats et une chambre pour un officier?› [...] ‹Comment vous ... vous ... vous parlez français?› [...] ‹Pensez-vous bien que ma voitur' ell' risque quèqu'chose dehors, avec vos nègres?› [...] ‹Oh! ils ont bien mangé à midi, mes nègres. Vos pneus ne risquent donc rien pour aujourd'hui.›» – Potet, René: *Avec le 2e régiment de spahis marocains du 10 Mai au 20 Juin 1940. Notes et impressions.* Casablanca 1941, S. 81 f.
18 Potet: *Régiment*, S. 15.
19 Potet: *Régiment*, S. 79.
20 Bikar, A.: *La campagne de mai 1940 en Belgique. La 3e brigade de spahis dans nos ardennes, les 10, 11 et 12 Mai*, in: *Revue belge d'histoire militaire* (März 1986), S. 388. Die Alarmierung erfolgte relativ spät, da die Deutschen bereits um 4.25 Uhr die Grenzen überschritten hatten.
21 Galand, Marchand: *La chevauchée historique de la 3e brigade spahis dans les ardennes en mai 1940.* [ohne Angabe von Erscheinungsort und -jahr]. Anmerkung: Der vom Alliierten Obersten Kriegsrat am 17. November 1939 gebilligte «Plan Dyle» sah vor, bei einem Angriff der Deutschen gegen Belgien mit dem linken Flügel der eigenen Truppen auf die Linie Namur–Dyle–Antwerpen vorzurücken. Dort sollte Stellung bezogen werden. Der rechte Flügel entlang der belgisch-luxemburgisch-französischen Grenze sollte sich defensiv verhalten und zusätzlich von französischen Truppen unterstützt werden.
22 Godin: *Journal*, 10.5.1940. Die 3. BS marschierte in zwei Kolonnen nach Belgien. Links bewegte sich das 2. RSA über die Route Bohan, Bièvre, Daverdisse, Les Baraques und rechts das 2. RSM über Gespunsart, Pussmange, Sugny, Mouzaive, Gros Fays, Oizy, Baillamont, Naomé, Opont und Maissin. Dazu: Bikar: *Campagne*, S. 388 f.
23 Marchand: *Chevauchée*, S. 5.
24 Bikar: *Campagne*, S. 389. Hier ist ebenfalls nachzulesen, wo sich jedes einzelne Regiment niederliess.
25 Galand: *Chevauchée*, S. 5.
26 Potet: *Régiment*, S. 21 f.
27 Godin: *Journal*, 11.5.1940.
28 Godin: *Journal*, 12.5.1940.
29 Godin: *Journal*, 13.5.1940.

30 Godin: *Journal*, 14.5.1940.
31 Basoin: *Histoire*, S. 28.
32 La Horgne befindet sich etwa 30 km östlich von Chaumont-Porcien, wo der T. R. ohne Information der anderen Einheiten der 3. BS zu haben, stationiert war.
33 Siehe Anmerkung 11 in diesem Kapitel. Dazu auch: Galand: *Chevauchée*, S. 15. Von ursprünglich acht 25-mm-Kanonen waren nur noch zwei und von drei 37-mm-Kanonen noch eine einzige einsatzbereit.
34 Hierbei handelte es sich um das bereits erwähnte Modell MAS 1936, einem Karabiner mit 7,5-mm-Geschossen.
35 Basoin: *Histoire*, S. 29.
36 Capitaine du Corail, Stabsoffizier des 2. RSA, fertigte vor dem Kampf um La Horgne einen Situationsplan an. Das Originaldokument befindet sich im Privatarchiv von Marc Basoin.
37 Während Capitaine de Journa (2ème escadron 2. RSA) die Position der Kanone neben der Kirche ausmachte, schreibt Capitaine Combourieux (E. M. E. 2. RSA), die Kanone habe in der Sakristei gestanden. Obwohl beide Offiziere die Abläufe des Geschehens unmittelbar nach dem Kampf um La Horgne in ihr Tagebuch eingetragen haben, decken sich die Erinnerungen nicht immer. Zum einen ist gewiss die extreme Belastung des Krieges dafür verantwortlich, in der in kürzester Zeit überdurchschnittlich viel erlebt wurde und man dadurch nicht mehr jedes Detail exakt zu orten vermochte. Zum anderen aber kam es durch die Dislozierung der Truppen zu einer Verzerrung der Tatsachen. Nicht jeder konnte alles sehen. Da Combourieux Offizier des E. M. E. war, welches die Kanone mitführte, scheint es plausibel, dass er die genauere Ortsbestimmung angegeben hat. Vgl. dazu: De Jorna: *Journal de marche et d'opérations du 2ème escadron du 2ème Régiment de Spahis Algériens*, 15. Mai 1940, und Combourieux: *Journal de marche et d'opérations de l'Escadron de Mitrailleuses et d'Engins du 2ème Régiment de Spahis Algériens*. Kopien beider Originale befinden sich im Privatarchiv von Marc Basoin.
38 De Jorna: *Journal*, 15.5.1940.
39 Combourieux: *Journal*, 15.5.1940.
40 Basoin: *Histoire*, S. 33. Basoin zitiert hier die Erinnerungen eines gewissen Herrn Proponet, der als Maschinengewehrschütze des E. M. E. am Kampf teilgenommen hatte.
41 Galand: *Chevauchée*, S. 16.
42 Combourieux: *Journal*, 15.5.1940.

43 «Berliner Bersen Zeitung», 12. Juni 1940, zitiert in: Adol: *2ᵉ Régiment de Spahis Algériens, Service du recrutement*. Tlemcen 1942 (Privatarchiv von Marc Basoin, Talence), S. 5 f.
44 Scheck, Raffael: *Hitlers afrikanische Opfer. Das Massaker der Wehrmacht an schwarzen französischen Soldaten*. Berlin 2009, S. 89–91.
45 Scheck: *Opfer*, S. 104 f.
46 Scheck: *Opfer*, S. 107.
47 Scheck: *Opfer*, S. 113.
48 Besonders die Rheinland- und Ruhrbesetzung durch farbige Truppen wurde von Goebbels gerne für Propagandazwecke verwendet: «Es soll gezeigt werden, wie die sich entvölkernde Nation [Frankreich] Deutschland durch überseeische, gelbe, schwarze und braune Völker niederzuwerfen sucht, und eine wie grosse Rassen- und Kulturschande es war, dass man sich nicht gescheut hat, Neger an den Rhein zu holen: Als ‹verniggerte Sadisten› sollen die Franzosen angeprangert werden […].» Zitiert nach: Koller, Christian: *Von Wilden aller Rassen niedergemetzelt. Die Diskussion um die Verwendung von Kolonialtruppen in Europa zwischen Rassismus, Kolonial- und Militärpolitik (1914–1930)*. Stuttgart, S. 353.
49 Scheck: *Opfer*, S. 118.
50 Scheck: *Opfer*, S. 68.
51 Koller: *Wilde*, S. 354.
52 Eine Liste belegter Morde an Schwarzafrikanern im Mai und Juni 1940 findet sich in: Scheck: *Opfer*, S. 78–80.
53 Scheck: *Opfer*, S. 63.
54 Scheck: *Opfer*, S. 65.
55 Scheck: *Opfer*, S. 60 f.
56 Schwarzafrikaner waren bei den Spahis nur in einer kleinen Minderheit vertreten, daher konzentrierte sich die deutsche Propaganda nicht auf diese Truppe, sondern nur auf die Tirailleurs Sénégalais. Die Angst der deutschen Truppen vor schwarzen Einheiten war nämlich immer dort am grössten, wo die Deutschen überwiegend schwarzen Verbänden gegenüberstanden.
57 Scheck: *Opfer*, S. 106, S. 154.
58 Koller: *Wilde*, S. 352 f.
59 E-Mail von Raffael Scheck, 4.2.2010.
60 Bikar: *Campagne*, S. 399.
61 Mündliche Information von Dominique Vanthier: Die Verluste (Tote, Gefangene

62. und Verschollene) der 3. BS sahen wie folgt aus: 27 Offiziere, 641 Gradierte und Spahis. Zudem verlor die Truppe 815 Tiere.
62. Zehn Jahre nach der für die Spahis verheerenden Schlacht von La Horgne wurde im Dorf ein Denkmal eingeweiht. Seither kehren jedes Jahr an einem Sonntag, der zeitlich nah am 15. Mai liegt, ehemalige Spahis und ihre Kameraden an diesen Ort zurück und gedenken der Gefallenen.
63. Die E.H.R., in der Jacques Basoin als Chauffeur des T. R. nach wie vor seinen Dienst leistete, bezog ihr Quartier in Orbay l'Abbaye.
64. Godin: *Journal*, 15.–30.5.1940. Es wurden nicht alle Details der jeweiligen Verschiebungen und der Reorganisation der Truppe im oben stehenden Text wiedergegeben.
65. Basoin: *Histoire*, S. 39.
66. Godin: *Journal*, 6.–8.6.1940.
Das 2. RSM konnte die deutschen Truppen bis zum Kanal zwischen Aisne und Meuse zurückdrängen, drei Dörfer zurückerobern und 300 Gefangene machen. Potet, René: *Avec le 2ᵉ RSM*, S. 46.
67. Godin: *Journal*, 9.–11.6.1940.
68. Im Original: «Nous ne sortirons pas d'ici me dit le Lieutenant MERCIER. L'encerclement est inévitable, nous seront [sic!] prisonniers. Avec votre train automobile vous aurez peut-être [sic!] la chance de passer à travers les mailles [,] poursuit-il, mais je doute que vous puissiez vous en sortir.» – Godin: *Journal*, 16.6.1940.
69. Godin: *Journal*, 16.6.1940.
70. Godin: *Journal*, 17.6.1940.
71. Godin: *Journal*, 18.6.1940.
72. Im Original: «A 19 heures 26, après avoir jeté un dernier regard vers la France, nous sommes contraints de quitter la terre patrie. A la suite des éléments de la 67° D.I.[,] mon détachement passe la frontière Suisse et se transporte vers l'exil.» – Godin: *Journal*, 19.6.1940.
73. Im Original: «Cette étrange vision ne fait qu'aggraver la profonde consternation dans laquelle nous sommes plongés. La rage au cœur, certains d'entre nous laissent échapper des larmes. Les regards ne cessent de se fixer vers la patrie meurtrie livrée à l'envahisseur par l'infortune de nos armes.» – Godin: *Journal*, 19.6.1940.
74. Godin: *Journal*, 19.6.1940.

75 BAR E 27 / 14449: Schreiben an den Herrn Chef des Generalstabes der Armee vom 22. Juni 1940.
76 AfZ NL Bircher / 18.2.3.12.5: Brief von F. A. Frickart an Herrn Nationalrat Dr. Eugen Bircher.
77 Die Schweiz führte die Verdunkelung erst am 7. November 1940 ein. Von da an wurde zwischen 22 Uhr abends und 6 Uhr früh jede Lichtquelle abgeschaltet oder verdunkelt. Ottiger, Theo: *Mobilisation und Aktivdienst der Schweizer Armee 1939–1945*. Kriens 1975, S. 9.
78 Im Original: «L'obscure avait perdu son affreux pouvoir et sa terrible signification.» – Godin: *Journal*, 19.6.1940. Lieutant J. de Crépy, Internierungslager Schöftland in der Region Napf, beschrieb diese Situation mit fast demselben Wortlaut: «… et cette image nous fut donnée par ces humbles maisons qui laissaient pénétrer dans la nuit l'éclat de leur lumière et dans nos âmes la première lueur d'apaisement. L'obscurité avait soudain perdu son affreux pouvoir et sa terrible signification.» Zitiert nach: Les internés français 1940–41: *La Suisse telle qu'ils l'ont vue. Episodes, évocations et souvenirs*. Genève 1941, S. 18.
79 Godin: *Journal*, 31.3.1941.

Die Spahis im Dorf

1 «Wohl viele, die dem Reden der Glockenstimmen in der Silvesternacht zugehorcht, werden sich gefragt haben: Wo bleibt denn unsere grosse Glocke?» Trienger Anzeiger, 5.1.1940. Es handelte sich hierbei um den Klöppel der 5196 kg schweren Glocke, die auf As gestimmt war. Diese war erst 13 Jahre zuvor am 1. Mai 1927 von der Schuljugend mit den weiteren vier neuen Glocken (Des, Es, f, as) in den Turm aufgezogen worden. Muff, Hanspeter: *Triengen. 1180–1900*. Triengen 2007, S. 46.
2 Adressbuch der Stadt und des Kantons Luzern, Ausgabe 1940. Anmerkung: Nach Sursee (3784 Einwohner) und Neuenkirch (2615 Einwohner) war Triengen mit 1894 Einwohnern demografisch die drittgrösste Gemeinde des Amtes Sursee. Dazu: [ohne Autorenangabe:] *Die Entwicklung der Industrie in Triengen*. ZHB Luzern, S. 1.
3 Gemeindarchiv Triengen (GAT), Gemeindekanzleiakte vom 25. Juli 1940: Verzeichnis über die Selbständigerwerbenden der Landwirtschaft. Nur 14 Betriebe besassen eine Anbaufläche von über 10 ha. Der Durchschnitt lag ungefähr bei 5,7 ha. Sechs Landwirte, welche eine Anbaufläche von weniger als 3 ha besassen, waren zudem in einer Fabrik beschäftigt. Zehn weitere gingen einem gewerblichen Neben-

oder Haupterwerb (u.a.: Zimmermann, Händler, Schreiner, Gastwirt, Wagner, Metzgermeister) nach. Die Viehwirtschaft war ein wesentlicher Einkommenszweig. Es hat den Anschein, als habe jeder Landwirt Rinder gehalten. Der Totalbestand an Rindern betrug ungefähr 950 Tiere. Zudem besass fast jeder Landwirt auch Schweine. Ziegen wurden von etwa 15 Landwirten gehalten und Schafe von nur 4. Hierbei handelt es sich um Schätzungen, da die Zahlen von 1941 bis 1943 stammen und nicht jeder Viehhalter auch ein Landwirt war. Der Gesamtbestand der Viehbesitzer betrug 117 Personen und jener der Landwirte nur 104. Dazu: Eidg. Statistisches Amt: *Nutztierbestände in der Schweiz 1941–1943*. Bern 1945, S. 54.

4 GAT, Gemeindekanzleiakte vom 25. Juli 1940 sowie Statistische Quellen der Schweiz: *Die Gewerbebetriebe in den Gemeinden 1939*. Bern 1941, S. 108.

5 In der Zeit des Ersten Weltkriegs taucht zum ersten Mal der Name TRISA auf. Erst 1948 wurde «TRISA AG» als offizielle Bezeichung der «Bürstenfabrik A.G. Triengen» verwendet. Obwohl die rezessiven 1930er Jahre auch bei der TRISA ihre Spuren hinterliessen, musste die Firma keine Mitarbeiter entlassen. Ende der 1930er Jahre stiegen die Absätze wieder, und 1940 konnte sogar das Hauptgebäude erweitert werden. TRISA AG: *geschichtliche entwicklung*. Broschüre zum 100-Jahr-Jubiläum. Triengen 1987, S. 8–11, und http://www.trisa.ch/?dom=1&pRub=1001&id=5653# (30.3.10).

6 [o. A.] *Entwicklung*, S. 63.

7 GAT, Gemeindekanzleiakte vom 25. Juli 1940: Verzeichnis über die Selbständigerwerbenden der Landwirtschaft. Anmerkung: Die «Bürstenfabrik Surental AG» florierte auch in wirtschaftlich schweren Zeiten. Durch die Fabrikation von Spezialbürsten war sie die einzige Bürstenfabrik der Schweiz, die in den 1930er Jahren keine Kurzarbeit einführen musste. Gemeinde Triengen (Hg.): *Triengen: Daten – Geschichten – Anekdoten*. Triengen 1980, S. 69.

8 Die 1354 Zugezogenen lassen sich bezüglich Herkunft wie folgt unterteilen: Aus dem Kanton Luzern 720, aus den übrigen Kantonen 397 und aus dem Ausland 237. Die im Text erwähnten Deutschen stammten hauptsächlich aus dem südbadischen Raum und arbeiteten in der Bürstenindustrie, die von Baden nach Triengen gekommen war. Nach Erwerbstätigkeit können folgende Gruppen unterschieden werden: Handwerk (456 Beschäftigte), Landwirtschaft (390 Beschäftigte), Gewerbe (94 Beschäftigte) und Industrie (81 Beschäftigte). Dazu: [o. A.] *Entwicklung*, S. 8, 18 f.

9 Kessler, Erwin: *Triengen, ein ehemaliges Bauerndorf*. Triengen 1986, S. 6.

10 Stat. Quellen: *Gewerbebetriebe*, S. 108. Die Zahl setzt sich aus 605 beschäftigten Personen und 96 Betriebsinhabern zusammen.
11 Gmd. Triengen: *Triengen*, S. 88.
12 Gmd. Triengen: *Triengen*, S. 82. Durch liberale Initianten wurde auch die Sparbank Triengen A.G. (heute TRIBA) gegründet, welche grossen Einfluss auf die wirtschaftliche Entwicklung hatte. Ein weiterer Grund für die liberale Vorherrschaft ist wohl die geografische Nähe zum Kanton Aargau. Während der Freischarenzüge wird Triengen immer wieder als Eintrittspforte für Freischarenkolonnen erwähnt.
13 Gmd. Triengen: *Triengen*, S. 88. Nach der Wahl eines konservativen Posthalters 1949 wurde ein Nationalrat mobilisiert, und eine Delegation von drei prominenten Bürgern sprach bei der PTT-Direktion in Bern vor. Sie legten dar, dass der Friede im Dorf gefährdet sei. Auch an der Schule durften nur liberale Lehrkräfte Unterricht erteilen. Dies änderte sich erst 1962, als der erste Lehrer konservativer Herkunft gewählt wurde.
14 Gmd. Triengen: *Triengen*, S. 88, und diverse Artikel im «Trienger Anzeiger» des Jahres 1940. Zudem Auskunft von Kost Franz, Gemeindeammann Triengen, 15.02.2008. Weitere Vereine waren: Veloklub, Imkerverein, Samariterverein, Militärschiessverein und die Trachtengruppe. 1842 wurde mit dem Gemischten Chor der erste Trienger Verein gegründet. Es folgten Feldmusik (1848), Theatergesellschaft (1851), Männerchor (1857), Musikgesellschaft Harmonie (1896), Kirchenchor (1908), Cäcilienverein/Chor (1908), Gewerbeverein (1909), Orchesterverein (1909), Turnverein (1916).
15 Trienger Anzeiger, Sammelband 1940, sowie Kessler: *Triengen*, S. 8. Der «Trienger Anzeiger» deckte auch die Gemeinden Büron, Schlierbach, Winikon, Wilihof und Kulmerau ab. Zudem informierte er über kulturelle Veranstaltungen und war ein kostengünstiger Werbeträger für die regionale Industrie und das Gewerbe.
16 Kaufmann in: ZZR INT 6. «Und dann haben wir auch einen Radio bekommen zuhause und da hat der Vater gesagt: ‹So jetzt müsst ihr Radio hören, damit ihr wisst, was geht in der Welt draussen.› Vorher hatten wir noch keinen Radio.»
17 Adressbuch der Stadt und des Kantons Luzern. Ausgabe von 1940.
18 Kessler: *Triengen*, S. 8.
19 Trienger Anzeiger, 19.1.1940.
20 Trienger Anzeiger, 12.1.1940.
21 Trienger Anzeiger, 2.2.1940.
22 Trienger Anzeiger, 19.4.1940.

23 «Der Kantonale Schwingertag in Triengen muss eingetretener Verhältnisse halber bis auf weiteres verschoben werden.» Trienger Anzeiger, 17.5.1940.

24 Insgesamt mussten 1 348 500 Männer für kurze oder längere Zeit Dienst leisten als Wehrmänner (450 000), Hilfsdienstpflichtige (285 000), Luftschutzwarte (486 000) und Ortswehrangehörige (127 500). Zudem waren 20 000 Frauen beim Frauenhilfsdienst engagiert. Die Gesamtzahl aller Dienstleistenden entsprach 28 % der damaligen Bevölkerung von 4,8 Millionen. Zählt man allein die Wehrmänner und Hilfsdienstpflichtigen, so kommt man auf 15,3 %. Dieser Wert würde auf die Bevölkerung von Triengen übertragen etwa 290 dienstpflichtige Wehrmänner ergeben, welche den Ort gemäss Aufgebot verlassen mussten. Vgl.: Ottiger, Theo: *Mobilisation und Aktivdienst der Schweizer Armee 1939–1945*. Kriens 1975, S. 39.

25 Trienger Anzeiger, 17.5.1940.

26 Holzmann, Franz: *Visitenkarte des Krieges*, in: *Pfarreichronik 1940*. Pfarramt Triengen, S. 76.

27 Interview zum Flugzeugabsturz. Vgl. auch: Trienger Anzeiger, 17.5.1940; Gmd. Triengen: *Triengen*, S. 168. Hier findet sich ein Foto des beschriebenen Absturzes. Darauf sieht man die noch rauchenden Trümmerteile zwischen zwei Obstbäumen.

28 Holzmann: *Visitenkarte*, S. 77.

29 Neeser in: ZZR INT 2.

30 Neeser in: ZZR INT 3.

31 Kaufmann in: ZZR INT 3.

32 Godin, Nestor: *Journal de marche du T. R. du 2ème RSA*, Privatarchiv von Marc Basoin, S. 29 (Nachtrag).

33 Holzmann, Franz: 3. Internierte Franzosen, in: *Pfarreichronik 1940*. Pfarramt Triengen, S. 77.

34 Schneeberger in: ZZI 2204.

35 Holzmann: *Franzosen*, S. 77.

36 Holzmann: *Franzosen*, S. 77.

37 Kaufmann in: ZZR INT 8.

38 Kaufmann in: ZZR INT 8.

39 Fischer in: ZZR INT 7.

40 Gemeindearchiv Triengen, Fotoalbum Familie Kronenberg. Dieses Album enthält vier Fotografien, die unter dem Titel «Ankunft» eingeordnet sind. Im Vordergrund aller Bilder sind Spahis zu sehen, die Turbane und teilweise auch den Burnus tragen. Drei Bilder zeigen die Spahis auf einer Wiese. Das vierte entstand auf dem «Rössli»-

Platz. Rechts im Hintergrund auf diesem Bild ist eine Frau zu erkennen, die einem Knaben schützend ihre Hand auf die Schulter gelegt hat. Dieser beobachtet aus sicherer Distanz die fremden Soldaten.

41 Die Willimann-Scheune wurde 1926 von Josef Winiker erbaut. Im oberen Stockwerk dieser Scheune wurden 40 Soldaten der Einheit 14ème C. D. A. C einquartiert. Diese haben als Dank an die Familie Winiker ihre Namen in die Innenseite des Scheunentors eingraviert. Die Scheune wurde zwar 2009 abgerissen, doch die Gemeinde Triengen bewahrt das Holztor auf. Weitere noch heute sichtbare Zeichen von französischen Internierten befinden sich an der Aussenfassade des ehemaligen Restaurants «Fischerhof». Internierte haben ihre Namen und Adressen in die Backsteine eingeritzt. Zwei Fotografien des Kantonnements «Fischerhof» sind in der Fotosammlung von Thürig Margrith, GAT, enthalten. Zum Kantonnement in der alten Käserei vgl.: GAT, Gemeindekanzleiakte vom 1.2.1941: Abrechnung.

42 Diese Annahme stützt sich auf die Aussage von Zeitzeugen. Das Schweizer Militär benutzte die Turnhalle, welche der Gemeinde gehörte, bereits vor der Ankunft der Internierten. Darum ist anzunehmen, dass diese Lokalität beibehalten wurde.

43 Viele Fotografien zeigen die Spahis in unmittelbarer Umgebung des «Rössli». Zudem existieren Fotografien, auf denen die damalige «Rössli»-Wirtin mit dem Detachement des 2. Regiments der algerischen Spahis (2. RSA) abgebildet ist.

44 Fischer in: ZZR 2 INT_07.

45 Godin: *Journal*, S. 29 (Nachtrag).

46 Fischer in: ZZR 2 INT_12.

47 Das Büro des Ortschefs befand sich im Haus der Witwe Häfliger im Oberdorf. Für die zwei «komfortablen» Zimmer mit einem Hinterlokal erhielt sie 1.40 Fr. pro Tag. Zudem wurden ihr die Stromkosten vergütet. Das Büro für die Internierten war im Haus der Familie Winiker eingerichtet. Die Familie erhielt 50 Rp. Entschädigung pro Tag, was die Tagesmiete eines Zimmers entsprach. Das Postbüro wurde bei Herrn Willy Arber und das Krankenzimmer bei der Familie Müller an der Feldgasse eingerichtet. GAT, Gemeindekanzleiakte vom 1.2.1941: Abrechnung. Der Wirt des «Rössli» beschreibt die Situation wie folgt: «Der Saal des Gasthauses Rössli ist seit Ende Juni 1940 mit internierten Truppen belegt. [...]. So sind einzig wegen der Internierung verschiedene Sommer- und Herbstanlässe ausgefallen. [...]. Zudem stehen die Kantonnementsentschädigungen von 3 Cts. in keinem Verhältnis zu den Einnahmen[,] die wir ordentlicherweise für die Aufrechterhaltung des Zinsendiens-

tes aus dem Saale ziehen müssen.» GAT, Gemeindekanzleiakte vom 11.1.1941: Schreiben an das Territorialinspektorat 2, Abteilung für Internierung, Bern.
48 Trienger Anzeiger, 21.6.1940.
49 ZZR INT 6.
50 Sieber in: ZZR 2 INT_19.
51 Probst, René: *Schlussbericht des Eidg. Kommissariats für Internierung und Hospitalisierung über die Internierung fremder Militärpersonen von 1940–1945.* Bern 1947, S. 11.
52 Militärinternierte, die bei Privatpersonen untergekommen waren, hatten sich Zivilkleider beschafft und waren geflohen. Da sich die Organisation der Internierung noch in der Aufbauphase befand, kam es gelegentlich vor, dass Internierte auch Fahrräder fuhren oder sich frei im Land bewegten. Dies versuchte man nun durch strengere Auflagen und eine schärfere Kontrolle zu verhindern. BAR E 27 / 14449: Internierungsfragen. Konferenz vom 1. Juli 1940 unter Leitung von Bundesrat Minger.
53 Franz Holzmann war von 1936 bis 1966 katholischer Pfarrer in Triengen. Muff, Hanspeter: *Triengen. 1180–1900.* Triengen 2007, S. 64.
54 Trienger Anzeiger, 28.6.1940. Anmerkung: Ob der damalige Pfarrer Franz Holzmann tatsächlich der Verfasser dieses Artikels ist, kann nicht eindeutig belegt werden. Die Zeitzeugen vermuten dies jedoch. ZZR INT 23.
55 Die Internierten kamen an einem Dienstag (25.6.1940) an. Der Artikel erschien am darauf folgenden Freitag (28.6.1940). Daher kann angenommen werden, dass der Redaktionsschluss bereits am Donnerstag war.
56 Am Stichtag 1.8.1940 standen 6789 Schweizer Armeegehörige (280 Offiziere; 6509 Unteroffiziere und Soldaten) als Bewachungstruppen insgesamt 42 772 Internierte (1688 Offiziere; 40 628 Unteroffiziere und Soldaten) gegenüber. Das Verhältnis betrug also 1:6. Probst: *Schlussbericht,* Anhang 14. Oberstdivisionär Johannes von Muralt, Kommissär für Internierung, beschrieb die Situation wie folgt: «Man darf nicht vergessen, dass die Zahl der Internierten 40 000 betrug, also die Stärke eines A.K. Um eine 100-prozentige Bewachung durchzuführen, wäre eine Div. notwendig gewesen. Nun konnte das 1. A.K. nur ein Minimum an Leuten abgeben, um den Grenzschutz nicht zu schwächen.» BAR E 27 / 14449: Internierungsfragen. Konferenz vom 1. Juli 1940.
57 Fischer in: ZZR INT 23.
58 Kaufmann in: ZZR INT 23.

59 Spätestens seit dem Ersten Weltkrieg wurde in der deutschen Kriegspropaganda das Heranziehen von kolonialen «Hilfstruppen» in den englischen oder französischen Armeen als Schwäche des jeweiligen Landes eingestuft. England wurde als «feige» bezeichnet, da es andere für sich kämpfen liess, und Frankreich bezichtigte man gar des Missbrauchs kolonialer Truppen als Kanonenfutter. Dazu: Koller, Christian: *Von Wilden aller Rassen niedergemetzelt. Die Diskussion um die Verwendung von Kolonialtruppen in Europa zwischen Rassismus, Kolonial- und Militärpolitik (1914–1930)*. Stuttgart 2001, S. 123. Das Auftauchen von Indern und Afrikanern auf dem europäischen Kriegsschauplatz im Herbst 1914 wurde als Verrat an der weissen «Rasse» betrachtet und rief deutsche Proteste hervor. Dazu: Koller: *Wilde*, S. 104.

60 Wie sich «Türkenangst» und «Türkenbilder» in der Schweiz seit dem Mittelalter verändert hatten, müsste noch genauer untersucht werden. Dass sich die Schwächung des Osmanischen Reiches auf die «Türkenbilder» auswirkte, deutet das Lied «CAFFEE» von Carl Gottlob Hering (1766–1853) an: «Nichts für Kinder ist der Türkentrank, schwächt die Nerven, macht dich blass und krank. Sei doch kein Muselmann, der ihn nicht lassen kann!»

61 Staehelin, Balthasar: *Völkerschauen im Zoologischen Garten Basel, 1879–1935*. Basel 1993, S. 156–158. Auf diesen Seiten sind sämtliche Völkerschauen des Basler Zoos aufgelistet und erläutert.

62 Brändle, Rea: *Wildfremd, hautnah. Völkerschauen und Schauplätze Zürich 1880–1960. Bilder und Geschichten*. Zürich 1995, S. 114. Charles Bretagne aus Lausanne brachte im August 1925 ein komplettes «Negerdorf» nach Altstetten. In einem von der Gemeinde Altstetten aufgesetzten Vertrag lauteten die Punkte 5. und 6. wie folgt: «5. Die gehörige Überwachung des Negerdorfes wird von Ch. Bretagne auf dessen Kosten der Schweiz. Bewachungs-Gesellschaft A. G. ‹Securitas› in Zürich übertragen. 6. Die Neger haben keinen freien Ausgang, sondern dürfen ihr Dorf nur unter Aufsicht verlassen. Dieselben sind zu einem gesitteten Benehmen anzuhalten. Grobe Verstösse gegen den Anstand haben nach vorangegangener Mahnung den Entzug der Bewilligung zur Folge.» Dazu auch: Staehelin: *Völkerschauen*, S. 84: Es kann angenommen werden, dass während sämtlicher Völkerschauen die Ausgestellten den «Zolli» nicht verlassen durften.

63 Trienger Anzeiger, 5.7.1940. Pfarrer Holzmann zitiert Bischof Besson aus der «Liberté» vom 28.6.1940. Es ist denkbar, dass Bischof Besson mit den ‹Elementen› («quelques-uns, malheureusement, nous arrivent avec des idées politiques et sociales dont la mise en œuvre a jeté leur patrie dans la catastrophe») mutmassliche polni-

sche Kommunisten bezeichnete. Zudem rät er, Sympathiekundgebungen gegenüber Internierten zu unterlassen, da diese nicht mit der schweizerischen Neutralität vereinbar seien.

64 Besson, Marius: *Nach 400 Jahren*. Luzern 1934, S. 149–154. Das Buch besteht zum grössten Teil aus einem fingierten Briefwechsel zweier fiktiver Protagonisten. Der katholische Pfarrer Favre korrespondiert mit dem protestantischen Pastor Curchod. Beide thematisieren die Kirchenspaltung und gehen dabei aufeinander zu. Ihnen scheint es wichtig, christliche Gemeinsamkeiten hervorzuheben, den Gefahren ihrer Zeit ins Auge zu sehen und diesen standhaft entgegenzutreten.

65 Kaufmann in: ZZR INT 23.

66 Neeser in: ZZR INT 14.

67 Wirz in: ZZR INT 16.

68 Kaufmann in: ZZR INT 23.

69 Trienger Anzeiger, 28.6.1940.

70 Trienger Anzeiger, 12.7.1940. Anmerkung: Dieser Dank konnte noch rechtzeitig vor einer Weisung des EKIH vom 17.7.1940 gedruckt werden. Gemäss Weisung Nr. 117 durften keine Aufrufe für private Sammelaktionen mehr, weder im redaktionellen Teil einer Zeitung noch in einem Zeitungsinserat, erscheinen. Imhof, Kurt: *Flüchtlinge als Thema der öffentlichen politischen Kommunikation in der Schweiz 1938–1947*. Beiheft zum Bericht «Die Schweiz und die Flüchtlinge zur Zeit des Nationalsozialismus / Unabhängige Expertenkommission Schweiz» (Bern 1999), S. 161.

71 GAT: Gemeinderatsprotokoll, Ratsbeschluss vom 3.7.1940. Eingetragen im Protokoll wurde der Beschluss am 7.7.1940. Dazu auch: Trienger Anzeiger, 5.7.1940.

72 GAT, Gemeindekanzleiakte vom 3.7.1940: An die Gasthausbesitzer und Restaurateure Triengen. Zudem: Luzerner Gesetzessammlung, Bd. 9 (196–1914), S. 77 ff. Die Polizeistunde war zu der Zeit im Gesetz betreffend das Wirtschaftsgewerbe und den Handel mit «geistigen Getränken» vom 16.2.1910 geregelt, und zwar im § 49 (nicht § 48, wie der Gemeinderat irrtümlicherweise festhielt). Dieser verlangte im ersten Absatz: «Die Wirtschaften müssen spätestens nachts 12 Uhr geschlossen sein und bis morgens 5 Uhr geschlossen bleiben (Polizeistunde).» In einem weiteren Absatz wurde den Gemeinden das Recht eingeräumt, die Polizeistunde auf eine frühere Zeit anzusetzen.

73 Französisch war nicht nur den Trienger Bildungsbürgern (Ärzte, Patrons, Geistliche) geläufig, sondern wurde auch von Gewerbetreibenden sowie Handwerkern

und deren Familien gesprochen. Elsbeth Willimann berichtet in ZZR 2 INT_04, dass ihre Mutter Französisch konnte. Auch Alois Fischer erzählt in ZZR INT 17 von den guten Französischkenntnissen seiner Mutter. Fritz Sieber sprach ebenfalls Französisch, wie er in ZZR INT 17 aussagt. Hildegard Kaufmann war bei der Ankunft der Internierten gerade von ihrem Welschlandaufenthalt in Le Locle zurück, wie aus ZZR INT 9 zu entnehmen ist. Jene Zeitzeugen, die damals noch Schulkinder waren, konnten zu jenem Zeitpunkt noch kein Französisch.

74 Thürig in: ZZI2004.
75 Kaufmann in: ZZI2004.

Fremde Freunde

1 An dieser Stelle muss darauf hingewiesen werden, dass das «Schwarzenbild» in der Schweiz zur Zeit der beiden Weltkriege noch einer genaueren Erforschung bedarf. Eine umfassende Kulturgeschichte dunkelhäutiger Menschen in der Schweiz existiert derzeit noch nicht und konnte deshalb nicht für die vorliegende Untersuchung hinzugezogen werden. Folglich handelt es sich bei den im Zusammenhang mit dem «Schwarzenbild» gemachten Aussagen um Thesen, die einer weiteren Überprüfung bedürfen.

2 Eine Zeitschrift, in der Kinder neugierig und fasziniert blätterten, war die «Schweizer Illustrierte», die wöchentlich erschien und mit vielen Bildern versehen war. Ob darin auch einmal Schwarze porträtiert wurden, wäre leicht nachprüfbar. Doch selbst wenn man einen entsprechenden bebilderten Artikel finden würde, lässt sich nicht feststellen, ob ein Kind diesen überhaupt registriert hat und davon geprägt wurde. Neeser in: ZZR INT 3.

3 Martin, Peter: *Schwarze Teufel, edle Mohren. Afrikaner in Geschichte und Bewusstsein der Deutschen.* Hamburg 2001, S. 34. Otto von Freising (1112–1158) brachte zu Beginn des 12. Jahrhunderts als Erster einen der Drei Könige mit einer äthiopischen Familie in Verbindung. Dieser «Mohr» wurde zunächst als Caspar und im 13. Jahrhundert zunehmend als Balthasar identifiziert. Seit dem 14. Jahrhundert erschien er dann häufig auf bildlichen Darstellungen. Zur gleichen Zeit tauchte auch die Verehrung der «Schwarzen Madonna» auf, in deren Gestalt wahrscheinlich die biblische Königin Saba mit der Jungfrau Maria verschmolz. Anmerkung: Die «Schwarze Madonna» in Einsiedeln stammt aus der Mitte des 15. Jahrhunderts. Schwarze Madonnen standen für Faszination und Fremdheit. Strenge Formgebung und die schwarze Farbe schufen einen Raum des Erhabenen, der Ehrfurcht gebietet. Siehe

dazu: Schreiner, Klaus: *Maria. Jungfrau, Mutter, Herrscherin.* München/Wien 1994, Kapitel 6: Schwarze Madonnen, S. 214–251, hier S. 213.

4   Wirz in: ZZR INT 1.
5   http://www.terredeshommes.ch/ueber_uns/50_jahre (5.4.2010).
6   Missionsbild der Firma Benziger, produziert für den katholischen «Kindheit-Jesu-Verein» (1892). Hinweis von Heinz Nauer, Einsiedeln, bei dem ich mich an dieser Stelle herzlich bedanken möchte.
7   Telefongespräch mit Hansruedi Neeser, Reiden, 8.3.2008. Der Text von «Zehn kleine Negerlein» wurde 1885 von F. H. Benary verfasst.
8   «Du siehst sie hier, wie schwarz sie sind, viel schwärzer als das Mohrenkind!» Hoffmann, Heinrich: *Das Urmanuskript des Struwwelpeter.* Nürnberg/Frankfurt am Main 1887, S. 16.
9   Hoffmann: *Urmanuskript,* S. 16–23.
10 Stäheli, Jakob (Text)/Lips, Robert (Zeichnungen): *Globis Weltreise. Veränderte und mit Versen ergänzte Neuausgabe von «Globis Weltreise» (1935).* Feuerthalen 2004. Anscheinend wurden in aktuellen Auflagen «Globis Abenteuer in Afrika» weggelassen. Auf dem Umschlag ist jedoch der stereotype ‹Neger› in schwarz neben einem roten Indianer und einem gelben Chinesen abgebildet. Als einziges Bekleidungsstück trägt er einen kurzen primitiven Lendenschurz.
11 Busch, Wilhelm: *Sämtliche Bilderbogen in einem Band. Nachdruck der von 1858–1875 erschienenen Bilderbogen.* Zürich/Olms 1995, Münchener Bilderbogen Nr. 354. Vgl. auch Bogen Nr. 405. In Buschs Geschichte schiesst ein «bösartiger Mohr» aus dem Hinterhalt auf einen friedlich trinkenden Elefanten. Der Elefant fängt ihn jedoch mit seinem Rüssel und bestraft ihn, indem er ihn zuerst ins Wasser taucht, über dem geöffneten Rachen eines Krokodils baumeln lässt und ihn zuletzt in einen Kaktus wirft. Das optische Stereotyp wird mit der Vorstellung des zu bemitleidenden Schwarzen ergänzt.
12 Telefongespräch mit Hansruedi Neeser, Reiden, 8.3.2008. Ergänzung zu den Begriffen «Neger» und «Mohr»: «‹Mohr› sagte man eigentlich nicht. Der ‹Mohr› war eher minderwertig. Obwohl auch der ‹edle Mohr› vorkommt, etwa beim Schwarzen aus dem Morgenland und beim ‹Mohrenkopf›.»
13 Telefongespräch mit Hansruedi Neeser, Reiden, 8.3.2008.
14 Morgenrath, Birgit/Rössel, Karl (Redaktion): *«Unsere Opfer zählen nicht». Die dritte Welt im Zweiten Weltkrieg.* Berlin/Hamburg 2005, S. 54: Nach den Memoiren von General Erich Ludendorff hatten farbige Truppen der französischen Armee im ent-

scheidenden Sommer 1918 wesentlich zu französischen Erfolgen beigetragen. Von der deutschen Presse wurden die afrikanischen Soldaten daraufhin als «blutdürstige Barbaren», «Kopfjäger» und «Kannibalen» denunziert. Dazu: Unterkapitel «Schlacht um La Horgne».

15 Vedder, Heinrich: *Im Alten Südwestafrika*, in: Arno Lehmann (Hg.): *Missionare, Neger – Christen.* Dresden/Leipzig 1936, S. 57.

16 Vedder: *Südwestafrika*, S. 57. Vedder nennt das Bibelzitat «Geht hin und lehret alle Völker» als Befehl des Heilands für die (rheinische) Mission.

17 Schubert, Michael: *Der schwarze Fremde. Das Bild des Schwarzafrikaners in der parlamentarischen und publizistischen Kolonialdiskussion in Deutschland von den 1870er bis in die 1930er Jahre.* Stuttgart 2003, S. 71.

18 Der Begriff «Mohr» war aus der orientalisch-kultivierten Welt der nordafrikanischen Mauren entlehnt worden und wurde auch mit Menschen des sagenumwobenen Äthiopien in Verbindung gebracht. Die Europäer betrachteten die orientalische Kultur bis zum 17. Jahrhundert in verschiedener Hinsicht als überlegen und bezüglich eines bewaffneten Glaubenskrieges auch als bedrohlich. Als jedoch ab Mitte des 17. Jahrhunderts zunehmend Schwarze als Sklaven aus den «neuen» Bezugsquellen am Atlantik und damit verbundene Erzählungen über «Eingeborene» oder «blutrünstige Kannibalen» nach Europa kamen, änderte sich das Bild des kultivierten Schwarzen. Aus dem «edlen Mohren» wurde der «primitive Neger». In der Folge wurde das seit dem 13. Jahrhundert gebräuchliche Wort «Mohr» bis zu Beginn des 18. Jahrhunderts durch «Neger» ersetzt. Nur in den Traumwelten des Kinderbuchs und in der modernen Reklame wurde der «Mohr» als «Verführer des Ostens», der das Paradies versprach, weiterverwendet. Martin: *Teufel*, S. 83–85.

19 Brändle, Rea: *Wildfremd, hautnah. Völkerschauen und Schauplätze Zürich 1880– 1960. Bilder und Geschichten.* Zürich 1995, S. 115.

20 Bitterli, Urs: *Die «Wilden» und die «Zivilisierten». Die europäisch-überseeische Begegnung.* Zürich 1977, S. 7.

21 Im Original: «La troupe indigène, habituée aux longs raids dans le bled africain, ne se rend pas compte de ce qui se passe. Elle ne sait pas ce qu'est la Suisse; elle ignore la géographie et la politique. Elle suit ses chefs, elle leur obéit aveuglément […].» – BAR 27 / 14481 Bd. 5: Rapport du Colonel de Tscharner, 22. 6. 1940. Von Tscharner zeichnet in seinem Bericht exakt das oben beschriebene Bild eines Stammes, der blindlings seinem Häuptling folgt, nach. Er wurde später Leiter des Spahi-Lagers in Witzwil. (Archiv SF DRS, 26-5, Filmwochenschau vom 24.1.1941: Abreise Inter-

nierte.) Von Tscharner war Oberst der Schweizer Kavallerie und hatte sich gemäss Jean-Pierre Thévoz bereits in der französischen Fremdenlegion verdient gemacht. Thévoz, Jean-Pierre: *60 ans après avoir échappé à la captivité en Allemagne.* Privatkopien des Autors, S. 36. Bei seiner Inspektion der Truppen an nur einem Tag (21.6.1940) besuchte er diverse Ortschaften (Bern, Lyss, Bienne, Tramlelan, Saignelégier, Montfaucon, Porrentruy, les Rangiers, Delémont, Correndlin) und musste sich hauptsächlich auf die Informationen der zuständigen Ortskommandanten verlassen. Von Tscharner bewertete diesen «blinde Gehorsam» jedoch als positiv. So attestierte er den Spahis in einem weiteren Rapport grosse Ordnung und Disziplin. Damit dies unter der Führung von Colonel de Torcy und seinen Offizieren des 7. RSA auch so bleiben könne, wollte er das gesamte Regiment im gleichen Internierungssektor behalten: «Dissocier cette troupe spéciale et bien disciplinée serait un erreur.» BAR 27 / 14481 Bd. 5: Rapport du Colonel de Tscharner, 27. 6. 1940.

22 Sieber in: ZZI2004.
23 May, Karl: *Der Mahdi* (Gesammelte Werke, Bd. 17), *Im Sudan* (Gesammelte Werke, Bd. 18). Bamberg 1952.
24 Staehelin, Balthasar: *Völkerschauen im Zoologischen Garten Basel, 1879–1935.* Basel 1993, S. 69 f. Bei den Völkerschauen handelt es sich hauptsächlich um ein grossstädtisches Phänomen. Die exotischen Spektakel boten dem Publikum ein Gegenmodell bzw. einen Exilort des eigenen urbanen Lebens. Schwarz, Werner Michael: *Anthropologische Spektakel. Zur Schaustellung «exotischer» Menschen,* Wien 1870–1910. Wien 2001, S. 15.
25 Bugner, Ladislaus (Hg.): *The Image of Black in Western Art,* Bd. 2: From the Early Christianity Era to the «Age of Discovery», hg. v. Jean Devisse und Michel Mollat. New York 1979. Dieser 2. Band ist wiederum in zwei Bände mit den Titeln «From the demonic threat to the incarnation of sainthood» und «Africans in the christian Ordinance of the World (14th to the 16th Century)» unterteilt. Mit vielen Abbildungen in Farbe geben diese beiden Bildbände einen eindrücklichen Überblick über das Motiv schwarzer Menschen in der europäischen Kunstgeschichte des Mittelalters und der Renaissance.
26 Martin: *Teufel,* S. 10. Die Gesamtzahl aller dunkelhäutigen Menschen afrikanischer Abstammung, die in deutschsprachigen Gebieten Mitteleuropas auftauchten, beschränkte sich im Mittelalter auf ein paar tausend Individuen, welche sich über mehrere Jahrhunderte und verschiedenen Landesteile verteilten. Die Begegnung mit einem schwarzen Menschen war daher eine Seltenheit.

27 Martin: *Teufel*, S. 17 f.
28 Bitterli: *Wilde*, S. 180. Eine besondere Aufmerksamkeit wurde den Indianern deshalb zuteil, da man auf den engen Bereich bisheriger Erfahrungen gestützt annahm, alle Völker ausserhalb der weissen ‹Rasse› müssten dem negriden Typus ähnlich sein.
29 Bitterli: *Wilde*, S. 183.
30 Brändle: *Wildfremd*, S. 122, 164. Anmerkung: Ausstellungsorte wie zoologische Gärten, Jahrmärkte oder Zirkusse machen deutlich, dass man die ausgestellten Individuen als Tiere sah beziehungsweise als Bindeglied zwischen Affen und Menschen. Der Erfolg war wegen des exotischen ‹Touchs› garantiert. Viele Zuschauer wollten aber nicht nur ihr Vergnügungsbedürfnis befriedigen, sondern auch ihre Vorurteile bestätigt sehen. Durch Betrachtungsweise und Inszenierung der «Wilden» vergewisserten sich die europäischen Betrachter stetig ihrer zivilisatorischen und rassischen Überlegenheit. Ferner spielten auch die explizite Darstellung nackter Haut und die damit verbundene Erotik eine Rolle des Erfolgs. Während Fotografien mit abgebildeten sexuellen Elementen bis 1900 nur auf dem Schwarzmarkt erworben werden konnten, kamen Körperteile, die sonst schamvoll verdeckt blieben, bei den Völkerschauen öffentlich zur Schau. Neugier, Erotik, rassistische Motive und Belustigung waren feste Bestandteile des «ethnological show-business». Dass sich dahinter eine tragische Geschichte menschlicher Ausbeutung versteckte, welche die Opfer oft mit dem Tod bezahlten, blieb den Zuschauern meist verborgen. Dazu auch: Schau, Christoph (Regie): *Rendez-vous im Zoo*. Schweiz 1995.
31 Staehelin: *Völkerschauen*, S. 22.
32 Imhof, Kurt: *Flüchtlinge in der Schweiz 1938–1947*, S. 39. Zitiert aus: Neue Zürcher Zeitung, (22.6.1940): «Der Übertritt der französischen Truppen in der Schweiz» und Tagesanzeiger, (22.6.1940): «Die fremde Heerschau in Biel».
33 Borel, Denis: Blick auf die 1940 in der Schweiz internierten algerischen Reiter, in: Der «*Tanzbödeler*» 1995, S. 17: «Es scheint aber, dass auf Begehren der stolzen Spahis dieses Bajonett auf der Brust getragen wurde.» Willi, J.-J.: *Die Spahis in der Schweiz*, in: Schweizer Kavallerist (26.6.1980), S. 26: «Es mag von Interesse sein, an dieser Stelle Geschichte und Eigenart dieser stolzen, exotisch anmutenden Reitergruppe etwas näher kennen zu lernen.» Filmdokument ZEM, AF 297: Grenzübertritt französischer und polnischer Truppen: «Auf den Pferdeweiden der Freiberge fühlen sich auch die Araberpferde der stolzen Spahis bald zuhause.»
34 *L'Histoire c'est moi: Rückblickend*. Film 21: Les Français. Auch in diesem Filmbeitrag

wird ständig von marokkanischen Spahis gesprochen, obwohl es sich beim 7. RSA erwiesenermassen um ein algerisches Regiment handelte. Folgende drei Erklärungen sind möglich: 1. Die Zeitzeugen hatten ihre Informationen von Presseberichten, welche die Spahis als Marokkaner bezeichneten. 2. Einige der Spahis waren tatsächlich Marokkaner, was aufgrund der Personaldossiers im BAR überprüft werden könnte. 3. Die meisten Schweizer unterschieden nicht zwischen Algerien und Marokko und benutzten daher das geläufigere Wort «marokkanisch».

35 Neeser in: ZZR 2 INT 05.
36 Das 7. RSA war bis Mitte August zunächst in den Dörfern (Ipsach, Sutz-Lattrigen, Mörigen, Gerolfingen, Täuffelen) entlang des südlichen Bielerseeufers zwischen den Kanälen von Nidau und Hagneck untergebracht. Dort waren die Spahis mit ihren Pferden in Scheunen einquartiert. Borel, Denis: *7ème régiment de spahis algériens*. Neuchâtel 1988, S. 9.
37 *L'Histoire c'est moi: Rückblickend.* Film 21: Les Français.
38 BAR E 5791(-) -/1 Bd. 676: Antrag des Kommissariates für Internierung an den Oberbefehlshaber zu Handen des Bundesrates. 18.9.1940.
39 BAR E 5791(-) -/1 Bd. 676.
40 BAR E 5791(-) -/1 Bd. 676. Strafanstalt Witzwil. Bericht über weitere Militärs (Flüchtlinge, Deserteure, Angehörige auf Schweizer Gebiet übergetretener Armeen). Anmerkung: Das Lager befand sich in der Schafweide am See. Vom 12. August bis zum 1. November 1940 waren die Spahis des 7. RSA dort interniert. Anschliessend wurden sie in wärmere Quartiere in der Region Mentue verlegt. Die einzelnen Schwadronen kamen nach Estavayer-le-Lac, Cheyres, Yvonand, Donneloye, Chavannes-le-Chêne, Combremont und Molondin. Dazu auch: Borel: *Régiment*, S. 9.
41 Kaufmann in: ZZR INT 24. Es kann davon ausgegangen werden, dass sich die Nachricht über die Internierung der Spahis in Triengen bald nach deren Ankunft in den Nachbargemeinden ausbreitete. Daher werden mit grösster Wahrscheinlichkeit bereits an den ersten darauf folgenden Sonntagen viele Neugierige einen Ausflug nach Triengen gemacht haben. Eindeutig belegen lässt sich dies jedoch nicht.
42 GAT, Gemeindekanzleiakte vom 10.7.1940. Kdo. Inf. Rgt. 34.
43 AfZ NL Bircher / 18.2.3.12.5: Crasemann Kmdt. Geb. Füs. Bat. 41, An die Lager Kdt., 30.7.1940.
44 GAT, Gemeindekanzleiakte vom 11.7.1940. Tit. Ortschef der Bewachungstruppe.
45 BAR 27 / 14481: Befehl für den französischen Nationalfeiertag, 14.7. A.H.Q., 10.7.1940.

46 GAT, Gemeindekanzleiakte vom 15.7.1940. Camp d'Internés de Triengen.
47 Fischer in: ZZR INT 12.
48 GAT, Gemeindekanzleiakte vom 16.7.1940. Ortschef Triengen an die Gemeindekanzlei Triengen.
49 Trienger Anzeiger, 26.1.1940. Bundesrat Guiseppe Motta hatte am 7.10.1929 anlässlich der in Triengen durchgeführten 78. kantonalen Lehrerkonferenz gesprochen.
50 GAT, Gemeindekanzleiakte vom 22.7.1940. An Herrn Bundesrat Rudolf Minger, Schüpfen. Kt. Bern.
51 GAT, Gemeinderatsprotokoll 1940, Eintrag Nr. 128 b, 8.8.1940.
52 GAT, Fotoalbum Familie Kronenberg.
53 GAT, Fotoalbum Familie Kronenberg.
54 Wirz in: ZZR 2 INT 36.
55 GAT, Gemeindekanzleiakte vom 29.7.1940. An den Herrn General der Schweizer Armee.
56 Trienger Anzeiger, 2.8.1940.
57 Trienger Anzeiger, 2.8.1940: «Die Feier [in Winikon] stund im Zeichen der Freude, des Dankes, des geschichtlichen Rück- und Ausblicks und – der Trauer. Sie zeigte dieses Jahr ein besonderes Bild durch die Teilnahme der hier internierten französischen Soldaten und der Schweizerwache.»
58 Fischer in: ZZR 2 INT 28.
59 Mullis, Ruben: *Die Internierung polnischer Soldaten in der Schweiz 1940–1945.* Bern 2003, S. 19. Zur Problematik beigetragen hat ebenfalls die Abschiebung nicht unbedingt fähiger Offiziere auf den Posten eines Lagerkommandanten. Durch ihr übertriebenes Autoritätsgehabe und mangelndes psychologisches Feingefühl waren sie für eine derart heikle Aufgabe letztlich ungeeignet.
60 Probst, René: *Schlussbericht des Eidg. Kommissariats für Internierung und Hospitalisierung über die Internierung fremder Militärpersonen von 1940–1945.* Bern 1947, S. 2.
61 Trienger Anzeiger, 16.8.1940.
62 GAT, Gemeindekanzleiakte, 28.8.1940.
63 GAT, Gemeindekanzleiakte, 13.9.1940.

Alltag, Abschied, Andenken

1 Sieber in: ZZR 2 INT 09.
2 In der Volksbibliothek im Pfarrhaus konnten jeden ersten und dritten Sonntag Bücher ausgeliehen werden. Die Literatur war jedoch zum Grossteil auf Deutsch, was

eventuell einigen deutschkundigen elsässischen Soldaten zugute kam. Für die Spahis war die Bibliothek jedoch ungeeignet. Zudem müsste geklärt werden, ob tatsächlich alle Spahis lesen und schreiben konnten. Trienger Anzeiger, 30.8.1940.

3   Beeindruckend für die Triengerinnen war, dass die internierten Soldaten ihre Kleider selber wuschen. Kleiderwaschen war damals in erster Linie Frauenarbeit. Dazu: Fries in ZZR INT 7.
4   Mullis, Ruben: *Die Internierung polnischer Soldaten in der Schweiz 1940–1945*. Bern 2003, S. 23.
5   Probst, René: *Schlussbericht des Eidg. Kommissariats für Internierung und Hospitalisierung über die Internierung fremder Militärpersonen von 1940–1945*. Bern 1947, S. 20.
6   Thürig in: ZZI Regula Kunz 2007.
7   Probst: *Schlussbericht*, S. 21. Hier sind die Grundsätze der Arbeitsvermittlung an Internierte festgehalten.
8   Trienger Anzeiger, 28.6.1940. Verfasst wurde der Inhalt am 26.6.1940, also einen Tag nach Ankunft der Internierten.
9   Probst: *Schlussbericht*, S. 11, S. 20.
10 Trienger Anzeiger, 26.7.1940.
11 GAT, Gemeindekanzleiakte, 28.8.1940. Staatswirtschaftsdepartement des Kantons Luzern: An die Gemeindearbeitseinsatzstellen des Kantons Luzern. Das Schreiben stützt sich auf den Dienstbefehl Nr. 3 des Armeekommandos (Kommissär für Internierung) vom 1.8.1940. Das Departement wies die Arbeitseinsatzstellen an, einen monatlichen Bericht zu verfassen und behielt sich dessen Nachprüfung vor.
12 Trienger Anzeiger, 13./20.9.1940. An die Bevölkerung von Triengen. Betr. Beschäftigung der Internierten.
13 Sieber in: ZZR INT 17.
14 Kaufmann in: ZZR INT 17.
15 Neeser in: ZZR INT 12. Einer der beschäftigten Internierten hiess François Spinhirny. Er lernte während seiner Internierung eine Triengerin kennen und verliebte sich in sie. Mit ihr gründete er eine Familie, deren Nachkommen immer noch in Triengen wohnen. Die Familie nahm jedoch den Namen der Frau an, da der Name «Spinhirny» zu Hänseleien führte.
16 Fischer in: ZZR 2 INT 16.
17 Laut mündlicher Information von Dominique Vanthier ist die Schlange ein algerisches Glückssymbol.

18 Ein besonderes Exemplar besitzt der ehemalige Trienger Gemeindeammann Franz Kost. In den Stock sind unter das Schweizer Wappen alle Kantonswappen exakt eingeschnitzt und anschliessend mit den entsprechenden Farben bemalt worden. Dies könnte darauf hinweisn, dass der Hersteller sich mit der Schweiz und ihrem Föderalismus auseinandergesetzt hat.
19 Probst: *Schlussbericht*, S. 20 f.
20 Kaufmann in: ZZR 2 INT 32. Auch Elsa Wirz kann sich an diese Eichenblätter erinnern. Es blieb jedoch keines erhalten. Hildegard Kaufmann vermutet, dass ihr Exemplar in einem Buch steckt.
21 Kaufmann in: ZZR 2 INT 32. Es ist gut möglich, dass von einem lokalen Frauenverein Beschäftigungsateliers angeboten wurden, in denen die Internierten Webereien, Stick- und Strickwaren herstellen konnten. Probst: *Schlussbericht*, S. 16.
22 Schild, Georges: *Die Post der Internierten in der Schweiz 1940–1946*. Bern [ohne Jahresangabe], S. 11. Die Beschränkung des Briefverkehrs war auf die Überlastung der Zensurstelle zurückzuführen. In der Praxis beachteten die Lagerkommandanten diese Bestimmung jedoch nicht, so dass die Internierten öfter korrespondieren konnten.
23 Probst: *Schlussbericht*, S. 15 f.
24 Probst: *Schlussbericht*, S. 15 f.
25 Trienger Anzeiger, 16.8.1940. Der Artikel erschien übrigens, wie andere Berichte über Aufführungen, auch in Französisch, damit ihn die Internierten lesen konnten.
26 Trienger Anzeiger, 23.8.1940.
27 Trienger Anzeiger, 23.8.1940; Trienger Anzeiger, 16.8.1940.
28 Pfäffli in: ZZI 2004; Sieber in: ZZR 2 INT 29.
29 Gallé: «Winikon nous t'aimons». Der französische Text blieb zusammen mit einer deutschen Version des Liedes erhalten und wurde dem Autor von Hanspeter Fischer aus Winikon zur Verfügung gestellt.
30 Trienger Anzeiger, 23.8.1940.
31 http://www.theater-triengen.ch/ (30.3.2010). Unter der Rubrik «Chronik» sind für die Jahre 1939 bis 1941 keine Stücke aufgelistet. Anmerkung: Das Vereinsleben kam mit der Teil-Demobilmachung ab Mitte Juli wieder etwas in Schwung. Aufführungen, welche viele Proben voraussetzten, konnten jedoch nicht immer realisiert werden. Vgl.: Trienger Anzeiger, 19.7.1940.
32 Trienger Anzeiger, 27.9.1940.

33 Trienger Anzeiger, 27.7.1940.
34 Trienger Anzeiger, 6.9.1940.
35 Trienger Anzeiger, 20.9.1940.
36 Die internierten Kameraden der Darsteller und die Schweizer Bewachungstruppen konnten bereits am Samstag, den 21.9.1940, die Vorpremiere der Aufführung besuchen. Laut «Trienger Anzeiger» war der Saal sowohl am Samstag als auch am Sonntag «vollbesetzt» gewesen. Da die Zivilbevölkerung gemäss Voranzeige vom 20.9.1940 nur am Sonntag eingeladen war, lässt sich dies ableiten. Vgl.: Trienger Anzeiger, 20./27.9.1940.
37 Trienger Anzeiger, 27.9.1940. Als Randbemerkung sei hier die Frage aufgeworfen, wie wohl Nachrichtendienstchef Masson oder die Abteilung für Presse und Funkspruch auf diesen Bericht reagiert hätten.
38 BAR, E 5791-/1 A Français 2 (Fotosammlung). Eine Fotografie zeigt vier für das Gebet nach Mekka gerichtete Spahis. Beschriftet ist sie wie folgt: «Tournés vers la Mecque ... Allah est grand ...» In Triengen ist von diesem religiösen Ritual, das den Einwohnern fremd anmuten musste, keine Fotografie erhalten.
39 Gespräch mit Jules Steiger vom 27.11.2004, Gemeinderatssaal Triengen. Herr Steiger konnte die Zahlen beim Gespräch fliessend aufsagen.
40 Fries in: ZZR INT 28.
41 Ausführliche Recherchen von Marc Basoin haben ergeben, dass schon im Jahr 2002 keiner der in Triengen Internierten vom 2. Regiment der algerischen Spahis (2. RSA) mehr am Leben war. Im Bundesarchiv waren in einer ersten Recherche 23 Personaldossiers von Spahis des 2. RSA auffindbar. Jacques Basoin und Robert Spaeth, beide Jahrgang 1920, waren die jüngsten. Die meisten Spahis hatten Jahrgänge zwischen 1899 und 1914. Vgl.: BAR E 5791 (-): EKIH, Namenkartei der Militärinternierten, 1939–1946.
42 Das «Journal de marche» war eine Art Kriegstagebuch, in das Manöver, Verschiebungen und Befehle eingetragen wurden. Mit der Internierung und Neutralisierung der Truppen musste es nicht länger weitergeführt werden. Leutnant Godin machte daher nur wenige Notizen zu den Internierungslagern Triengen und Molondin sowie bezüglich der Repatriierung.
43 Les internés français 1940–41: *La Suisse telle qu'ils l'ont vue. Episodes, évocations et souvenirs.* Genève 1941.
44 Im Original: «Il fallait beaucoup de cœur, beaucoup de tact, et beaucoup de générosité pour panser les plaies morales et physiques de soldats malheureux à qui le sort

des armes fut contraire.[…]. Le cœur des internés retrouve l'espérance. Les vertus de la race reprennent le dessus, la douce poésie des paysages suisses s'exprime dans la pensée que traduit ce volume dont la qualité littéraire est multiple et diverse. Ce qu'ils ont vu, ce qu'ils sentent, cette douceur qui leur fit tant bien, ils le disent simplement, avec la spontanéité de leur tempérament respectif.» – *Internés*, S. 5.

45 Siehe Anmerkung 79 (Kapitel «Die Spahis im Gefecht»).

46 Im Original: «Est-ce un rêve? Sur le quai des jeunes filles en toilettes d'été, sandales blanches, foulards de couleurs vives, des jeunes gens en pantalons clairs, raquettes sous le bras, nous distribuent des cigarettes et du chocolat c Sont-ils en vacances? C'est donc la paix ici?» – Recour, E.-J., Sergent, Camp de Nottwil (Napf), in: *Internés*, S. 21.

47 Sieber in: ZZR INT 17.

48 Im Original: «Les journées, vous le savez, sont bien longues à tuer, un peu moins quand on fume! …» – Sabre, Julien, Camp de Buttisholz (Napf), in: *Internés*, S. 78.

49 Im Original: «Plus tard, j'ai retrouvé youtzeurs et yodleurs, […]. Il me semblait parfois que les Suisses chantaient bien.» – Sabre, Julien, Camp de Buttisholz (Napf), in: *Internés*, S. 78.

50 Méry, René, Capitaine, Camp de Urtenen (Napf), in: *Internés*, S. 55.

51 Faudot, André, Lieutnant, Camp de Mörigen (Seeland), in: *Internés*, S. 63 f.

52 «Avant le 1er décembre 1940, les gazettes, les journaux, les quotidiens aussi bien que les hebdomaires, [sic!] nous avaient entretenus de cette grande affaire: le référendum. Nous avons suivi avec curiosité le déroulement de l'action entreprise par la presse, par les hommes les plus écoutés de tous les partis et ce n'est pas sans intérêt que nous attendions cette journée historique: nous allions assister à un vote de toute la nation suisse.» Jaurès, Jean, Capitaine, Camp de Schöftland (Napf), in: *Internés*, S. 67.

53 De Raulin, Lieutnant, Camp de Buttisholz (Napf), in: *Internés*, S. 142 f.

54 Im Original: «Ce blondinet là-bas, au regard candide, si calin, c'est donc toi René-Claude. Comme tu as grandi! Ce petit visage rond aux deux grands yeux espiègles, c'est Nicole, j'en suis sûr. Tiens, tu portes des nattes maintenant, toi aussi, Monique, Monique si douce, si tendre, si sérieuse. Que cela vous va bien! Et toi? Tu t'appelles Hans me dis-tu? Oui, je sais, Jean-Paul, presque un homme! […]» – Noury, René, Lieutnant, Camp de Beinwil a. See (Napf), in: *Internés*, S. 73.

55 Im Original: «Ne demandez jamais dans le village: – Connaissez-vous Mam'zelle Marie? En Suisse, on s'appelle Marie, comme on s'appelle Lévy à Amsterdam.» – Jumel, J, Lieutnant, Camp de Luthern (Napf), in: *Internés*, S. 105.

237

56 Im Original: «Coutumes, usages ont été comparés. Les instituteurs, les écoliers se sont intéressés à notre organisation scolaire, les cultivateurs au bétail et à l'installation des fermes, les ménagères à la cuisine et aux mets, les commerçants aux marchandises à la cuisine et aux prix pratiqués chez nous, les élégantes à la mode de Paris. Bien des gens, qui n'avaient jamais quitté leur pays, ont pris la résolution de faire un voyage d'études ou de passer leurs vacances en France.» – Marx, Max, Camp de Buttisholz (Napf), in: *Internés,* S. 138.

57 Wie viele dies schliesslich realisierten, sollte noch untersucht werden. Dadurch könnten weitere kulturwissenschaftliche Erkenntnisse bezüglich der Internierung von fremden Militärpersonen und ihre direkten Auswirkungen beispielsweise auf das Reiseverhalten der Schweizer Bevölkerung in der unmittelbaren Nachtkriegszeit gewonnen werden.

58 Neeser in: ZZR 2 INT 25.

59 Puech, Marcel: *Noël 1940. Merci, Combremont.* Privatarchiv von Dominique Vanthier. «En ouverture d'une séance récréative organisée pour remercier la population de Combremont».

60 Eventuell stammen sowohl Melodie und Text von Jospeh Bovet (1879–1951). Bovet leitete die wichtigsten Musikensembles in Fribourg und prägte das musikalische Leben der Schweiz. Mit mehr als 2000 Musikstücken – die Hälfte davon weltlich – und seinen grossartigen Inszenierungen von Musikfesten wurde er in der ganzen Schweiz berühmt. Als Meister des Volkslieds bot er eine Art musikalische Heimat zu einer Zeit, in der die bäuerliche Kultur den Einflüssen der modernen Gesellschaft ausgesetzt war. Borcard, Patrice: *Historisches Lexikon der Schweiz,* http://www.hls-dhs-dss.ch/index.php, Bovet, Joseph.

61 Bovet, Joseph, Abeé: Le chant des internés, in: *Internés,* S. 200 f.

62 Bovet, Joseph, Abeé: Le chant des internés, in: *Internés,* S. 200 f.

63 Gallé: Winikon nous t'aimons, Strophe V.

64 Gallé: Winikon nous t'aimons, Strophe VIII.

65 Gallé: Winikon nous t'aimons, Strophe IX.

66 Auch der Eidg. Kommissär für Internierung, Oberstdivisionär Johannes von Muralt, war dieser Meinung: «Man glaubte nach menschlichem Ermessen im Spätsommer noch hoffen zu dürfen, dass die Internierung im Herbst dieses Jahres irgend einen Abschluss werde finden können.» BAR E 5791(-) -/1 Bd. 676: Antrag des Kommissariates für Internierung an den Oberbefehlshaber zu Handen des Bundesrates. 18. Sept. 40.

67 Telefongespräch mit Karin Lüscher, Witwe von Ernst Lüscher, Schöftland, 1.4.2010. Frau Lüscher sagte, dass ihr Mann die Bilder im eigenen Studio selbst entwickelt, vergrössert und anschliessend als Postkarten für ca. 10–15 Rp. pro Stück verkauft habe.
68 Fries in: ZZR 2 INT 31. Darin erwähnt Alois Fischer, dass Lüscher ein Fotograf mit Rang und Namen gewesen sei.
69 Bei genauerem Betrachten fällt auf, dass in der hinteren Reihe noch zwei Frauengesichter zwischen den Soldaten lachend zur Kamera blicken.
70 Nachlass Ernst Lüscher, Privatarchiv Karin Lüscher, Schöftland.
71 Privatarchiv Karin Lüscher, Schöftland; Telefongespräch mit Karin Lüscher, Schöftland, 1.4.2010.
72 Telefongespräch mit Karin Lüscher, Schöftland, 1.4.2010. Als Guibal schwer krank war, sandte er seinen Sohn René, der gerade in Genf war, nach Schöftland zu Lüschers. Frau Lüscher erinnert sich, wie dieser mit seiner Frau und einem befreundeten Genfer Ehepaar auf einmal vor ihrer Tür stand. Anschliessend sei sie mit ihrem Mann und den beiden anderen Paaren gemeinsam essen und danach tanzen gegangen. Noch heute besitzt sie einen Spazierstock, den Guibal vor seiner Abreise 1940 ihrem Mann geschenkt hat. Auf dem sehr schönen handgeschnitzten Exemplar windet sich eine Schlage, auf dem Griff steht: «Souvenir d'un interné français. M. G.»
73 Nach der Auswertung sämtlicher zur Verfügung stehender Fotografien kann davon ausgegangen werden, dass in Triengen zwei schwarze Spahis, vermutlich Nachfahren von einst nach Nordafrika verschleppten Sklaven, interniert waren. Der eine wurde in den Fotoalben mit «Blanchet» bzw. «Blanchette» beschriftet. Da auf der Rückseite eines Fotos «Mohamed» vermerkt ist und ein entsprechendes Personaldossier vorliegt, kann angenommen werden, dass dies sein bürgerlicher Name war. Er trug die Spahi-Uniform und einen Turban. Der andere hatte keine typische Uniform, sondern trug einen Pullover und eine Mütze. Trotzdem scheint es sich auch bei ihm um einen Spahi zu handeln. Auf der Rückseite eines Fotos im Album der Familie E. Fischer-Illi (GAT) ist er als Spahi bezeichnet. Zum anderen ist er auf einer Fotografie, die sich im Bundesarchiv unter E 5791-/1 A Français 2 (Fotosammlung) befindet, zu sehen. Das Bild wurde in der Region Mentue aufgenommen. Neben anderen Spahis des 2. RSA zeigt es auch «Blanchet» und Jacques Basoin.
74 Willimann in: ZZR INT 7.
75 Willimann in: ZZR 2 INT 03 und 04.
76 Neeser in: ZZR INT 14.

77 Kaufmann in: ZZI 2004 u. ZZR INT 12. Anmerkung: Im Vergleich der beiden mündlichen Quellen, die zweieinhalb Jahre auseinander liegen, fällt auf, dass nicht sämtliche Angaben übereinstimmen. Diese Problematik kommt bei der «Oral History» gelegentlich vor. Da die Unterschiede, etwa die Anzahl Spahis, jedoch für den Gehalt der Aussage und das Erkenntnisinteresse nicht von wesentlicher Bedeutung sind, erübrigt sich an dieser Stelle eine weitere Quellenkritik.

78 Neeser u. Fischer in: ZZR 2 INT 32.

79 Neeser in: ZZR INT 14 u. ZZR 2 INT 10.

80 Sassy, Ali, in: BAR E 5791 (-): EKIH, Namenkartei der Militärinternierten, 1939–1946.

81 In folgenden Quellen wurde Sassi am Schluss mit dem Buchstaben «I» geschrieben: Eigene Unterschrift in den Briefen, Beschriftung der beiden Fotos im Album Kronenberg sowie Godin, Nestor: Journal de marche, 12. Mai 1940. Im Personaldossier des EKIH wurde anstelle des «I» ein «Y» gesetzt. Einen weiteren Hinweis für relativ ungenaue Einträge geben die beiden Personaldossiers der Brüder Abdelkader und Ahmed Bagdadi, die ebenfalls in Triengen interniert waren. Im Vergleich stimmen zwar die Familiennamen, die Konfession und der Vorname des Vaters. Ansonsten gibt es aber einige Abweichungen. Während der Name der Mutter bei Abdelkader mit «Hadija» (was evtl. bedeuten könnte, dass sie die Hadj nach Mekka gemacht hat) angegeben wird, heisst sie bei Ahmed «Cherif Kehdija». Bei Abdelkader lautet die Kontaktadresse: «Asni, Commerçant, rue St Augustin à Lamare, Oran». Bei Ahmed heisst es: «M. Assani, rue St Augustin 2 à Lamur, Oran». Vgl.: Bagdadi, Abdelkader; Bagdadi, Ahmed, in: BAR E 5791 (-): EKIH, Namenkartei der Militärinternierten, 1939–1946.

82 Gespräch mit den Brüdern Urs und Pius Berger, Triengen, 14.5.2008. Die beiden sind Söhne von Mathilde Emilie Berger-Suppiger, welche die Briefe von Ali Sassi an ihre Mutter Emilie (Jahrgang 1896) aufbewahrt hat. Der Arzt Heinrich Suppiger (Jahrgang 1885) absolvierte während seiner Gymnasialzeit ein Zwischenjahr am Collège St-Michel in Fribourg. Seine Tochter Mathilde Emilie (Jahrgang 1923) machte mit 15 einen Sprachaufenthalt in Fribourg (Bourguillon) und besuchte anschliessend im Collège Gambach die höhere Töchterhandelsschule, wo der Unterricht ausschliesslich auf Französisch stattfand. Da damals durchgehende Sommerferien bis Ende September angesetzt waren, hielt sie sich zur Zeit der Spahi-Internierung in Triengen auf.

83 Die meisten Personaldossiers geben die Ankunft des jeweiligen internierten Spahis in

Molondin mit dem 7.10.1940 an. Nestor Godin nennt jedoch den 16.10.1940. Da aber in seinem Personaldossier ebenfalls der 7.10.1940 eingetragen ist, kann angenommen werden, dass er sich, als er das Journal am 31.3.1941 in Tlemcen fertig stellte, beim Datum täuschte. Vgl.: Godin: *Journal,* S. 29 (Nachtrag) sowie Godin in: BAR E 5791 (-): EKIH, Namenkartei der Militärinternierten, 1939–1946.

84 Im Original: «[…], dans le but de regrouper tous les indigènes dans une meme [sic!] région, les éléments du Régiment sont dirigés sur le canton de Vaud ou se trouve cantonné le 7ᵉ Régt. de Spahis Algériens.» – Godin: Journal, S. 29.

85 Im Original: «[…], il y a, paraît-il, encore des spahis du 2ᵉ spahis marocains qui sont répartis dans diverses zones d'internés. Je crois nécessaire de réunir tous les cavaliers de cette troupe spéciale, même s'ils n'ont pas leurs chevaux, sous le commandement du Colonel [de Torcy] dans la zone d'internement du Colonel Lotz.» – BAR 27 / 14481 Bd. 5: Rapport du Colonel de Tscharner, 27.6.1940.

86 Siehe Fussnote 21 in (Kapitel «Fremde Freunde»).

87 Siehe Zitate zu Fussnoten 44 und 62 (Kapitel «Fremde Freunde»).

88 Da ab spätestens November 1940 alle Spahis in der Region Mentue interniert worden waren, liesse sich in den dortigen Internierungslagern anhand von Fotografien oder anderen Dokumenten überprüfen, ob neben dem gesamten 7. RSA und dem Train Régimentaire des 2. RSA noch Elemente anderer Spahi-Einheiten in der Schweiz interniert waren. Aufgrund der bis anhin erstellten Rechercheergebnisse kann eine Internierung von Truppenteilen des 2. RSM jedoch mit grösster Wahrscheinlichkeit ausgeschlossen werden. Dass sich einzelne Soldaten des 9. RSA, das am 18.6.1940 in Gefangenschaft geriet, dem 7. RSA anschlossen und in der Schweiz interniert wurden, könnte aber möglich sein. Beim genaueren Hinsehen mit Fokus auf die Truppenabzeichen der Spahis in den vorhandenen Filmdokumenten konnte ich auf einer Uniform eines dunkelhäutigen Soldaten deutlich ein Abzeichen des 9. RSA erkennen. Vgl.: Archiv SF DRS, 26-5, Filmwochenschau vom 24.1.1941: Abreise Internierte.

89 Im Original: «Je regrette beaucoup de ne pas vous avoir dit au revoir lors de mon départ de Triengen. Car nous étions surpris. Vous pouvez être certain madame que je conserverai un excellent souvenir, un souvenir qui ne s'effacera jamais.» – Sassi, Ali: Brief an Frau Dr. Suppiger, Triengen, verfasst in Molondin, datiert auf den 20.11.1940, Privatarchiv Urs und Pius Berger, Triengen. Hinweis: Abgestempelt wurde der Brief am 19.11.1940. Sassi nannte in der Kopfzeile des Briefes jedoch den 20. November. Obwohl die Internierten ihren Postverkehr nur über die Internier-

tenpost regeln durften, sandte Ali Sassi sämtliche Briefe verbotenerweise per Zivilpost. Dies lässt sich an den Briefmarken und am Stempel erkennen. Das Internierungslager Molondin verwendete den Lagerstempeltyp 2.2. Als Internierter hätte Sassi kein Porto bezahlen müssen. Da die Interniertenpost jedoch der Zensur unterlag, wollte er die Familie Suppiger vielleicht nicht unnötig in Bedrängnis bringen, zumal Kontakte zwischen Internierten und Zivilpersonen der Zensurbehörde verdächtig vorkommen mussten. Schild: Post, S. 11, S. 35.

90 Elsa Wirz erinnert sich: «Die [Spahis] waren plötzlich weg.» Niemand habe Auskunft über den neuen Aufenthaltsort geben können. Wirz in: ZZR 2 INT 41.

91 Im Original: «après bien de jours de recherches» – Sassi, Ali: Brief an Frau Dr. Suppiger, Triengen, datiert auf den 20.11.1940: «J'ai enfin trouvé une personne madame Winiker qui ma procuré vôtre [sic!] adresse, a [sic!] ma grande joie.» Mit grösster Wahrscheinlichkeit handelt es sich bei Madame Winiker um eine Triengerin.

92 Sassi, Ali: Brief an Frau Dr. Suppiger, Triengen, verfasst in Molondin, datiert auf den 27.11.1940, abgestempelt am 28.11.1940, Privatarchiv Urs und Pius Berger, Triengen.

93 Den Personaldossiers des EKIH ist zu entnehmen, dass die meisten Spahis im Train Régimentaire des 2. RSA in Algerien geboren waren oder ihre nächsten Angehörigen dort hatten. Jacques Basoin, dessen Eltern in Frankreich lebten, war neben vier weiteren Spahis (Lloquet, Richardot, Spaeth, Angelini) die Ausnahme. Vgl.: BAR E 5791 (-): EKIH, Namenkartei der Militärinternierten, 1939–1946.

94 Im Original: «A présent tous les Spahis Algériens sont content[s] de rejoindre la belle Afrique, sous un ciel toujours pûr [sic!] et un soleil toujours ardent.» – Sassi, Ali: Brief an Frau Dr. Suppiger, Triengen, datiert auf den 27.11.1940.

95 Im Original: «Ce grand chef de l'Etat Suisse aime beaucoup les Spahis.» – Sassi, Ali: Brief an Frau Dr. Suppiger, Triengen, datiert auf den 27.11.1940. Anmerkung 1: Das Defilee der 1. Escadron von Capitaine Revire des 7. RSA fand im Oktober 1940 in Yvonand, der Nachbargemeinde von Molondin, statt. AfZ BA Peter Keckeis, Dossier 21: Internierung fremder Truppen. Anmerkung 2: Das Guisan-Denkmal in Ouchy zeigt den General zu Pferd. Gemäss Willi Gautschi war Guisan ein Pferdefreund und setzte sich vehement gegen die Auflösung der Kavallerie nach dem Zweiten Weltkrieg zur Wehr. Zudem umgab er sich gerne mit Kavallerie-Offizieren. Als Pferdekenner scheint er sich für die reitersportlichen Darbietungen der

Spahis interessiert zu haben, was diese als Ehre empfunden haben müssen. Gautschi, Willi: *General Henri Guisan.* Zürich 1989, S. 162, S. 746 f.

96 Henri Guisan war als «Pferdenarr» bekannt. Bei seiner Beerdigung im April 1960 schritt sein Pferd mit dem leeren Sattel hinter der von sechs berittenen Rappen gezogenen Geschütz-Lafette, auf der sein mit einer Schweizer Fahne bedeckter Sarg ruhte. Vgl. dazu: Zenoni, Felice (Regie): *Der General.* SRG SSR idée suisse und Mesch & Ugge Filmproduktionen 2010.

97 Im Original: «Nous savons pas encore nôtre [sic!] départ pour rejoindre nos foyers. Cela est bien long pour nous ainsi qu'à nos familles, qui ont le languis de leurs chers fils.» – Sassi, Ali: Brief an Familie Dr. Suppiger, Triengen, verfasst in Molondin, datiert auf den 8.12.1940, abgestempelt am 7.(!)12.1940, Privatarchiv Urs und Pius Berger, Triengen.

98 Nach einer Radio- und Pressemitteilung des französischen Botschafters Scapini vom 19.11.1940 wurden Heimkehrhoffnungen geweckt. Die deutschen Vertreter sprachen jedoch erst am 11.12.1940 bezüglich Repatriierung beim Bundesrat vor. Darauf dämpfte ein Communiqué von General Daille, das in allen Lagern verlesen wurde, die Vorfreude auf eine baldige Rückkehr. Dieses liess verlauten, dass die Verhandlungen noch geraume Zeit beanspruchen würden. Probst: *Schlussbericht,* S. 40.

99 Im Original: «Dès que j'arriverais [sic!] en Algérie je vous écrirai régulièrement, et si toute les fois avez vous l'intention de visiter l'Algérie écrivez-moi. Nous vous reçevons [sic!] a [sic!] bras ouvert[s].» – Sassi, Ali: Brief an Familie Dr. Suppiger, Triengen, verfasst in Molondin, datiert auf den 8.12.1940, abgestempelt am 7.(!)12.1940, Privatarchiv Urs und Pius Berger, Triengen.

100 «Bonne et heureuse année 1941». Sassi, Ali: Brief an Familie Dr. Suppiger, Triengen, verfasst in Molondin, abgestempelt am 29.12.1940, Privatarchiv Urs und Pius Berger, Triengen.

101 Im Original: «Les autorités Suisses [sic!] restent muettes, on ne parle plus de rapatriement.» – Godin: *Journal,* S. 30 (Nachtrag).

102 Godin: *Journal,* S. 30 (Nachtrag) sowie Probst: *Schlussbericht,* S. 45: «Das Spahi-Regiment 7 wurde in 5 Eisenbahntransporten aus der Region Mentue am 20. und 21. Januar 1941 heimgeschafft. Den Durchmarsch durch Genf wagte man nicht und suchte den Uebergangsort Veyrier auf Umwegen.»

103 Im Original: «Une immense foule, un service d'ordre important, nous indique que nous atteignons la frontière. Des tables sont dressées de chaque côté de la route.

243

Une grande animation règne parmi les organisateurs du service d'accueil. Nous ne passerons pas la frontière à quelques mètres cependant de là sans que chacun de nous ait reçu une petite collation. La population Suisse a voulu marquer ce dernier geste de générosité après tant d'autres. Enfin la barrière se lève. De chaque côté soldats suisses et français présentent les armes. Aux sons des clairons se mêlent les vivats de la foule et le flot des internés s'écoule lentement et silencieux, frappé par l'image de cette émouvante manifestation.» – Godin: *Journal,* S. 30 (Nachtrag) [fehlenden ‹Accents› gesetzt und Orthographie angepasst]. Die Heimkehr der Spahis wurde auch in Film- und Fotodokumenten festgehalten. Vgl.: ZEM, AF 298: Spahis in der Schweiz; Archiv SF DRS, 26-5, Filmwochenschau 24.1.1941: Abreise Internierte.

104 Nicht nur höhere Offiziere, sondern auch die Wachtmannschaften schienen teilweise über die Abreise der französischen Internierten erleichtert gewesen zu sein. Als Hedi Fries einen aus Obwalden stammenden Soldaten fragte, wie er mit den Internierten zufrieden sei, habe dieser geantwortet: «Ja, es ist mir egal, wenn sie bald gehen.» Fries in: ZZR 2 INT 13.

105 Wirz in: ZZR INT 23: «Sie sind sicher sehr charmant gewesen. Das ist der Franzose, oder.» Ob das Bild des charmanten Franzosen damals gang und gäbe war, müsste noch weiter untersucht werden. Aus verschiedenen Zeitzeugeninterviews geht jedoch hervor, dass die französischen Internierten wie auch umgekehrt die Schweizer Zivilbevölkerung bei diesen ein positives Bild hinterlassen hatten.

106 Probst: *Schlussbericht,* S. 36. Die Polen, mit Ausnahmen «ganz schlechter Elemente, Kommunisten», galten hingegen als willig und anpassungsfähig.

107 Holzmann: *Franzosen,* S. 81.

108 BAR E 5791(-) -/1 Bd. 670: Namensverzeichnis der internierten Elsass-Lothringer, die ins unbesetzte Frankreich verbracht werden möchten: Lager Triengen, 28.12.1940. Beim bereits in Anmerkung 15 (Kapitel «Alltag, Abschied, Andenken») erwähnten Soldaten François Spinhirny und beim Soldaten Louis Portail sind die Vermerke «Niederlassungsbewilligung für die Schweiz» angebracht. Diese wurden aufgrund der Schwangerschaften erteilt.

109 Weber, Friedrich Wilhelm: *Dreizehnlinden.* Paderborn 1878.

110 Weber: *Dreizehnlinden.*

111 GAT, Gemälde mit Inschrift: «A la ville de Triengen». 24.1.1941.

112 Trienger Anzeiger, 24.1.1941. «Alle werden ein unvergessliches Andenken an Triengen bewahren und äussern den Wunsch: Gott möge die schöne Schweiz stets stolz,

frei und glücklich in Frieden gedeihen lassen. Auf Wiedersehen – Es lebe die Schweiz!»

113 Holzmann: *Franzosen*, S. 78.

114 Trienger Anzeiger, 27.12.1940. Die bereits auf die Spahis bezogene These, wonach die Behörden Kontakte zwischen Kindern und Internierten unterbinden wollten, da man befürchtete, diese könnten sich positiv auf die Einstellung der Erwachsenen zu den Internierten auswirken, wird durch das Schreiben des Wachmeisters W. bestätigt: «[...] und als die Buben und Mädchen das immer freundliche und ehrwürdige Gesicht unseres Kompanievaters und das gewinnende lächelnde Gesicht des Ortschefs sahen, da war die erste Brücke zu den Einwohnern geschlagen. [...]. Die Freude der Kinder an uns Urnern hat sich sofort auf die Eltern übertragen und auf allen Seiten klärten und hellten sich die Gesichter auf, es war kein zaghaftes Grüssen mehr.»

115 Trienger Anzeiger, 27.12.1940. Bei «Gilberte» handelt es sich mit grösster Wahrscheinlichkeit um die damals 26-jährige und ledige Zeitzeugin Margrith Thürig. Auf der Rückseite einer Fotografie bezeichnen sie die Internierten des Kantonnements «Fischerhof» als ihre «Marianne». GAT, Fotosammlung Thürig Margrith.

116 GAT, Fotoalbum der Familie Kronenberg. Die Fotografie ist auf der Rückseite wie folgt beschrieben: «Marseille le 20 Octobre 1941. Photo prise sur le [unlesbares Wort] à l'occasion de mon 27ème anniversaire. A mes amis, Roger.» Eine Nachprüfung in Angelinis EKIH-Personaldossier hat ergeben, dass dort der 20. 10. 1914 als Geburtsdatum eingetragen wurde. Geboren wurde er in Marseille. Angelini, Roger, in: BAR E 5791 (-), EKIH: Namenkartei der Militärinternierten, 1939–1946.

117 GAT, Fotoalbum Familie Kronenberg.

118 Roger Angelini trägt auf der Fotografie, die ihn an seinem 27. Geburtstag zeigt, die Uniform.

119 Im Original: «J'ai l'espoir encore [de] revoir nôtre [sic!] beau pays la Suisse et spécialement Triengen. Je crois qu'il me faut habiter là-bas car j'attends ma libération du service dont il me restent 8 mois pour la fin – et je compte a [sic!] venir.» – Sassi, Ali: Brief an Familie H. Suppiger, Docteur, Triengen, verfasst in Chelif Plage, Oran, Algerien, datiert auf den 3.4.1941, abgestempelt am 5.4.1941, Privatarchiv Urs und Pius Berger, Triengen.

120 Im Original: «Plus de visages amis, de bonnes poignées de main, plus de grands fils au teint bronzé et aux beaux cheveux noirs. Oui, ma place sur le mur du jardin est bien triste, sous l'ombre des arbres [...].» – Sassi, Ali: Brief an Familie H. Suppiger, Docteur, Triengen, verfasst in Chelif Plage, Oran, Algerien, datiert auf den 3.4.1941,

abgestempelt am 5.4.1941 sowie Abb. 13. Die von Sassi erwähnte Mauer umschloss den Garten der Familie Suppiger und grenzte an den Vorhof des Gasthauses «Rössli». Eine Fotografie, die Sassi mit einem anderen Spahi auf dieser Mauer sitzend zeigt, blieb erhalten. GAT, Fotoalbum Familie Kronenberg.

Anhang

Abkürzungen

Militärische Abkürzungen

BS: Spahi-Brigade (bestehend aus zwei Spahi-Regimentern)
E. H. R.: Escadron Hors Rang = Stabsschwadron
EKIH: Eidgenössisches Kommissariat für Internierung und Hospitalisierung (bis 1941 als EKI)
P. C.: Poste de Commandement
RSA: Régiment de Spahis Algériens
RSM: Régiment de Spahis Marocains
T. C.: Train de Combat
T. R.: Train Régimentaire
ZL: Zentralleitung der Lager und Heime

Quellen und Archive

AfZ: Archiv für Zeitgeschichte, Zürich
BAR: Schweizerisches Bundesarchiv, Archivstrasse 24, 3003 Bern
GAT: Gemeindearchiv Triengen, Gemeindeverwaltung, Oberdorf 2, 6234 Triengen
T. A.: Trienger Anzeiger
ZEM: Zentrum für elektronische Medien, VBS, Stauffacherstr. 65, 3003 Bern
ZHB: Zentral- und Hochschulbibliothek, Sempacherstr. 10, 6002 Luzern

Bibliografie

Ungedruckte Dokumente

AfZ NL Bircher / 18.2.3.12.5: Oberstlt Crasemann Kmdt. Geb. Füs. Bat. 41, Befehl an die Lager Kdt.

AfZ NL Bircher / 18.2.3.12.5: Brief von F. A. Frickart an Herrn Nationalrat Dr. Eugen Bircher

BAR E 27 / 14449: Internierungsfragen. Konferenz vom 1. Juli 1940 unter Leitung von Bundesrat Minger

BAR 27 / 14481 Bd. 5: Internierten Region Napf. Bestandesrapport per 6. Juli 1940

BAR 27 / 14481 Bd. 5: Rapport du Colonel de Tscharner, 22.6.1940

BAR 27 / 14481: Befehl für den französischen Nationalfeiertag, 14. 7. A.H.Q., 10. 7. 40

BAR 27 / 14481: Sitzung des schweizerischen Bundesrates, Protokoll vom Dienstag, den 18. Juni 1940

BAR E 27 / 14449: Schreiben an den Herrn Chef des Generalstabes der Armee vom 22.6.1940

BAR E 5791(-) -/1 Bd. 676: Antrag des Kommissariates für Internierung an den Oberbefehlshaber zu Handen des Bundesrates. 18. Sept. 40

BAR E 5791 (-), EKIH, Namenkartei der Militärinternierten, 1939–1946, darin:

Angelini, Roger
Bagdadi, Abdelkader
Bagdadi, Ahmed
Barthes, Marcel
Basoin, Jacques
Benevent, Louis-Georges
Berjon, Manuel
Besse, Jean
Bielmann, Joseph

Cane, Antoine
Carreres, René
Cuiller, François
Dubois, Joseph
Foiselle, Henri
Godin, Nestor
Harmi, Aïssa
Ladgar, Nuaz
Llouquet, Louis
Mohamed, si Mohamed
Reyne, Marcel
Richardot, Charles
Sassy, Ali
Spaeth, Robert

Basoin, Jaques: Le cahier des classes du spahi Jacques BASOIN. Privatarchiv von Marc Basoin, Talence

Basoin, Marc: L'histoire d'un spahi: Jaques BASOIN, Talence 2006, Privatarchiv von Marc Basoin, Talence

Capitaine du Corail, Stabsoffizier des 2. RSA: La Horgne, Situationsplan vom 15. Mai 1940. Privatarchiv von Marc Basoin, Talence

Combourieux: Journal de marche et d'opérations de l' Escadron de Mitrailleuses et d'Engins du 2ème Régiment de Spahis Algériens. Kopie im Privatarchiv von Marc Basoin, Talence

De Jorna: Journal de marche et d'opérations du 2ème escadron du 2ème Régiment de Spahis Algériens, 15. Mai 1940, Kopie im Privatarchiv von Marc Basoin, Talence

GAT, Gemeindekanzleiakte vom 1. Februar 1941: Abrechnung

GAT, Gemeindekanzleiakte vom 10. Juli 1940. Kdo. Inf. Rgt. 34

GAT, Gemeindekanzleiakte vom 11. Januar 1941: Schreiben an das Territorialinspektorat 2, Abteilung für Internierung, Bern

GAT, Gemeindekanzleiakte vom 11. Juli 1940. Tit. Ortschef der Bewachungstruppe

GAT, Gemeindekanzleiakte vom 13. September 1940. An die Bewachungstruppen des Interniertendetachementes Triengen

GAT, Gemeindekanzleiakte vom 15. Juli 1940. Camp d'Internés de Triengen

GAT, Gemeindekanzleiakte vom 16. Juli 1940. Ortschef Triengen an die Gemeindekanzlei Triengen

GAT, Gemeindekanzleiakte vom 22. Juli 1940. An Herrn Bundesrat Rudolf Minger, Schüpfen. Kt. Bern

GAT, Gemeindekanzleiakte vom 25. Juli 1940: Verzeichnis über die Selbständigerwerbenden der Landwirtschaft

GAT, Gemeindekanzleiakte vom 28. August 1940. Staatswirtschaftsdepartement des Kantons Luzern: An die Gemeindearbeitseinsatzstellen des Kantons Luzern

GAT, Gemeindekanzleiakte vom 28. August 1940. Tit. Ortschef der Bewachungstruppe des Interniertendetachementes, Triengen

GAT, Gemeindekanzleiakte vom 29. Juli 1940. An den Herrn General der Schweizer Armee

GAT, Gemeindekanzleiakte vom 3. Juli 1940: An die Gasthausbesitzer und Restaurateure Triengen

GAT, Gemeinderatsprotokoll 1940, Eintrag Nr. 128 b, 8. August 1940

GAT, Gemeinderatsprotokoll, Ratsbeschluss vom 3. Juli 1940 (Eintrag vom 7. Juli 1940)

GAT, Trienger Anzeiger, Jahrband 1940, darin speziell Artikel in den Ausgaben vom: 5. Januar; 12. Januar; 19. Januar; 26. Januar; 2. Februar; 19. April; 10. Mai; 17. Mai; 21. Juni; 28. Juni; 5. Juli; 12. Juli; 19. Juli; 26. Juli; 2. August; 16. August; 30. August; 6. September, 13. September; 20. September; 27. September; 27. Dezember

GAT: Trienger Anzeiger, Jahrband 1941, 24. Januar

Gemeindearchiv Winikon, Gemeinderatsprotokoll der Gemeinde Winikon, 4. Juli 1940

Godin, Nestor: Journal de marche du T.R. du 2ème RSA. Privatarchiv von Marc Basoin, Talence

Holzmann, Franz: Visitenkarte des Krieges, in: Pfarreichronik 1940. Pfarramt Triengen, S. 76

Holzmann, Franz: 3. Internierte Franzosen, in: Pfarreichronik 1940. Pfarramt Triengen, S. 77–81

Sassi, Ali: Brief an Familie Dr. Suppiger, Triengen, verfasst in Molondin, datiert auf den 8. Dezember 1940, abgestempelt am 7. Dezember 1940, Privatarchiv Urs und Pius Berger, Triengen

Sassi, Ali: Brief an Familie Dr. Suppiger, Triengen, verfasst in Molondin, abgestempelt am 29. Dezember 1940, Privatarchiv Urs und Pius Berger, Triengen

Sassi, Ali: Brief an Famille H. Suppiger, Docteur, Triengen, verfasst in Chelif Plage, Oran, Algerien, datiert auf den 3. April 1941, abgestempelt am 5. April 1941, Privatarchiv Urs und Pius Berger, Triengen

Sassi, Ali: Brief an Frau Dr. Suppiger, Triengen, verfasst in Molondin, datiert auf den 20. November 1940, Privatarchiv Urs und Pius Berger, Triengen

Sassi, Ali: Brief an Frau Dr. Suppiger, Triengen, verfasst in Molondin, datiert auf den 27. November 1940, abgestempelt am 28. November 1940, Privatarchiv Urs und Pius Berger, Triengen

Gedruckte Dokumente

Adol: 2e Régiment de Spahis Algériens, Service du recrutement, Tlemcen 1942, Privatarchiv von Marc Basoin, Talence

Adressbuch der Stadt und des Kantons Luzern, Ausgabe 1940

Busch, Wilhelm: Sämtliche Bilderbogen in einem Band; mit einem Vorwort von Michael Schwarze. [Nachdruck der von 1858–1875 erschienenen Bilderbogen, 3. Aufl.], Zürich und Olms 1995, Münchener Bilderbogen Nr. 354. und Bogen Nr. 405

Eidg. Statistisches Amt: Nutztierbestände in der Schweiz 1941–1943, Bern 1945, S. 54

Les internés français 1940–41: La Suisse telle qu'ils l'ont vue. Episodes, évocations et souvenirs, Genève 1941, darin:

    De Raulin, Lieutnant, Camp de Buttisholz (Napf): La fondue, S. 142 f.

    Bovet, Joseph, Abeé: Le chant des internés, S. 200 f.

    Faudot, André, Lieutnant, Camp de Mörigen (Seeland): La fête du 1er août, S. 63 f.

    Jaurès, Jean, Capitaine, Camp de Schöftland (Napf): Un dimanche comme les autres, S. 67 f.

    Jumel, J, Lieutnant, Camp de Luthern (Napf): Esquisses lucernoises, Ebd, S. 105–107

    Marx, Max, Camp de Buttisholz (Napf): Ici on parle français, S. 138 f.

    Méry, René, Capitaine, Camp de Urtenen (Napf): L'auberge, un samedi soir, S. 55–59.

    Noury, René, Lieutnant, Camp de Beinwil a. See (Napf): Je serai général!..., S. 72–74

    Recour, E.-J., Sergent, Camp de Nottwil (Napf): Voix dans la nuit, S. 19–23.

    Roussel, Capitaine, Camp de Walperswil (Seeland): La patre des montagnes, S. 81 f.

    Sabre, Julien, Camp de Buttisholz (Napf): Histoire vraie du petit gateau, du grand interné et du petit enfant, S. 78 f.

Lips, Robert (Zeichnungen); Stäheli; Jakob (Text): Globis Weltreise, veränderte und mit Versen ergänzte Neuausgabe von «Globis Weltreise», 1935, Feuerthalen 2004

Ludwig, Carl: Die Flüchtlingspolitik der Schweiz seit 1933 bis zur Gegenwart, Bern 1957

Luzerner Gesetzessammlung, Bd. 9, (1906–1914)

May, Karl: Der Mahdi, Bd. 17 in Karl Mays Gesammelten Werken, Bamberg 1952

May, Karl: Im Sudan, Bd. 18 in Karl Mays Gesammelten Werken, Bamberg 1952

Potet, René: Avec le 2ᵉ régiment de spahis marocains du 10 Mai au 20 Juin 1940. Notes et impressions, Casablanca 1941

Probst, René: Schlussbericht des Eidg. Kommissariates für Internierung und Hospitalisierung über die Internierung fremder Militärpersonen von 1940–1945, Bern 1947

Statistische Quellen der Schweiz: Die Gewerbebetriebe in den Gemeinden 1939, Bern 1941, S. 108

ZHB Luzern: Die Entwicklung der Industrie in Triengen, keine Autorenangabe, 1953

Mündliche Quellen

Zeitzeugeninterview 2004 (ZZI 2004), Gemeinderatssaal Triengen, 7.4.2004, Tonaufnahme:

Fischer Max (1919), Triengen

Kaufmann Hildegard (1925), Triengen

Meyer Fritz (1933), Triengen

Pfäffli Leander (1925), Triengen

Schneeberger Hedi (1917), Triengen

Sieber Fritz (1921), Triengen

Thürig Margrit (1914), Triengen

Vonarburg Walter (1930), Triengen

Gespräch mit Steiger Jules, Gemeinderatsaal Triengen, 27.11.2004

Zeitzeugenrunde 1 (ZZR 1), Gemeinderatssaal Triengen, 13.11.2006, ZZR INT 1 bis ZZR INT 28, Video- und Tonaufnahme:

Fischer Alois (1930), Triengen

Fries Hedi (1921), Triengen

Kaufmann Hildegard (1925), Triengen

Neeser Hansruedi (1933), Reiden

Sieber Fritz (1921), Triengen

Willimann Elsbeth (1934), Triengen

Wirz Elsa (1931), Triengen

Zeitzeugenrunde 2 (ZZR 2), Gemeinderatssaal Triengen, 23.11.2006, ZZR 2 INT 01 bis ZZR 2 INT 42, Video- und Tonaufnahme:

Fischer Alois (1930), Triengen

Fries Hedi (1921), Triengen

Kaufmann Hildegard (1925), Triengen

Neeser Hansruedi (1933), Reiden

Sieber Fritz (1921), Triengen

Willimann Elsbeth (1934), Triengen

Wirz Elsa (1931), Triengen

Flugzeugabsturz, Trienger Ortsteil Wellnau, 2. April 2007, Flugzeug-Abst_3_2, FlugzeugAbst_3_3, FlugzeugAbst_3_4, FlugzeugAbst_3_5, Video- und Tonaufnahme:

Fries Hedi (1921), Triengen

Wirz Elsa (1931), Triengen

Interviews von Kunz Regula, Triengen, Oktober 2007:

Fries Hedi (1921), Kirchgasse, Triengen, 1.10.2007

Sieber Fritz (1921), Kantonsstrasse, Triengen, 3.10.2007

Thürig Margrit (1914), Betagtenzentrum, Triengen, 3.10.2007

Wirz Elsa (1931), Birkenweg, Triengen, 1.10.2007

Gespräch mit Kost Franz, Gemeindeammann, Gemeindehaus Triengen, 15.2.2008

Telefongespräch mit Neeser Hansruedi, Reiden, 8.3.2008

Gespräch mit Berger Urs und Pius, Heinrich-Suppiger-Strasse 3, Triengen, 14.5.2008

Telefongespräch mit Karin Lüscher, Schöftland, 1.4.2010

Filmdokumente als Quellen

Archiv SF DRS, 26-5, Filmwochenschau vom 24.1.1941: Abreise Internierte

Der General, Felice Zenoni (Regie), SRG SSR idée suisse und Mesch & Ugge Filmproduktionen, 2010

«Concentrationslager» Büren an der Aare 1940–45, Regli Beat und Stadelmann Jürg, Spuren der Zeit, SF DRS, 1990

L'Histoire c'est moi, Rückblickend: Die Franzosen! Film 21, Yersin Yves, Schweiz 2004

Pépé Le Moko, Jules Duvivier (Regie), 93 min, Frankreich 1937

Rendez-vous im Zoo, Christoph Schau (Regie), Schweiz 1995

ZEM, AF 297, Grenzübertritt französischer und polnischer Truppen, 1940

ZEM, AF 298, Spahis in der Schweiz, 1940

Bilder als Quellen

AfZ BA Peter Keckeis, Dossier 21: Internierung fremder Truppen

BAR E 5791-/1 A, Français 2 (Fotosammlung)

Fotoalbum der Familie Kronenberg, diverse Fotos von Internierten 1940, GAT

Fotosammlung der Familie E. Fischer-Illi, Aufnahmen von einem internierten schwarzen Spahi im Kreise der Familie, GAT

Fotosammlung von Thürig Margit, diverse Fotos von Internierten 1940, GAT

Nachlass Lüscher Ernst, Privatarchiv Lüscher Karin, Schöftland, diverse Aufnahmen von in Triengen internierten Spahis

Privatarchiv Fischer Alois, Triengen, diverse Fotos

Privatarchiv Kaufmann Hildegard, Triengen, diverse Fotos

Privatarchiv Willimann Elsbeth, Triengen, zwei Bilder eines schwarzen Spahis mit Kindern und Familie

Privatarchiv, Fischer Bruno, Triengen, Fotos

Übrige Quellen

Basoin Marc, Talence, E-Mail, 3.2.2008

Benary, F. H.: «10 Kleine Negerknaben», Liedtext, 1885

Eingravierungen von Internierten 1940/41, Innenseite eines Holzschiebetors, Willimann-Scheune, Triengen,

Gallé: Winikon nous t'aimons. «Winikoner Lied», 1940. Privatarchiv, Fischer Hanspeter, Winikon

Gemälde mit Inschrift: «A la ville de Triengen», 24. Januar 1941, GAT

Hering, Carl Gottlob (1766–1853): «C-A-F-F-E-E», Kanon

Interniertenstock mit schwarzem Kopf und Turban als Griff, Schlange, 1940, Privatbesitz, Kaufmann Hildegard, Triengen

Interniertenstock mit Schweizerwappen und den Kantonswappen, 1940, Privatbesitz, Kost Franz, Triengen

«Kritzeleien» von Internierten 1940, Backsteinfassade, Gebäude des ehemaligen Restaurants «Fischerhof», Triengen

Missionsbild der Firma Benziger, produziert für den katholischen «Kindheit-Jesu-Verein», 1892

Puech, Marcel: Noël 1940. Merci, Combremont. Privatarchiv, Vanthier Dominique, St-George

Vanthier Dominique, St-George, ehemaliger Spahi-Offizier und offizieller Vertreter des Burnous in der Schweiz, diverse Notizen und Informationen

Vanthier Dominique, St-George, E-Mail, 1.2.2008

Literatur

Aitmatow, Tschingis: Kindheit in Kirgisien, Zürich 1999

Aouli, Smaïl; Redjala, Ramdane; Zoummeroff, Philippe: Abd el-Kader, Fayard 1994

Arnold, Adolf: Algerien. Eine frühere Siedlungskolonie auf dem Weg zum Schwellenland, Gotha 1995

Arnold, John H: Geschichte. Eine kurze Einführung, Stuttgart 2001

Bènavente, J.P.; Dubois, Philippe: Les Spahis. Fils de Yusuf et de la France, in: Revue d'histoire militaire, Nr. 6/7, 1976, S. 62–73

Bergmann, Charles: Wauwilermoos, Basel 1947

Besson, Marius: Nach 400 Jahren, Luzern 1934

Bezbakh, Pierre: Petit Larousse de l'histoire de France. Des origines à nos jours, Paris 2003

Bieri, Jean; Corrà, Bernardino: Die italienischen Internierten in der Schweiz 1943–1945, Thun 1991

Bikar, A.: La campagne de mai 1940 en Belgique. La 3ᵉ brigade de spahis dans nos ardennes, les 10, 11 et 12 Mai, in: Revue belge d'histoire militaire, März 1986, S. 387–403

Bitterli, Urs: Die «Wilden» und die «Zivilisierten». Die europäisch-überseeische Begegnung, Zürich 1977

Bonjour, Edgar: Geschichte der schweizerischen Neutralität, Bd. VI, Basel 1970

Borel, Denis: 7ᵉᵐᵉ régiment de spahis algériens, Neuchâtel 1988

Borel, Denis: Blick auf die 1940 in der Schweiz internierten algerischen Reiter, in: Der «Tanzbödeler», Nr. 50, 1995, S. 10–20

Borel, Denis: En Juin 1940. La Suisse interne 44 000 militaires étrangers le long du Jura, Neuchâtel 1990. BIG/EMB Signatur: B brosch 763

Bory, Françoise: Entstehung und Entwicklung des Humanitären Völkerrechts, Genf 1982

Brandes, Jörg-Dieter: Geschichte der Berber. Von den Berberdynastien des Mittelalters zum Maghreb der Neuzeit, Gernsbach 2004

Brändle, Rea: Wildfremd, hautnah. Völkerschauen und Schauplätze Zürich 1880–1960. Bilder und Geschichten, Zürich 1995

Braunstein, Dieter: Französische Kolonialpolitik 1830–1852. Expansion – Verwaltung – Wirtschaft – Mission, Wiesbaden 1983

Bugner, Ladislaus (Hg.): The Image of Black in Western Art, Bd. 2: From the Early Christianity Era to the «Age of Discovery», hg. v. Jean Devisse u. Michel Mollat, New York 1979

Culler, Dan: Black hole of Wauwilermoos. An airman's story, Green Valley (Arizona) 1995

Daniel, Ute: Kompendium Kulturgeschichte. Theorie, Praxis, Schlüsselwörter, Frankfurt am Main 2001

Deicher, Patrick: Die Internierung der Bourbaki-Armee 1871 und ihre Auswirkungen, in: Historische Gesellschaft Luzern, Jahrbuch 22, Luzern 2004, S. 21–41

Dietz, Edith: Den Nazis entronnen. Die Flucht eines jüdischen Mädchens in die Schweiz. Autobiographischer Bericht 1933–1942, Frankfurt am Main 1990

Dietz, Edith: Freiheit in Grenzen. Meine Internierungszeit in der Schweiz 1942–1946, Frankfurt am Main 1993

Dressel, Gert: Historische Anthropologie. Eine Einführung, Wien/Köln/Weimar 1996

Duden: Das Neue Lexikon, Mannheim 1996

Dufour, Pierre: Le 1er SPAHIS. Des origines à nos jours, Barcelona 1990

Dunant, Henry: Un souvenir de Solférino, Genève 1862

Erlanger, Simon: Nur ein Durchgangsland. Arbeitslager und Internierungsheime für Flüchtlinge und Emigranten in der Schweiz 1940–1949, Zürich 2006

Favre, Eduard: L'internement en Suisse des prisonniers de guerre, malades ou blessés 1918–1919, troisième rapport, Bern 1919

Finck, Heinz Dieter; Ganz, Micheal T.: Bourbaki Panorama, Zürich 2000

Galand; Marchand: La chevauchée historique de la 3e brigade spahis dans les ardennes en mai 1940, La Horgne, keine Angabe des Erscheinungsjahrs

Gautschi, Willi: General Henri Guisan, Zürich 1989

Gautschi, Willi: Lenin als Emigrant in der Schweiz, Zürich 1973

Geertz, Clifford: Dichte Beschreibung. Beiträge zum Verstehen kultureller Systeme, Frankfurt am Main 1987

Gemeinde Triengen (Hg.): Triengen: Daten – Geschichten – Anekdoten, Triengen 1980

Guggenheim, Willy: 3mal Nordafrika. Marokko, Algerien, Tunesien, München/Zürich 1985

Gysin, Roland: Die Internierung fremder Militärpersonen im 1. Weltkrieg. Vom Nutzen der Humanität und den Mühen der Asylpolitik, in: Guex, Sébastien et al. (Hg.): Die Schweiz 1798–1998: Staat – Gesellschaft – Politik, Bd. 2, Krisen und Stabilisierung. Die Schweiz in der Zwischenkriegszeit, Zürich 1998

Herzog, Werner: Der Maghreb: Marokko, Algerien, Tunesien, München 1990

Hoerschelmann, Claudia: Exilland Schweiz. Lebensbedingungen und Schicksale österreichischer Flüchtlinge 1938–1945, Innsbruck/Wien 1997

Hoffmann, Heinrich: Das Urmanuskript des Struwwelpeter, Nürnberg und Frankfurt am Main 1987, Geschichte von den schwarzen Buben, S. 16–23

Iggers, Georg G.: Geschichtswissenschaft im 20. Jahrhundert. Ein kritischer Überblick im internationalen Zusammenhang, Göttingen 1996

Imhof, Kurt: Flüchtlinge als Thema der öffentlichen politischen Kommunikation in der Schweiz 1938–1947: Beiheft zum Bericht «Die Schweiz und die Flüchtlinge zur Zeit des Nationalsozialismus / Unabhängige Expertenkommission Schweiz – Zweiter Weltkrieg»; Kurt Imhof, Patrik Ettinger, Boris Boller ; mit einem Beitrag zur Pressezensur von Georg Kreis, Bern 1999

Jaeger, Friedrich: Geschichtstheorie, in: Goertz, Hans-Jürgen (Hg.), Geschichte. Ein Grundkurs, Reinbek bei Hamburg 2001, S. 724–756

Jezler, Peter R.; Jezler, Elke; Bosshard, Peter: Der Übertritt der Bourbaki-Armee in die Schweiz 1871. Asyl für 87 000, Zürich/Stuttgart 1986

Kälin, Walter; Epiney, Astrid; Caroni, Martina; Künzli, Jörg: Völkerrecht. Eine Einführung, Bern 2006

Keller, Stefan: Grüningers Fall. Geschichten von Flucht und Hilfe, Zürich 1993

Keller, Stefan; Festung Schweiz, in: Die Zeit, Nr. 34, 13.8.2008, S. 80

Kessler, Erwin: Triengen, ein ehemaliges Bauerndorf, Triengen 1986

Koller, Christian: Von Wilden aller Rassen niedergemetzelt. Die Diskussion um die Verwendung von Kolonialtruppen in Europa zwischen Rassismus, Kolonial- und Militärpolitik (1914–1930), Stuttgart 2001

Kreis, Georg: Zwischen humanitärer Mission und inhumaner Tradition. Zur schweizerischen Flüchtlingspolitik der Jahre 1938 bis 1945, in: Sarasin, Philipp; Wecker, Regina (Hg.): Raubgold, Reduit, Flüchtlinge, Zürich 1998

Krummenacher, Jörg: Der grosse Flüchtlingsstrom zum Ende des Zweiten Weltkriegs, in: Neue Zürcher Zeitung, Nr. 300, 27.12.2007, S. 15

Kury, Patrick: Über Fremde reden. Überfremdungsdiskurs und Ausgrenzung in der Schweiz 1900–1945, Zürich 2003

Lassere, André: Frontières et camps. Le refuge en Suisse de 1933 à 1945, Lausanne 1995

Léderry, E: Die Internierung des 45. französischen Armeekorps, in: Vaterländischer Verlag Murten (Hg.): Grenzbesetzung 1940. Die Schweiz in Waffen, Murten 1941

Loti; Pierre: Le roman d'un spahi, Paris, Editions J'ai lu 1990

Lüdtke, Alf: Alltagsgeschichte, in: Jordan, Stefan (Hg.): Lexikon Geschichtswissenschaft. Hundert Grundbegriffe, Stuttgart 2002, S. 21–24

Lüdtke, Alf: Alltagsgeschichte, Mikrohistorie, historische Anthropologie, in: Goertz, Hans-Jürgen (Hg.): Geschichte ein Grundkurs, Reinbeck bei Hamburg 2001, S. 557–578

Ludwig, Carl: Die Flüchtlingspolitik der Schweiz seit 1933 bis zur Gegenwart Bericht an den Bundesrat. Zürich (ohne Datum)

Mac Carthy, M.D.: Historique des Régiments de Spahis de 1872 à 1939, in: Les Spahis. Carnet de la Sabretache. Bulletin des collectionneurs de figurines et des amis de l'histoire militaire, nouvelle série no. 65, Paris 1982, S. 170–172

Mac Carthy, M.D.: Uniformes des Spahis de 1900 à 1940, in: Les Spahis. Carnet de la Sabretache. Bulletin des collectionneurs de figurines et des amis de l'histoire militaire, nouvelle série no. 65, Paris 1982, S. 172–179

Martin, Peter: Schwarze Teufel, edle Mohren. Afrikaner in Geschichte und Bewusstsein der Deutschen, Hamburg 2001

Matschke, Klaus-Peter: Das Kreuz und der Halbmond. Die Geschichte der Türkenkriege, Düsseldorf/Zürich 2004

Medick, Hans: Mikrohistorie, in: Jordan, Stefan (Hg.): Lexikon Geschichtswissenschaft. Hundert Grundbegriffe, Stuttgart 2002, S. 215–218

Mehu, G.; Simon, P. (Realisateurs): «Spahis blindés en Algérie», Le Burnous, Paris 2002

Meyer, André; Horat, Heinz: Bourbaki. Episoden und Erlebnisse aus der Internierungszeit der Boubaki-Armee 1871, Bern 1981

Meyer, F.; Simon, P. (Realisateurs): «Spahis à cheval en Algérie», Le Burnous, Paris 2004

Meyer, Jean; Tarrade, Jean; Rey-Goldzeiguer, Annie; Thobie, Jaques: Histoire de la France coloniale. Des origines à 1914, Paris 1991

Moné, Thierry; Tixier, Jean-François: Les insignes des Spahis, Panazol 1999

Morgenrath, Birgit; Rössel, Karl (Redaktion): «Unsere Opfer zählen nicht». Die dritte Welt im Zweiten Weltkrieg, Berlin/Hamburg 2005

Muff, Hanspeter: Triengen. 1180–1900, Triengen 2007

Mullis, Ruben: Die Internierung polnischer Soldaten in der Schweiz 1940–1945, Bern 2003

Ottiger, Theo: Mobilisation und Aktivdienst der Schweizer Armee 1939–1945, Kriens 1975

Picard, Jacques: Die Schweiz und die Juden 1933–1945. Schweizerischer Antisemitismus, jüdische Abwehr und internationale Migrations- und Flüchtlingspolitik, Zürich 1994

Reinwald, Brigitte: Reisen durch den Krieg. Erfahrungen und Lebensstrategien westafrikanischer Weltkriegsveteranen, Berlin 2005

Renz, Alfred: Algerien, München 1986

Rheinisches JournalistInnenbüro / Recherche International e.V. (Hg.): Die Dritte Welt im Zweiten Weltkrieg. Unterrichtsmaterialien zu einem vergessenen Kapitel der Geschichte, Köln 2008

Rings, Werner: Schweiz im Krieg 1933–1945. Ein Bericht, 7. Auflage, Zürich 1985

Roschewski, Heinz: Heinrich Rothmund in seinen persönlichen Akten. Zur Frage des Antisemitismus in der schweizerischen Flüchtlingspolitik 1933–1945, in: Koller, Guido et al.: Die Schweiz und die Flüchtlinge. La Suisse et les réfugies. 1933–1945, Bern/Stuttgart/Wien 1996, S. 107–136

Rosière, Pierre: Spahis. La Garde Rouge de Dakar, Paris 1984

Scheck, Raffael: Hitlers afrikanische Opfer. Das Massaker der Wehrmacht an schwarzen französischen Soldaten, Berlin 2009

Schild, Georges: Die Post der Internierten in der Schweiz 1940–1946, Bern (ohne Jahr)

Schreiner, Klaus: Maria. Jungfrau, Mutter, Herrscherin, München/Wien 1994

Schubert, Michael: Der schwarze Fremde. Das Bild des Schwarzafrikaners in der parlamentarischen und publizistischen Kolonialdiskussion in Deutschland von den 1870er bis in die 1930er Jahre, Stuttgart 2003

Schwarz, Werner Michael: Anthropologische Spektakel. Zur Schaustellung «exotischer» Menschen, Wien 1870–1910, Wien 2001

Sicard, Jaques: Les derniers Spahis montes en France, in: Militaria Magazine, Nr. 134, Paris 1996, S. 50–59

Simon, Patrick (Réalisateur): Centenaire du Burnous – 1996. Les Spahis, Paris 1996

Stadelmann, Jürg: Auf der Flucht vor deutschen Panzern. Internierung von 50 000 Personen in der Schweiz im Juni 1940, in: Neue Zürcher Zeitung, Samstag/Sonntag, 16./17. Juni 1990, Nr. 137, S. 23 f

Stadelmann, Jürg: Umgang mit Fremden in bedrängter Zeit. Schweizerische Flüchtlingspolitik 1940–1945 und ihre Beurteilung bis heute, Zürich 1998

Stadelmann, Jürg; Krause, Selina: «Concentrationslager» Büren an der Aare 1940–1946. Das grösste Flüchtlingslager der Schweiz im Zweiten Weltkrieg, Baden 1999

Staehelin, Balthasar: Völkerschauen im Zoologischen Garten Basel, 1879–1935, Basel 1993

Steiner, Max: Die Internierung von Armeeangehörigen kriegführender Mächte in neutralen Staaten, insbesondere in der Schweiz während des Weltkriegs 1939/45, Dissertation, Zürich 1947

Stora, Benjamin: Histoire de l'Algerie coloniale (1830–1954), Paris 2004

Strässle, Paul Meinrad: Grenzbesetzung 1870/71 und die Internierung der Bourbaki-Armee. Dokumentation, Militärgeschichte zum Anfassen Nr. 13, Militärische Führungsschule, Bern 2002

Thévoz, Jean-Pierre: 60 ans après avoir échappé à la captivité en Allemagne. Le 7e régiment de Spahis algériens n'oublie pas la Suisse hospitalière. Privatkopien des Autors.

Trechsel, Max: Die Liebestätigkeit der Schweiz, in: Ruchti, Jakob: Geschichte der Schweiz 1914–1919, Band II: Kriegswirtschaft und Kulturelles, Bern 1930, S. 375–463

TRISA AG: «geschichtliche entwicklung», Broschüre zum 100-Jahr-Jubiläum, Eigenverlag, Triengen 1987

Vedder, Heinrich: Im Alten Südwestafrika, in: Arno Lehmann (Hg.): Missionare, Neger – Christen, Dresden und Leipzig 1936, S. 56–64

Veröffentlichungen der Unabhängigen Expertenkommission Schweiz – Zweiter Weltkrieg, Zürich 2001

Volland, Bettina: Polen, Schweizerinnen und Schweizer. Militärinternierte und Zivilbevölkerung 1940–1945, in: Jahrbuch 1993 der Historisch-antiquarischen Gesellschaft von Graubünden, Chur 1994

Von Salis, Jean Rudolph: Weltchronik 1939–1945, Zürich 1966

Vuilleumier, Marc: Flüchtlinge und Immigranten in der Schweiz. Ein historischer Überblick, Zürich 1992

Walter, Hans-Albert: Deutsche Exilliteratur 1933–1950. Band 3: Internierung, Flucht und Lebensbedingungen im Zweiten Weltkrieg, Stuttgart 1988

Weber, Charlotte: Gegen den Strom der Finsternis. Als Betreuerin in Schweizer Flüchtlingsheimen 1942–1945, Zürich 1994

Weber, Elisabeth; Weber, Friedrich Wilhelm (Hg.): Friedrich Wilhelm Weber: Gesammelte Dichtungen. Dreizehnlinden, Dritter Band, Paderborn 1922

Welskopp, Thomas: Erklären, in: Goertz, Hans-Jürgen (Hg.): Geschichte. Ein Grundkurs, Reinbek bei Hamburg 2001, S. 132–168

Werenfels, Samuel: Die schweizerische Praxis in der Behandlung von Flüchtlingen, Internierten und entwichenen Kriegsgefangenen im Zweiten Weltkrieg, in: Bindschedler, Rudolf L.; Kurz, Hans Rudolf; Carlgren, Wilhelm; Carlsson, Sten (Hg.): Schwedische und Schweizerische Neutralität im Zweiten Weltkrieg, Basel und Frankfurt am Main 1985, S. 377–404

Willi, J.-J.: Die Spahis in der Schweiz, in: Schweizer Kavallerist, Ausgabe vom 26. Juni, Pfäffikon 1980, S. 25–27

Willing, Paul: Historique des régiments de Spahis de 1940–1965, in: Les Spahis. Carnet de la Sabretache. Bulletin des collectionneurs de figurines et des amis de l'histoire militaire, nouvelle série no. 65, Paris 1982, S. 185–190

Willing, Paul: Origine et historique des Spahis de 1830 à 1872, in: Ders., S. 157–162

Willing, Paul: Uniformes, équipements et armement des Spahis 1940–1963, in: Ders., S. 190–198

Zeder, Eveline: Ein Zuhause für jüdische Flüchtlingskinder. Lilly Volkart und ihr Kinderheim in Ascona 1934–1947, Zürich 1998

Internet

http://briefmarken-nidwalden.ch/presse/11062004.html

http://www.bourbakipanorama.ch/pdf-de/Rundbild.pdf

http://encyclopedie.pieds-noirs.info/index.php/1830-1879_HISTOIRE_ALGERIE_GOUVERNEURS_MILITAIRES

http://i-cias.com/e.o/sipahi.htm

http://lexikon.meyers.de/meyers/Hohe_Pforte

http://lexikon.meyers.de/meyers/Pariser_Seerechtsdeklaration

http://susi.e-technik.uni-ulm.de:8080/Meyers2/seite/werk/meyers/band/3/seite/0284/meyers_b3_s0284.html

http://susi.e-technik.uni-ulm.de:8080/Meyers2/seite/werk/meyers/band/4/seite/0164/meyers_b4_s0164.html#Clausel

http://www.algerie-ancienne.com/Salon/Turque/003.htm

http://www.algerische-botschaft.at/start/geschichte.html

http://www.defense.gouv.fr/terre/decouverte/presentation_de_l_armee_de_terre/armes_et_composantes/arme_blindee_cavalerie/copy_of_13e_base_de_soutien_du_materiel

http://www.histoiredumonde.net/article.php3?id_article=1259&var_recherche=Spahis
http://www.hls-dhs-dss.ch/index.php
http://www.hls-dhs-dss.ch/index.php, Internierung
http://www.icrc.org/Web/eng/siteeng0.nsf/html/57JNVP
http://www.meinebibliothek.de/Texte5/html/hanse3.html
http://www.osmanischesreich.com/Geschichte/Armee/Heerwesen_I/heerwesen_i.html
http://www.terredeshommes.ch/ueber_uns/50_jahre
http://www.theater-triengen.ch
http://www.trisa.ch/?dom=1&pRub=1001&id=5653#
http://www.tuerkenbeute.de/kun/kun_kri/HeerwesenOsmanen_de.php
http://www.turkin.net/kunst/osmanen_hereswesen.htm
http://www.yale.edu/lawweb/avalon/lawofwar/geneva02.htm
http://www.yale.edu/lawweb/avalon/lawofwar/lawwar.htm
http://www.3www2.de

Bildnachweis

Abbildungen im Text

S. 30, 74: Mit freundlicher Genehmigung von «Le Burnous», Paris
S. 48: Mit freundlicher Genehmigung des Bourbaki Panoramas Luzern
S. 100: Fotoalbum der Familie Kronenberg, Gemeindearchiv Triengen
S. 122: Foto von Andrea Capella, Luzern. Mit freundlicher Genehmigung des Historischen Museums Luzern
S. 144: Gemeindearchiv Triengen
S. 183: Foto von Toni Schmid, Wilihof, Gemeindearchiv Triengen

Abbildungen im Bildteil

1, 5, 24, 28: Schweizerisches Bundesarchiv Bern
2, 7, 8, 11, 17: Fotoalbum der Familie Kronenberg, Gemeindearchiv Triengen
3, 4: Fotosammlung Margrit Thürig, Gemeindearchiv Triengen
6, 9, 12, 13, 14, 15, 18, 21, 22, 23: Fotos von Ernst Lüscher, mit freundlicher Genehmigung von Karin Lüscher, Schöftland
10, 16, 26, 29: Privatarchiv Bruno Fischer-Elmiger, mit freundlicher Gehmigung von Bruno Fischer-Elmiger, Triengen
19, 20: Privatarchiv Elsbeth Willimann, Triengen. Mit freundlicher Genehmigung von Elsbeth Willimann, Triengen
25: Privatarchiv Alois Fischer, mit freundlicher Genehmigung von Alois Fischer, Triengen
27: Bildersammlung Franz Kost, Gemeindearchiv Triengen

Daniel Ammann

King of Oil

Marc Rich – Vom mächtigsten Rohstoffhändler der Welt zum Gejagten der USA

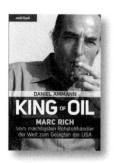

Marc Rich brach das Kartell der Öl-Multis und revolutionierte den Rohstoffhandel. Er handelte mit Khomeinis Iran, Castros Kuba und Südafrikas Apartheid-Regime. Von der US-Justiz wurde er 17 Jahre gejagt. Präsident Bill Clinton begnadigte ihn an seinem letzten Amtstag.

Daniel Ammann ist der erste Journalist, der sich Zugang zum sorgsam abgeschirmten Milliardär, dessen Familie und dessen Geschäftspartnern verschaffen konnte. In seiner Biografie deckt er auf, was sich hinter den Kulissen tatsächlich abgespielt hat – und was die Politik lieber verschweigt.

320 Seiten, gebunden mit Schutzumschlag,
ISBN 978-3-280-05396-6

orell füssli Verlag

Willi Wottreng

Zigeunerhäuptling

Vom Kind der Landstrasse zum Sprecher der Fahrenden – Das Schicksal des Robert Huber

Robert Huber wuchs als Verdingkind auf und landete in einer Strafanstalt unter Kriminellen. Er war ein Opfer der «Aktion Kinder der Landstrasse», wie eines der dunkelsten Kapitel der jüngeren Schweizer Geschichte bezeichnet wird. Von 1926 bis 1972 entriss die Stiftung Pro Juventute Hunderte Kinder ihren Eltern, um sie der Kultur der Fahrenden zu entfremden. Robert Huber ging daran nicht zu Grunde. Im Gegenteil: Er fand schrittweise den Weg zurück zu seinen Wurzeln. Er lehnte sich gegen die Unterdrückung der Kultur der Fahrenden auf und setzte sich als Präsident der «Radgenossenschaft der Landstrasse» für ihre Rechte ein. Seine Lebensgeschichte steht stellvertretend für die Geschichte der Jenischen und ihres erwachenden Selbstbewusstseins in der Schweiz. Es ist eine Erfolgsgeschichte.

224 Seiten, gebunden mit Schutzumschlag,
ISBN 978-3-280-06121-3

orell füssli Verlag